Protesto

James M. Jasper

Protesto

Uma introdução aos movimentos sociais

Tradução:
Carlos Alberto Medeiros

Para Frank Dobbin e Michèle Lamont

Título original:
Protest
(*A Cultural Introduction to Social Movements*)

Tradução autorizada da primeira edição inglesa, publicada em 2014
por Polity Press Ltd., de Cambridge, Inglaterra

Copyright © 2014, James M. Jasper

Copyright da edição brasileira © 2016:
Jorge Zahar Editor Ltda.
rua Marquês de S. Vicente 99 – 1º | 22451-041 Rio de Janeiro, RJ
tel (21) 2529-4750 | fax (21) 2529-4787
editora@zahar.com.br | www.zahar.com.br

Todos os direitos reservados.
A reprodução não autorizada desta publicação, no todo
ou em parte, constitui violação de direitos autorais. (Lei 9.610/98)

Grafia atualizada respeitando o novo
Acordo Ortográfico da Língua Portuguesa

Preparação: Diogo Henriques
Revisão: Eduardo Farias, Carolina Sampaio
Indexação: Gabriella Russano | Capa: Estúdio Insólito
Foto da capa: Latinstock/© Aristidis Vafeiadakis/ZUMA Press/Corbis/Corbis Wire by Corbis

CIP-Brasil. Catalogação na publicação
Sindicato Nacional dos Editores de Livros, RJ

	Jasper, James M.
J44p	Protesto: uma introdução aos movimentos sociais/James M. Jasper; tradução Carlos Alberto Medeiros. – 1.ed. – Rio de Janeiro: Zahar, 2016.
	il.
	Tradução de: Protest (a cultural introduction to social movements) Inclui bibliografia e índice ISBN 978-85-378-1556-4
	1. Sociologia. I. Título.

CDD: 305
16-30532   CDU: 316.7

Sumário

Prefácio à edição brasileira 7

Prefácio 13

Introdução: Fazer protesto 19

1. O que são os movimentos sociais? 35

2. Significado 61

3. Infraestrutura 92

4. Recrutar 116

5. Sustentar 134

6. Decidir 153

7. Envolver outros atores 172

8. Ganhar, perder e mais 200

Conclusão: Os seres humanos como heróis 218

Posfácio 221

Tabelas e informações complementares 225

Notas 226

Referências e sugestões de leitura 232

Agradecimentos 239

Índice 240

Prefácio à edição brasileira

Quando escrevi este livro, em 2013, o movimento Occupy estava morto, mas eventos ainda se desenrolavam no Egito. Infelizmente, sua futura direção já estava clara: o golpe do general Al-Sisi tivera sucesso, e ele e seu exército foram aumentando cada vez mais o controle que detêm sobre o país. A nação original da Primavera Árabe, a Tunísia, é o único país da região a se mover numa direção mais democrática; seus vizinhos têm se envolvido em guerras civis ou retornado a uma diversidade de regimes autoritários. Até a Tunísia pareceu, por algum tempo, estar caminhando em outra direção, mas o assassinato de dois líderes não religiosos – um choque moral – inspirou novos protestos em 2013 que resultaram numa constituição secular no ano seguinte.

O ano de 2013 viu o surgimento de movimentos de protesto numa série de outras regiões do planeta. Começou com protestos em Baku, no Azerbaijão, contra o exército. Protestos na Bulgária, desencadeados por um grande aumento nos preços da energia elétrica, atribuído tanto à corrupção quanto ao neoliberalismo, derrubaram um governo. A ocupação do parque Gezi, em Istambul, no final de maio, foi o maior protesto realizado na Turquia em muitos anos, e a brutal repressão acabou ajudando a frear o processo de acumulação de poder pelo AKP (Partido da Justiça e do Desenvolvimento). Em setembro, os romenos começaram a sair às ruas para realizar manifestações semanais contra o projeto de mineração de ouro da Roşia Montană, concentrando-se, da mesma forma que os búlgaros, no fato de uma companhia de propriedade estrangeira estar propondo extrair riquezas das icônicas montanhas daquela nação – assim como em cultivar o ódio ao que era percebido como corrupção do governo em permitir a exploração.

Quase no final de 2013, manifestantes de Kiev começaram as ocupações que acabariam levando a um novo regime, e então a guerra, na Ucrânia.

E, evidentemente, havia o Brasil. Tinha havido pequenos, porém exitosos, protestos em Natal, Rio Grande do Norte, em agosto e setembro de 2012, contra o aumento dos preços das passagens de ônibus. Várias outras municipalidades foram atacadas pelo mesmo motivo, culminando em amplos protestos realizados em São Paulo em junho de 2013. Já existia um movimento, o Passe Livre, que pôde então organizar manifestações de rua em reação a toda proposta de aumento das tarifas de transporte em qualquer lugar do país. Como os bloqueios das ruas de São Paulo no horário de rush foram enfrentados pela polícia com violência crescente, manifestantes e jornalistas começaram a carregar garrafas plásticas de vinagre para se defender dos efeitos do gás lacrimogêneo. A polícia começou a prender qualquer um que transportasse vinagre, sendo amplamente ridicularizada e provocando o surgimento de novos rótulos, como "Revolta da Salada" ou "V de Vinagre". Em conflitos políticos, cada ator reage a outros atores, numa cadeia sem fim de interações e inovações estratégicas. Aparentemente modestos, os aumentos dos preços das passagens (em São Paulo, de R$ 3,00 para R$ 3,20) tornaram-se um para-raios para insatisfações mais amplas, tais como a violência policial, a insuficiência do Bolsa Família e uma percepção geral de corrupção no governo. As ruas assumiram o slogan "Não é pelos vinte centavos".

Governos são sempre atraentes como alvos de protestos. Mesmo que não causem necessariamente um problema social, no mundo moderno esperamos que eles o resolvam, ou pelo menos temos a esperança de que o façam. Quando estabelecem preços como os do transporte público, são eles obviamente os vilões ao aumentá-los; têm o recurso limitado do discurso neoliberal que apresenta os mercados como sistemas governados por suas próprias leis naturais em vez de decisões humanas. Aumentos de preços, mais notadamente do pão, têm desencadeado protestos através da história, mas normalmente apenas quando um ator humano pode ser acusado de causar ou permitir os aumentos é que o protesto se desenvolve. Esse é o grande debate ideológico do mundo moderno: será que os mercados são forças autônomas, ou refletem escolhas humanas que poderiam ser diferentes?

Um dos grandes movimentos sociais do século XX, o Solidariedade, nasceu da desastrada tentativa do regime do líder comunista polonês Edward

Prefácio à edição brasileira 9

Gierek de aumentar, em julho de 1980, os preços dos alimentos, apenas alguns anos depois de uma outra tentativa ter sido derrubada por greves e distúrbios. É fácil imaginar que a mobilização a respeito desses preços seja de alguma forma econômica em sua natureza, refletindo as agruras de maneira direta. Mas o protesto é contra uma decisão do governo, apresentada como uma escolha que coloca os interesses de credores estrangeiros, capitalistas locais ou membros de alguma elite acima dos interesses do povo. Quando um governo estabelece preços, estes se tornam políticos. O sofrimento material só leva diretamente ao protesto quando gera indignação.

Os malfeitos do governo são parte de um pacote ideológico maior que, no caso brasileiro, atraiu outros movimentos de protesto em 2013, de povos indígenas ao Movimento dos Trabalhadores Rurais Sem Terra (MST) e movimentos da população pobre urbana. A seus olhos, a fórmula monetizada de desenvolvimento neoliberal proporcionou investimentos em obras para plateias privilegiadas e uma modesta distribuição de renda para os pobres, ignorando formas mais importantes de infraestrutura como educação, saúde e transporte para trabalhadores pobres. Mas manifestantes sempre retomam questões sobre o motivo de o governo tomar as decisões que toma.

A forma mais atraente de explicar decisões governamentais ruins é ver políticos e burocratas como corruptos que escolhem determinadas políticas por receberem propina e não porque essas políticas beneficiem mais amplamente o povo. Este é o cerne da democracia: o Estado trabalha para si mesmo ou para o povo? Historicamente, os Estados surgiram como ferramentas dos governantes, mas nos últimos séculos movimentos de protesto os têm pressionado a se tornarem mais democráticos e responsáveis. Esse tema veio à tona no Brasil com a construção de gigantescas instalações esportivas para a Copa das Confederações (2013), a Copa do Mundo (2014) e as Olimpíadas (2016): a combinação de preços superfaturados e escândalos envolvendo propinas se tornou o símbolo de um governo mais preocupado com suas conexões internacionais do que com o povo. A atenção da mídia internacional proporcionou um palco para os manifestantes apresentarem suas queixas a um público de âmbito mundial.

O Movimento dos Trabalhadores Sem Teto (MTST) ganhou nova vida em 2013. Ele nasceu na década de 1990 como um sósia urbano do MST, e também ocupou propriedades sem uso nas cidades. O MTST recuperou seu radicalismo inicial. Várias causas correlatas podem encorajar-se e inspirar-se mutuamente, sobretudo quando ativistas de diferentes movimentos conseguem constituir inimigos comuns, como a corrupção ou o capitalismo. Esses dois vilões caminham de mãos dadas: a corrupção é quase inevitável num mundo em que existe tamanha concentração de riqueza. E no entanto há diferentes nuances: a corrupção implica governo e políticos como vilões centrais; o capitalismo coloca as corporações nesse papel. Um movimento de protesto inspira outros, seja revelando fragilidades do Estado (como sustentariam os modelos de oportunidade política) ou mediante o estímulo e a empolgação morais (como sugeririam os teóricos da cultura). Mobilizações de tendência esquerdista e direitista inspiram umas às outras.

A moderna forma de movimento social surgiu com parlamentos que se afirmavam democráticos, como mostro no capítulo 1. Eles ofereciam uma poderosa bateria moral: o contraste entre a promessa luminosa da democracia, de um lado, e a crua realidade da política corrupta, de outro – a excitação da potencial inclusão e a realidade da exclusão permanente. Alguns dos maiores movimentos sociais exigiram a participação de grupos anteriormente excluídos, em especial no tocante ao direito de voto: para trabalhadores, mulheres, imigrantes, negros. Essa exigência é especialmente incisiva quando pessoas que costumavam votar perdem esse direito.

A responsabilização é outro aspecto da democracia, e os sistemas democráticos modernos reforçam nossas expectativas sobre o modo como os governos devem se comportar. Assim, a ideia de corrupção se torna uma retórica poderosa, insinuando a existência de forças sinistras que oferecem dinheiro para obter as políticas que desejam. A Petrobras, uma gigante do petróleo, se viu envolvida em casos bilionários de corrupção. Embora não diretamente acusada, a presidente Dilma Roussef saiu chamuscada por ter feito parte da direção da empresa de 2003 a 2010. Funcionários, executivos e parlamentares foram, e continuam sendo, investigados pela Polícia Federal – até mesmo o ex-presidente Luís Inácio Lula da Silva foi atingido. No momento em que escrevo este prefácio, o Brasil se encontra em meio a uma enorme crise econômica, política e social, com significativos desdobramentos a cada dia.

Prefácio à edição brasileira

Segundo a mídia, mais de 1 milhão de pessoas tomaram as ruas em 15 de março de 2015 para manifestar sua indignação – os organizadores falaram em 3 milhões. Enquanto os protestos de 2013 incluíram um elenco de temas de esquerda, os de 2015 foram mais estritamente concentrados no ataque ao PT – algo embaraçoso para um partido de trabalhadores. Em março de 2016, novos protestos sacudiram o país. Milhões de pessoas foram às ruas protestar contra a corrupção e pedir o impeachment da presidente Dilma – a mídia registrou mais de 3 milhões de manifestantes, os organizadores falaram em mais de 6 milhões. Dias depois, milhares de pessoas também saíram às ruas, desta vez em mobilização contra o impeachment da presidente – segundo a mídia foram 300 mil manifestantes, para os organizadores, mais de 1 milhão.

Estimativas jamais são inocentes. Os números constituem arenas para novas batalhas, e o que está em jogo não é apenas o orgulho dos organizadores. A contestação sempre continua seu curso enquanto a sua própria história é escrita.

O protesto nunca vai terminar, a menos que, por milagre, o mundo se transforme num lugar perfeito. Até lá, os manifestantes serão aqueles que vão apontar os problemas e exigir sua solução. Os envolvimentos estratégicos entre movimentos sociais, seus alvos, governos, a mídia, observadores e outros atores vão continuar, passando de uma arena a outra enquanto os atores buscam ganhar vantagens uns sobre os outros. Não podemos prever o que vai acontecer, mas podemos afiar nossas ferramentas analíticas para compreendê-lo quando de fato ocorrer. É um jogo bom de assistir, e melhor ainda de participar.

É COM SATISFAÇÃO e orgulho que vejo meu livro ser traduzido e publicado neste país. O Brasil difere de muitas formas da maioria dos países que forneceram os exemplos utilizados neste livro, originalmente escrito em 2013 e publicado no ano seguinte. Estudiosos têm criticado as teorias estruturais que dominam a pesquisa na Europa e nos Estados Unidos por tomarem suas próprias regiões como paradigmas para o mundo inteiro. Tento evitar esses problemas examinando as entidades de nível micro encontradas em toda a vida social: este livro concentra-se menos em estruturas e mais em pessoas, em indivíduos e suas interações, em suas emoções e entendimentos culturais. Podemos encontrar choques morais, orgulho e vergonha, dilemas e decisões estratégicas em todos os lugares, ainda que eles assumam formas um tanto distintas e tenham diferentes estímulos em diferentes lugares.

Expectativas, decisões e práticas estratégicas são parte da cultura: baseiam-se no modo como entendemos o mundo, em nossos esforços para persuadir outras pessoas, nos sentimentos gerados pelas interações. A despeito de oitenta anos de esforços no campo denominado teoria dos jogos, decisões estratégicas não podem ser reduzidas a cálculos matemáticos fora de contextos culturais. Elas têm a ver com o modo como pensamos e nos sentimos a respeito de outros atores, com nossas normas, valores e tradições, com uma variedade de emoções e sensibilidades. Tento apontar neste livro uma série de dinâmicas estratégicas, sobretudo os vários dilemas que ativistas e outros atores enfrentam a cada dia.

Nos próximos capítulos, apresento meus melhores esforços para descrever toda essa dinâmica cultural, fundida com os insights de natureza mais estrutural que uma geração anterior de estudiosos nos proporcionou: a importância das redes sociais em recrutar novos membros; as oportunidades proporcionadas por discordâncias entre as elites ou por crises financeiras; a máquina institucional que torna certas ações mais fáceis e outras mais difíceis; as formas pelas quais novas arenas inspiram novas ações e organizações; e muito mais. Os contextos políticos e econômicos são sempre importantes. Mas, na maioria dos casos, forneço interpretações culturais do que antes era visto como mecanismos puramente estruturais.

JMJ, abril de 2016

Prefácio

Os ÚLTIMOS ANOS têm assistido a uma efusão de protestos por todo o mundo: cidadãos do norte da África e do Oriente Médio, membros do Tea Party e funcionários públicos do estado do Wisconsin, nos Estados Unidos, os Indignados na Espanha, participantes de ocupações em todo o globo, manifestantes contra a austeridade na Europa, o movimento verde no Irã, a praça Taksim em Istambul, os revolucionários de Kiev e muitos outros. Mas não devemos esquecer, ao nos congratularmos por atravessar um importante momento da história mundial, que protestos ocorrem todos os dias pelo planeta e sempre ocorreram. Na maior parte do tempo nem mesmo ouvimos falar deles – não são suficientemente dramáticos nem duradouros para que a mídia lhes dê cobertura. O protesto é uma parte fundamental da existência humana, e todos os períodos da história têm o potencial de trazer mudanças importantes.

Os movimentos sociais são a forma que o protesto assume com maior frequência no mundo de hoje. Eles dão a pessoas comuns uma oportunidade de explorar, articular e vivenciar suas intuições e princípios morais fundamentais. Indivíduos se juntam para tentar recrutar, persuadir e inspirar outras pessoas, usando todas as ferramentas que conseguem encontrar: dinheiro, mídia, narrativas, identidades coletivas, piadas, caricaturas e às vezes armas. Alguns participam de modo casual e esporádico, enquanto outros dedicam suas vidas a uma série de causas que os sensibilizam profundamente.

Num mundo caracterizado pelo cinismo, no qual suspeitamos que por trás de ações aparentemente altruístas se esconda o egoísmo, pode parecer difícil compreender pessoas que abrem mão do conforto material, da estabilidade financeira, do tempo com a família, de uma vida normal em favor de projetos morais e táticas arriscadas que parecem ter muito pouca chance de sucesso. Quem são essas pessoas, que com frequência proporcionam tais benefícios a nossa sociedade enquanto retêm relativamente pouco para si mesmas? O que as motiva? O que elas pensam sobre o mundo? O que as ajuda a vencer ou as faz perder?

Nos últimos anos, os estudiosos dos movimentos sociais têm valorizado cada vez mais os significados e sentimentos culturais que acompanham os protestos, bem como as formas através das quais as pessoas os articulam para compreender suas vidas e cultivar seus sonhos morais. Os manifestantes e aqueles por eles envolvidos buscam familiarizar-se com a situação por meio de ações e decisões, expressando e criando seus próprios objetivos e identidades, e avaliando uma variedade de táticas para tentar obter o que desejam. Não é possível entender os movimentos sociais sem entender os pontos de vista dos participantes.

Examinar a ação coletiva voluntária em favor de uma causa também é uma boa maneira de ver como funciona a cultura, pois fundamental para qualquer movimento social é o esforço de criar novos significados. Em nenhum lugar é mais óbvia a criação da cultura, ou seus efeitos sobre o mundo em que vivemos. Precisamos entender a cultura para compreender o protesto, mas este também ajuda a entender de onde vem a cultura.

Cultura é significado: como entendemos o mundo, incluindo a compreensão de nossos próprios motivos e ações, como os sinalizamos a outras pessoas, como compreendemos suas ações e percebemos quem somos e o que queremos ser. Isso está ao mesmo tempo em nossas cabeças e encarnado em portadores físicos, como as palavras pintadas num lençol convertido em faixa a ser levada numa manifestação. É ao mesmo tempo um processo contínuo e os produtos ocasionais desse processo.

Um aspecto da cultura consiste nas muitas emoções que dão às compreensões cognitivas o poder de atrair a atenção ou motivar a ação. Os sentimentos estão presentes em todos os estágios e aspectos do protesto, da mesma forma que em toda vida humana. Antes consideradas uma fonte de irracionalidade, as emoções também podem nos ajudar a tomar deci-

Prefácio

sões e perseguir nossos objetivos. A indignação, emoção que combina a raiva com o ultraje moral, é o cerne do protesto, o primeiro sinal de que sentimos haver no mundo algo errado que precisa ser consertado. Também nos dá a energia para tentar consertá-lo.

A estratégia é outra dimensão cultural do protesto: decisões sobre objetivos e os meios para atingi-los; a constituição de alianças e a identificação de oponentes; a mobilização de recursos para viabilizar as táticas que escolhemos. Decisões estratégicas raramente são simples; há inumeráveis quebra-cabeças e dilemas que os manifestantes precisam negociar. Para cada escolha existem custos e riscos, ao lado de promessas e benefícios. Na sequência, identificarei alguns desses arranjos mais comuns, pois, para compreender o modo como os manifestantes fazem o que fazem (e se perdem ou ganham), precisamos observá-los no enfrentamento desses dilemas. (Arranjos tornam-se dilemas quando os responsáveis pela tomada de decisões os reconhecem e enfrentam.) Não podemos entender de que forma eles tomam decisões estratégicas senão pelos significados culturais que lhes são disponíveis ou que eles inventam. Mesmo as decisões mais banais são filtradas pelas lentes da cultura.

Vou usar três rótulos, *movimento social*, *movimento de protesto* e *protesto*, de forma quase intercambiável. Em sua maioria, os movimentos sociais são movimentos de protesto, concentrados naquilo que os participantes consideram ofensivo em seu mundo, embora também possam progredir e levar ao desenvolvimento de outras propostas positivas. (Alguns desenvolvem formas de fazer as coisas de maneira diferente e outros não.) Cidadãos britânicos em luta para interromper a construção de novas estradas são um movimento de protesto; aqueles que promovem as cervejas artesanais em lugar das produzidas em larga escala são um movimento social. Assim, os movimentos de protesto são um subconjunto dos movimentos sociais.

Mas nem todo protesto assume a forma de movimento de protesto: aqueles que apresentam queixas podem seguir exclusivamente caminhos normais, satisfazendo-se em escrever a seus representantes eleitos ou ao jornal local; no outro extremo, alguns manifestantes formam exércitos revolucionários em vez de movimentos de protesto. Frequentemente, partidos políticos canalizam protestos sem a necessidade de movimentos distintos – os partidos *são* o movimento.

Os indivíduos nem sempre esperam por movimentos sociais para protestarem. Alguns encontram formas de fazê-lo por si mesmos, em atos dramáticos que outros não podem ignorar, como greves de fome ou autoimolações. Em 1953, a Índia criou um novo estado de língua *telugu*, Andhra Pradesh, em parte porque um homem chamado Potti Sreeramulu fez greve de fome até a morte a fim de chamar atenção para sua causa. (Enquanto escrevo este texto, outros indianos ateiam fogo aos próprios corpos na esperança de que Andhra Pradesh seja dividido para formar outro novo estado, assim como dezenas de tibetanos fizeram o mesmo para protestar contra a ocupação de sua nação pela China.) Mas quando os indivíduos passam a coordenar seu protesto, formam movimentos.

A qualquer instante, milhares de movimentos sociais estão em ação por todo o mundo. Até os leitores que participam de um ou dois desses movimentos vão conhecer a maioria dos outros lendo sobre eles e vendo-os na televisão. O que deveríamos perguntar sobre eles quando lemos a seu respeito? Como podemos contornar a parcialidade da cobertura midiática? Como é possível entender sua motivação? É preciso abordá-los com lentes culturais.

Tento fazer neste livro uma introdução ao protesto e aos movimentos sociais que destaque a ação e a intenção – o subjetivo –, sem ignorar a estrutura e as limitações. Ele cobre os principais tipos de perguntas feitas por pesquisadores a respeito de movimentos sociais e formas correlatas de engajamento nas últimas décadas, apresentando-as num estilo que espero que qualquer leitor possa compreender. Para tornar seu uso em sala de aula mais acessível, pus em **negrito** os conceitos que penso que um estudante deveria dominar depois de ler este livro, usando itálicos para listas e outros tipos normais de destaque em textos. (Assim, **recrutamento em bloco** aparece em negrito enquanto *música* está em itálico como parte de uma lista de portadores físicos de significado. Não creio que vocês precisem de mim para definir o que é música.) Coloquei a maioria dos dilemas comuns nas informações complementares. Para facilitar a leitura do livro,

Prefácio

fui econômico no uso de citações, e peço desculpas a todos os intelectuais cujo trabalho poderia citar, mas não citei.

Cada capítulo começa com o relato de um caso que então exploro para ilustrar meus temas. Tentei misturar movimentos históricos importantes como o "Wilkes e Liberdade" e o movimento feminista com esforços recentes como o Occupy – e da mesma forma incluí um movimento de direita, a direita cristã americana, e uma tentativa de revolução no Egito. Para aqueles interessados em leituras adicionais, inclusive alunos de pós-graduação em vias de prestar exames no campo dos movimentos sociais, coloquei asteriscos ao lado de algumas inserções na bibliografia, pois acho que constituiriam um acréscimo importante a uma boa pesquisa nesse campo. Terei prazer em aceitar contribuições por e-mail: jjasper@gc.cuny.edu.

Introdução: Fazer protesto

Acampamento festivo: Occupy Wall Street

Por dois empolgantes meses, no outono de 2011, o Occupy Wall Street atraiu as atenções do mundo e inspirou acampamentos semelhantes em outros lugares. A ocupação inicial, em 17 de setembro, foi organizada por um ataque de e-mails do Adbusters, um grupo anticonsumista conhecido por seus "subvernúncios" – imitações humorísticas de comerciais populares.

Quase imediatamente, os militantes que ocupavam o parque Zuccotti adotaram o rótulo "99%", e seu complemento, o "1%", que sintetizavam a aversão moral da maioria dos americanos às políticas neoliberais adotadas tanto por republicanos quanto por democratas desde 1981. Foi um brilhante par de expressões que implicava solidariedade para com a ampla maioria e definia um vilão que havia arrogantemente usurpado uma parte indevida do bolo político. Era exatamente o tipo de **bateria moral** – um par de emoções contrastantes, uma positiva, outra negativa – que gera indignação e atrai pessoas para o polo positivo.

O outro grande termo do movimento foi o próprio "occupy" [ocupemos], um convite tácito que logo se aplicou a centenas de espaços, tanto figurativos quanto físicos: Ocupemos Oakland, Ocupemos Toledo, Ocupemos o Patriarcado, Ocupemos a SEC [Comissão de Valores Mobiliários], Ocupemos Nossos Lares, Ocupemos o Sabá, Ocupemos Boehner,* Ocupemos os Guetos, Ocupemos a Zona Tampão no Chipre.

---

* Político norte-americano, ex-presidente da Câmara dos Representantes do Congresso. (N.T.)

Para tomar decisões, os Ocupantes utilizavam assembleias gerais, encontros prolongados em que todos os oradores eram bem-vindos e nos quais supostamente deveriam chegar a um consenso. O "microfone do povo", pelo qual a plateia repetia cada frase pronunciada pelo orador, forçava o grupo todo a articular cada pensamento, assim como a transmiti-lo àqueles situados na parte de trás. Alguns gestos simples, feitos com as mãos, proporcionavam um feedback automático e tornavam as longas reuniões mais divertidas e atraentes. Os manifestantes acampados no parque Zuccotti tinham tempo bastante para se devotarem à democracia participativa, um processo cansativo, embora excitante para aqueles que têm a "verdadeira" democracia como uma aspiração moral central. Ali estava uma nova forma de viver que era muito mais democrática do que qualquer coisa que tivessem vivenciado anteriormente. A democracia numa assembleia geral era temperada ou reforçada por "hostes progressivas", que passavam certas pessoas – consideradas sub-representadas, em desvantagem ou que ainda não tivessem falado – para a frente da fila.

A mídia jornalística convencional, em busca de um gancho fácil, queixava-se de que o movimento não tinha demandas, nenhuma política cobrada do presidente Obama ou do governador Cuomo. Com efeito, não teria sido fácil extrair propostas precisas, muito menos planos sofisticados, de uma assembleia ampliada. Mas não era essa a questão, como um sujeito radiante expressou adaptando seu pôster a um slogan gay: "Estamos aqui, somos ambíguos, acostume-se". Os Ocupantes eram bastante claros sobre sua indignação com respeito à desigualdade econômica, unidos – como em muitos movimentos – mais por seus sentimentos do que por slogans eloquentes ou propostas políticas explícitas. Demandas precisas dariam demasiada legitimidade e poder aos políticos, transformando os Ocupantes em queixosos impotentes diante das autoridades.

O Occupy Wall Street enfrentou os mesmos dilemas estratégicos que confrontam a maioria dos protestos. Um deles foi o **dilema de Jano**: quanto tempo você dedica a questões e processos internos, como a assembleia geral ou o fornecimento de comida aos acampados, forjando o senso de comunidade que produziu a maior excitação da vida no parque Zuccotti, em oposição a quanto tempo você devota a outros atores de fora do movimento, como a mídia, a polícia ou aliados como os sindicatos? O Occupy sempre

Introdução

preferiu voltar-se para dentro, tornando-se um festival de democracia interna, um acampamento feliz, satisfazendo em si e por si. Mas as marchas e os eventos regulares em Nova York equilibraram isso, fazendo do Occupy um ator no palco da mídia mundial. Quase todos os movimentos sociais devem confrontar-se com o dilema de Jano, que nesse caso frequentemente ecoou tensões entre participantes em tempo integral e em tempo parcial.

Igualmente importantes eram dois dilemas sobre a organização interna. O **dilema organizacional** refere-se ao número de regras que devem governar seus procedimentos: regras tornam as coisas previsíveis, mas ao

---

O dilema de Jano

Jano era o deus romano das portas e portais, que com frequência aparecia em cima dos dois lados de uma porta, com uma face olhando para fora e outra para dentro. Algumas atividades e argumentos dirigem-se aos próprios membros do movimento, enquanto outras estão voltadas a atores externos, como opositores, Estado e observadores. Todo movimento faz as duas coisas e precisa encontrar o equilíbrio adequado. Um movimento pode tornar-se abertamente voltado para dentro, ao organizar reuniões para motivar seus membros, reforçar sua solidariedade coletiva e ajudá-los a ter prazer em estar juntos. No outro extremo, pode concentrar-se exclusivamente em interações externas, deixando seus membros seguirem-no em conjunto ou não. Eles acabam parando de segui-lo. Várias decisões caem no dilema de Jano: você estimula uma identidade coletiva que enfatize a semelhança com a sociedade mais ampla ou uma identidade que se concentre nas diferenças?[1] Você contrata uma equipe profissional ou utiliza voluntários de dentro do grupo, motivados pelo entusiasmo e pela solidariedade?[2] Você passa mais tempo em reuniões participativas ou implementando as decisões nelas tomadas (embora a democracia interna também traga benefícios externos, como boas relações públicas e também, ao que se espera, boas escolhas estratégicas)?

Diferentes gerações de ativistas misturam-se no parque Zuccotti. *Imagem: JMJ*.

mesmo tempo restringem o que você pode fazer. O **dilema da pirâmide** diz respeito às dimensões da hierarquia vertical que se deve construir em seu grupo ou organização: pode ser eficiente ou agradável ter líderes fortes, mas estes por vezes substituem os objetivos dos outros participantes por seus próprios objetivos. Esses dilemas interagiam no caso do Occupy: as regras formais sobre como tomar decisões e administrar a assembleia destinavam-se a manter a pirâmide baixa, horizontal, em vez de vertical (embora isso não impedisse o surgimento de líderes informais).

Muitos Ocupantes insistiam em afirmar terem pouco em comum com o movimento por justiça global nascido em Seattle em 1999 (ver capítulo 6). Parte desse distanciamento era geracional, uma vez que sucessivas coortes de novos manifestantes têm diferentes sensibilidades em relação àqueles que se juntaram ao movimento um ou dois anos antes. Em parte, tratava-se de uma genuína preocupação com a não violência, nascida de uma percepção de que os anarquistas mascarados conhecidos como "black blocs", que haviam quebrado janelas em Seattle, teriam manchado a repu-

Introdução

tação do movimento (o dilema da desobediência ou cordialidade, como veremos adiante).

O Occupy exerceu um grande impacto sobre os que dele fizeram parte, fornecendo-lhes um lampejo de um mundo mais empolgante e participativo, mas também um curso-relâmpago de tática política.[3] Eles levarão consigo as esperanças e o know-how para futuras campanhas, em movimentos de protesto que ainda estamos por imaginar. Mas o Occupy também queria exercer um impacto externo. A desigualdade extrema não diminuiu, nem foram implementadas novas políticas para enfrentar esse problema, com a possível exceção da decisão de Cuomo de apoiar em Nova York um imposto sobre grandes fortunas.

Mas os acampamentos receberam ampla cobertura da mídia, e mais favorável do que aquela que recebe a maioria dos protestos. A mídia, em geral, tratou os Ocupantes como pessoas reais com reclamações graves, ainda que frequentemente os apresentasse como jovens sujos e desempregados – como se fossem vagabundos honestos – com sonhos utópicos irrealistas. Além da cobertura direta dos protestos, começaram a aparecer artigos e editoriais a respeito da desigualdade nos Estados Unidos, em que esta era admitida como um problema de todos que os formuladores de políticas públicas precisavam levar a sério. A cobertura do Tea Party, o grupo de direita que um ano antes havia mobilizado um pouco da mesma raiva populista do Occupy, encolheu, tendo menos impacto nas eleições de 2012 do que havia tido em 2010. O efeito do Occupy pode ter sido indireto, mas não foi desprezível.

Movimentos sociais

Na linguagem comum, os **movimentos sociais** são esforços persistentes e intencionais para promover ou obstruir mudanças jurídicas e sociais de longo alcance, basicamente fora dos canais institucionais normais sancionados pelas autoridades. "Persistentes" implica que esses movimentos diferem de eventos isolados, como reuniões ou assembleias, que são as atividades básicas patrocinadas pela maioria deles. A persistência dos movimentos muitas vezes propicia o desenvolvimento de organizações formais, mas eles também operam por meio de redes sociais informais.

A palavra "intencionais" vincula os movimentos a cultura e estratégia: pessoas têm ideias sobre o que desejam e como consegui-lo, ideias que são filtradas tanto pela cultura quanto pela psicologia individual. Movimentos têm propósitos, mesmo quando estes digam respeito a transformar os próprios membros (como ocorre em muitos movimentos religiosos ou de autoajuda) e não o mundo fora deles.

"Promover ou obstruir": embora muitos estudiosos definam os movimentos como progressistas, descartando os esforços reacionários como **contramovimentos**, essa distinção parece arbitrária (para não mencionar o lamentável efeito decorrente do fato de se usarem diferentes ferramentas para analisar os dois tipos). Os movimentos antiaborto e pró-aborto enquadram-se no mesmo rótulo, ainda que o primeiro busque atrasar o relógio no que se refere aos direitos humanos, pelo menos segundo as feministas.

O fato de serem "não institucionais" distingue os movimentos dos partidos políticos e dos grupos de interesse, que constituem partes regulares e permanentemente financiadas da maioria dos sistemas políticos, embora os movimentos com frequência criem essas outras entidades e mantenham relações próximas com as existentes. Alguns grupos de protesto se transformam em grupos de interesse ou partidos políticos.

Apesar dessa definição, não existe uma fronteira clara entre movimentos sociais e outros fenômenos como revoluções, motins, partidos políticos e grupos de interesse. Quanto mais vemos cada componente – persistência, intenção, preocupação com a mudança e não pertencer às instituições normais –, mais desejamos chamar alguma coisa de movimento social. Quanto menos os vemos, mais procuramos outros rótulos. Agitadores podem compartilhar alguns objetivos dos movimentos de protesto sem agir explicitamente em favor de um deles (ainda que muitos agitadores escolham seus alvos de maneira cuidadosa, expressando seus sentimentos de indignação e censura, e assim, implicitamente, compartilhem os

Introdução

objetivos de um movimento). Eles podem mostrar sua raiva e frustração politicamente motivadas – mas ao mesmo tempo roubar um frasco de perfume numa vitrine quebrada. Os seres humanos têm sempre múltiplas motivações, razão pela qual precisamos de uma perspectiva cultural para tornar suas ações inteligíveis.

Por todo este livro, emprego as palavras "ativista" e "manifestante" para designar pessoas que fazem protesto. Mas uma advertência: isso não significa que algumas pessoas sejam manifestantes natas, dotadas de personalidade incomum que as distinga de outras, da mesma forma que "alunos" ou "professores" não se definem por essa única atividade. Manifestantes não são uma subespécie da humanidade inerentemente distinta; qualquer um de nós pode acabar num movimento social.

Como há uma multiplicidade de atividades envolvidas, não existe uma pergunta única a responder sobre movimentos sociais, mas uma série delas. Como se apresenta um protesto quando ele ocorre? Quem é o primeiro a imaginar um movimento ou expressar essa visão? Quem se une a ele? Quem continua e quem desiste ao longo do percurso? Que fazem os manifestantes? Como é que decidem o que fazer? Quando é que mudam suas táticas? Quando é que vencem, quando é que perdem? Que outros efeitos eles causam? Quando é que terminam os movimentos? Não há uma teoria única, muito menos uma teoria simples, capaz de responder a essas perguntas. Precisamos de diferentes maneiras de explicar cada uma delas, embora toda explicação tenha uma dimensão cultural.

Cultura

A **cultura** é composta de pensamentos, sentimentos e princípios morais comuns, juntamente com as representações físicas que criamos para expressá-los ou moldá-los. É por meio de processos culturais – desde cantar e ler até se juntar a uma passeata pelas ruas – que damos significado ao mundo, que compreendemos a nós mesmos e os outros. A cultura permeia as ações dos manifestantes, assim como as de todos os outros atores com os quais eles interagem, tais como juízes, policiais, parlamentares, repórteres e outros. Precisamos entender ambos os lados – ou os muitos lados – de um conflito.

A cultura tem três principais componentes. Em primeiro lugar, consiste na **cognição**: as palavras que usamos, as crenças que temos sobre o mundo, as afirmações que fazemos sobre como ele é, as distinções que estabelecemos entre uma coisa e outra (entre um grupo e outro, por exemplo). Isso inclui enquadramentos, como "os 99%", o que implica uma teoria das vítimas, uma teoria dos vilões (o 1%) e um diagnóstico do problema, ou seja, o enorme buraco que os separa. Também inclui identidades coletivas, nesse caso, uma vez mais, os 99% e o 1%. Narrativas, todas com começo, meio e fim, também fazem parte da cognição. Até as táticas, como a de "ocupar", são formas de aproveitar compreensões culturalmente constituídas de como agir.

Os estudiosos gostam de analisar esses elementos cognitivos da cultura porque é fácil separá-los da ação, relacioná-los numa tabela e identificá-los pela leitura de panfletos e transcrições de discursos. Mas, ao tirá-los do contexto dessa forma, arriscamo-nos a perder de vista o modo como as pessoas vivenciam essas ideias, como as utilizam para persuadir outras, como são motivadas por elas. As pessoas não transportam suas ideias na cabeça como livros numa estante de biblioteca; vivenciam-nas por meio de suas ações.

As **emoções**, que constituem a segunda parte da cultura, mantêm-nos mais próximos das vidas reais das pessoas, pois os seres humanos compreendem melhor as situações mais pela via do sentimento que pela do pensamento consciente. As emoções têm má reputação, uma vez que os filósofos que tendem a escrever a respeito delas preferem falar de pensamentos abstratos em vez do ato confuso de pensar, de ideias em vez de sentimentos, de produtos em vez de processos. Eles costumam apresentar as emoções como o oposto do pensamento, como interferências infelizes que nos levam a fazer coisas estúpidas. Só recentemente é que psicólogos mostraram que as emoções também nos enviam sinais e nos ajudam a processar informações, avaliar nossas situações e começar a formular mé-

Introdução

todos de ação. Longe de sempre desorganizarem nossas vidas, as emoções nos ajudam a ir em frente. Elas são funcionais, por vezes até perspicazes. São parte de ações tanto sensatas quanto lamentáveis. Não são boas nem más, mas simplesmente normais. As emoções são parte da cultura porque aprendemos onde e quando mostrá-las, e como denominá-las (medo versus raiva, por exemplo). Também permeiam a cognição: as emoções dão vida a narrativas, fazem com que nos preocupemos com identidades coletivas, ajudam-nos a odiar os vilões ou a ter piedade das vítimas. Cognição e emoção são inseparáveis.

Além da cognição e das emoções, a **moral** é o terceiro componente da cultura. Ela consiste em duas partes. Uma delas é um conjunto de *princípios* explícitos, como "Fazei aos outros o que quereis que vos façam" ou "De cada um conforme sua capacidade, a cada um conforme sua necessidade". Nós formulamos afirmações como essas a fim de persuadir outras pessoas ou doutrinar crianças de acordo com nosso ponto de vista. É a segunda parte da moral que realmente guia as ações na maior parcela do tempo, na forma de *intuições* que são sentidas em vez de explicitamente formuladas. Quando ficamos envergonhados em função de uma indiscrição ou estremecemos por ver um cavalo ser chicoteado, podemos não ser capazes de dizer exatamente por quê. Mas nossos sentimentos nos dizem que sabemos que alguma coisa está errada. Mais pessoas são levadas para a política por suas intuições morais do que por seus princípios. Estes geralmente chegam depois. Nossas emoções nos ajudam a pensar, inclusive sobre o que é certo e errado.

Cognição, emoção e moral estão geralmente presentes nas ações e declarações políticas, moldando constantemente umas às outras. Só as distinguimos quando analisamos esses casos concretos.

A cultura não está apenas em nossas cabeças (e corações). Uma foto capta a indignação, a análise e a fúria de um grupo de protesto. Um livro pode elaborar a ideologia ou filosofia de um movimento, por exemplo, demonstrando em detalhes, complementados por fotos, o impacto da desigualdade sobre os pobres e a urgência de resolver o problema. Ações também expressam significados. Uma passeata é cuidadosamente coreografada para transmitir uma mensagem sobre os manifestantes, o que desejam ou quem os está restringindo. Rituais acabam se estabelecendo para expressar os sentimentos e as crenças fundamentais de um grupo, fazendo com que tanto os de dentro quanto os de fora tenham em mente quem eles são.

Essas incorporações físicas de significados não têm muita importância se não correspondem a nossos sentimentos internos, mas com frequência nos ajudam a manter esses significados, a concentrar-nos em alguns deles em vez de outros e a transmiti-los a novas pessoas. Uma vez incorporados, os significados podem viajar: uma Ocupante carregava um pôster que dizia "Vou acreditar que corporações são pessoas quando o Texas executar uma delas", um adorável ataque à pena de morte e também ao mito das corporações como indivíduos dotados de direitos inalienáveis. Ela foi fotografada, depois sua imagem chegou aos websites, aos jornais e finalmente aos livros, com sua mensagem, curta e grossa, tornando-se disponível a novos públicos a cada passo.

Não cultura

A cultura está em toda parte, mas ela não é tudo. Se não houvesse nada além da cultura, isso a tornaria menos útil como conceito. Ela não passaria no que chamo de "teste do oxigênio" da ciência social: não haveria vida social sem oxigênio, mas acrescentar isso a nossos argumentos explanatórios não é de muita utilidade. Podemos aceitar sua existência e seguir em frente.

Então, o que não é cultura? **Recursos**, por exemplo: o dinheiro e as coisas materiais que ele pode comprar. Isso inclui revólveres que atiram balas, um megafone que faz sua voz chegar mais longe, antenas que transmitem programas de rádio. **Arenas** não são cultura, mas os lugares em que ocorre a ação estratégica, governados por regras formais e tradições informais, em que os recursos só são usados de determinadas maneiras. (Estudiosos muitas vezes se referem a elas como **estruturas políticas**.)

Finalmente, os **indivíduos** têm uma série de formas idiossincráticas de pensar e vivenciar o mundo que, por não serem compartilhadas com

Introdução 29

mais ninguém, não são cultura. Trata-se da **psicologia**. Elas podem ser alucinações psicóticas ou, em vez disso, ideias criativas que simplesmente *ainda não* foram compartilhadas com outros (se nunca o forem, não serão cultura). Quando vemos duas pessoas na mesma reunião, presumimos que compartilhem objetivos e entendimentos referentes ao evento, mas sua concordância raramente é perfeita, e elas por vezes têm amplas discordâncias. Os Ocupantes recusavam-se a apresentar demandas explícitas por reconhecerem que as pessoas poderiam ser atraídas para os acampamentos por uma série de razões e não queriam excluir ninguém (chegaram a acolher alguns membros do 1%).

Ainda que não sejam cultura, recursos, arenas e psicologia interagem intimamente com ela, e esse é um dos pontos fortes de uma perspectiva cultural. A cultura nos ajuda a entender as outras dimensões. Um megafone tem pouco impacto quando está na prateleira do armário da mãe de um ativista; só tem importância quando amplifica palavras para um público ávido. No campo oposto da batalha, latas de spray de pimenta ou gás lacrimogêneo não fazem nada por si mesmas. Autoridades policiais devem dar ordens para que sejam usadas; seus agentes devem decidir se obedecem. Essas escolhas refletem os cálculos, afinidades, medos e intuições morais das "forças da ordem", em outras palavras, da cultura. (Um policial, como indivíduo, pode ser sádico ou estar com raiva e usar spray de pimenta mesmo contra as ordens, um fator mais psicológico do que cultural, mas em resultado disso pode ser punido – dependendo da cultura do conjunto da força policial, das atenções da mídia, da pressão por parte de políticos e assim por diante.)

Ocasionalmente, recursos podem ter um impacto mesmo sem ser usados: quando sua própria existência é um lembrete ou ameaça de que *podem* ser usados caso necessário. Uma vez mais, isso exige uma interpretação cultural de ambos os lados, o dos que ameaçam e o dos ameaçados. Eles tentam o tempo todo entender uns aos outros. Os manifestantes perguntam a si mesmos se levam tais ameaças a sério.

As arenas estruturadas também não significam muita coisa sem a cultura. Em primeiro lugar, refletem as compreensões culturais e os objetivos estratégicos daqueles que as estabeleceram, pretendendo controlar futuras ações de formas desejadas. As arenas fornecem regras que atores estratégicos podem aplicar, sugerem certas maneiras de compreender objetivos e ações e estruturam os custos e perigos, vantagens e promessas das ações. Ainda precisam ser interpretadas. Regras e tradições existem para que os atores estratégicos possam aplicá-las, confiar nelas e subvertê-las.

Mais estruturalmente ainda, as arenas contêm prédios, salas e decorações que canalizam a interpretação cultural e as ações que ali ocorrem. O parque Zuccotti oferecia lugares para dormir, sentar-se, debater e tocar tambor (mas não para defecar), tudo com alguma proteção externa, embora não a ponto de isolar os manifestantes dos turistas (ou os vizinhos do som dos tambores). Teve de ser convertido numa arena, seus recursos materiais reconhecidos como úteis para um acampamento.

Estruturas como arenas consistem em plantas ou esquemas culturais ligados a lugares e recursos físicos. Leis e outras regras são os esquemas mais óbvios, geralmente elaborados com o tempo por meio de um debate explícito e aplicados por um Estado com exército ou força policial. Mas também criamos expectativas informais sobre o que as pessoas deveriam fazer numa arena, qual seria o comportamento adequado ou inadequado dentro dela. As regras das arenas moldam a ação, mas muitos protestos também se dirigem à mudança dessas mesmas regras. Embora o Occupy não tenha conseguido mudar as regras referentes ao modo como os rendimentos são distribuídos na América capitalista, ele forçou alguns policiais a melhorar – relutantemente – seu comportamento e alguns membros de sindicatos a adotar táticas mais militantes.

A cultura também dá forma a muitas das compreensões idiossincráticas que os indivíduos podem ter. Mesmo as deploráveis psicoses dos doentes mentais refletem suas experiências e interpretações de sua cultura mais ampla. As inovações e as perspectivas distintas de todos os indivíduos refletem a totalidade de suas experiências passadas, já que eles acumulam coleções singulares de compreensões culturais a partir de uma longa série de situações e interações. Nossas mentes funcionam como filtros, captando bits de informações importantes e associações percebidas. É por isso que indivíduos podem ser criativos, percebendo

Introdução 31

uma situação de maneira singular, recordando e aplicando o que aprenderam a partir de situações correlatas no passado. Foram necessários alguns indivíduos espertos para que o parque Zuccotti fosse visto como o lugar para se plantar e cultivar um movimento social, embora isso só tenha acontecido depois que eles saíram em passeata para outro lugar e descobriram que seus proprietários, alertados por discussões na internet, o haviam cercado. (Os proprietários do Zuccotti não puderam fazê-lo em função das leis municipais de Nova York referentes a "espaços públicos de propriedade privada".) Psicologia e cultura, mas também recursos, ajudam as pessoas a se adaptar rapidamente.

No restante do livro vou falar sobre as formas pelas quais recursos, arenas, indivíduos e cultura interagem entre si, mas não devemos exagerar a distinção. Toda ação tem elementos de todos eles: os indivíduos humanos usam recursos materiais e os próprios corpos para expressar significados culturais uns aos outros e para públicos externos em determinadas arenas. A distinção é a que os filósofos chamam de *analítica*: os recursos e o restante são dimensões da ação que podemos enfatizar ou ocultar de modo a sermos capazes de entender como as pessoas tocam seus projetos, como fazem o que fazem. Tal como recursos e arenas, a cultura não faz nada por si mesma. Só pessoas fazem coisas. Mas fazem coisas *com* objetos, da mesma forma como os videoclipes e a transmissão ao vivo dos protestos permitiram aos Ocupantes questionar os relatos policiais e ganhar a solidariedade de milhões de espectadores. Podemos dizer que pessoas e objetos colaboram entre si.

Olhando em frente

Corremos um risco ao falar tanto sobre os manifestantes e suas ações, decisões e visões: pode parecer que é fácil para eles fazer o que desejam. A verdade é o oposto: *a maioria dos protestos fracassa*. Estudiosos dos movimentos sociais nem sempre gostam de admiti-lo, visto que, na maioria das vezes, estudam movimentos que admiram. Mas quer os movimentos ganhem ou percam, ou cheguem a alguma coisa intermediária, precisamos entender o porquê. Grupos de protesto com muitos recursos, estruturas e narrativas brilhantes, identidades simpáticas, ampla cobertura da mídia e estratégias sagazes muitas vezes fracassam, apesar de tudo. Enfrentam contradições que simplesmente são incapazes de superar. O movimento Occupy obteve uma série de pequenos sucessos, mas dificilmente conseguiria triunfar no capitalismo. Uma razão é que outros atores também têm seus recursos, ideologias e estratégias. Contra toda campanha anticapitalista, as corporações visadas empregam seu próprio dinheiro, pressionam seus aliados políticos, publicam anúncios em jornais disfarçados de editoriais e se defendem de todas as formas, todos os dias. As arenas têm tanto perdedores quanto vencedores, e muitas vezes são montadas para favorecer um ator em detrimento de outros.

Este livro busca fornecer uma perspectiva histórica, o que nunca é ruim. A empolgação do parque Zuccotti ressoa retrospectivamente. Um observador, ao apontar as semelhanças entre os protestos de 1848, 1871, 1936 e 1968, na França, descreveu-os como **momentos de loucura**:[4]

> Livres das restrições de tempo, lugar e circunstâncias, livres da história, homens e mulheres escolhem seus papéis a partir do repertório disponível ou forjam novos papéis num ato criativo. Sonhos tornam-se possibilidades ... O que não conseguiram obter em 1936 estava no centro de suas aspirações 32 anos depois, quando fábricas mais uma vez se transformaram em acampamentos festivos em nome da participação.

O ano de 2011 foi outro momento em que sonhos pareceram possíveis em acampamentos festivos como a praça Tahrir, o bulevar Rothschild, a Puerta del Sol e o parque Zuccotti.

Os capítulos seguintes são apresentados no que espero seja uma ordem lógica. Primeiro indagamos mais sobre o que são protestos e movimentos sociais; depois examinamos as muitas maneiras pelas quais os seres humanos impõem significado a seus mundos; em seguida analisamos a maneira como infraestruturas políticas e econômicas ajudam os protestos. Nos

Introdução

capítulos 4 a 6, indagamos como os movimentos recrutam novos membros, motivam os antigos e tomam decisões. O capítulo 7 examina como os protestos envolvem outros atores e o capítulo 8 focaliza suas vitórias, derrotas e outros impactos sobre o mundo de hoje.

Em sua maioria, os títulos dos capítulos enfatizam a ação e não atos completos: o processo de recrutar em vez do recrutamento, o processo decisório em vez das decisões. Quero enfatizar que as pessoas estão *fazendo protesto*: isso não ocorre graças somente a processos impessoais destituídos de sujeitos ou em função de criaturas misteriosas chamadas "manifestantes". Pessoas de fato protestam a cada dia, mas isso ocorre com menos frequência do que poderíamos esperar, dado o número de descontentes que existem no mundo. Na maior parte do tempo as pessoas minimizam suas queixas ou contam uma piada aos amigos. Apenas ocasionalmente é que de fato se organizam junto com outras pessoas. Não podemos esquecer que os movimentos sociais são especiais, transitórios, frágeis – e muitas vezes heroicos. Eles podem mudar nosso mundo. Os manifestantes são os heróis da era moderna.

1. O que são os movimentos sociais?

A rua como arena: o movimento de Wilkes

John Wilkes foi um dos ingleses mais importantes do século XVIII. Estrábico e pouco atraente, ele era engraçado e charmoso, o que se costumava chamar de "mulherengo", e um dos maiores detratores de todos os tempos. Separado de uma esposa rica, cuja fortuna lhe garantiu em 1757 um assento no parlamento (ao custo de 7 mil libras), ele ficou indignado quando, em 1762, sua facção do Partido Whig foi excluída do governo. Wilkes lançou um panfleto semanal, *The North Briton*, com o único propósito de atacar o rei George III e o primeiro-ministro por ele nomeado, o incompetente lorde Bute. Uma de suas inovações foi dar o nome dos ministros que estava atacando, em vez de usar as costumeiras iniciais seguidas de um traço (lorde B__). Em um ano, Wilkes foi processado por calúnia impatriótica quando, no número 45 de seu panfleto, insinuou que o rei George havia mentido num discurso no parlamento.

Nos anos seguintes, Wilkes obteve uma notável série de vitórias jurídicas contra o rei e o governo, derrubando mandados de busca contra pessoas anônimas, permitindo que os jornais publicassem debates do parlamento e impedindo que este anulasse eleições simplesmente por considerar um candidato inadequado. O número "45" tornou-se um grafite comum, orgulhosamente exibido em portas e paredes, e "Wilkes e Liberdade" virou um grito de convocação para uma série de causas correlatas. Wilkes, que tirou muito dinheiro de suas instituições de caridade para comprar bebidas e pagar prostitutas, tornou-se um símbolo de variados tipos de liberdade. Grandes turbas se formaram para apoiar suas reeleições ao parlamento quando o rei interveio cruelmente contra ele. Segundo o sociólogo Charles Tilly,[1] essas turbas – em parte campanha eleitoral, em parte agitação por liberdades civis e em parte um festival de bêbados – constituíram o primeiro movimento social moderno.

Havia vários componentes nesse novo veículo político. Wilkes era um mestre da mídia, não apenas redigindo ataques obscenos a Bute e ao rei, mas também atraindo a atenção para suas ações dramáticas e citações concisas (os bordões de então). Além disso, ele reuniu duas arenas que haviam sido separadas: o parlamento e a rua. Seus seguidores organizaram passeatas e assembleias para pressionar ocupantes de cargos eletivos, e grande parte dessa pressão tinha como alvo os direitos de associação e reunião, e também a liberdade de expressão – as principais ferramentas dos movimentos sociais, que as tomaram de empréstimo das cerimônias das guildas, dos desfiles de veteranos, das reuniões revivalistas promovidas por metodistas e assim por diante. Também havia táticas mais coercitivas, como parar carruagens e forçar seus elegantes passageiros a gritarem "Wilkes e Liberdade", mas, no geral, a ênfase das táticas foi mudando da força para a persuasão. A rua se tornava cada vez mais importante como arena política.

Wilkes também foi pioneiro de uma outra maneira: embora as maiores turbas fossem de Londres, onde podiam intimidar os políticos e a família real, também eram encontradas em cidades de toda a Grã-Bretanha, seguindo avidamente os jornais, agora baratos e onipresentes. Havia novas redes de influência política, com as quais os manifestantes acabaram por se envolver, aprendendo a interagir com base em novas fontes de reclamações e indignação, com novos tipos de atores e com novas esperanças.

Aqui vemos a importância de indivíduos notáveis, dotados de personalidade singular e motivações idiossincráticas, embora façam suas trajetórias nos movimentos sociais da maneira habitual: formando redes sociais, explorando novas mídias e levando as pessoas às ruas para pressionar autoridades.

O que são os movimentos sociais? 37

O movimento social moderno

As pessoas protestam de todas as formas possíveis. Escravos, servos e outros sob vigilância estrita encontram meios sutis, como cuspir na comida do senhor, fazer-se de ignorantes ao receberem ordens, realizar tarefas malfeitas, roubar ou quebrar objetos de valor. Caso questionados, podem às vezes negar qualquer intenção de resistência, embora isso nem sempre evite que sejam espancados.[2] Algumas dessas **armas dos fracos** proporcionam apenas compensações ou ganhos privados, mas outras são usadas tendo o público em mente. Algumas exigem solidariedade, tais como piadas, fofocas e rumores no âmbito privado que solapam o poder e a dignidade dos opressores. Algo tão simples como arregalar os olhos pode minar uma autoridade, sugerindo que o chefe é tolo ou confuso.

Subordinados costumam ser cuidadosos no que se refere a sua resistência, sobretudo quando a insubordinação pode levá-los à morte. Eles se baseiam em **registros ocultos**, significados que contrariam os pontos de vista dominantes e se expressam no âmbito privado, a fim de entender e criticar suas condições.[3] Esse tipo de resistência sub-reptícia pode, não obstante, ter um impacto público, como ocorre com os grafites que podem ser vistos por milhares de transeuntes. Outras armas dos fracos são mais coercitivas que persuasivas – queimar celeiros, mutilar o gado –, embora um prédio em chamas não apenas cause um prejuízo direto, mas também transmita uma mensagem: pode ser visto a quilômetros de distância, anunciando que existe resistência e estimulando imitadores.

Ao aproximar as pessoas num ambiente de maior anonimato, as cidades estimulam diferentes formas de protesto, especialmente motins e outros tipos de ação de massa. É mais fácil planejar a reunião de uma multidão numa cidade do que no interior. Até cidades antigas tinham multidões turbulentas. Em Alexandria, no Egito, em 485 d.C., quando um novo aluno foi ridicularizado – na verdade, espancado – por alunos mais antigos, a comunidade cristã local interpretou o evento como um ataque anticristão e em 48 horas o bispo reuniu um número suficiente de pessoas de sua congregação para saquear um templo pagão situado nas proximidades. Nas semanas seguintes, os pagãos contra-atacaram com uma investigação oficial, mas a trajetória política que levaria ao domínio cristão estava clara. Clara também foi a manipulação de rumores pelo bispo para forjar uma oportunidade de atacar seus rivais.[4] O cristianismo – um dos movimentos religiosos mais bem-sucedidos do mundo – não conquistou o Império Romano oferecendo a outra face.

Embora os seres humanos sempre tenham encontrado maneiras de mostrar seu desagrado, o movimento social, tal como hoje o reconhecemos, surgiu no mundo moderno. Podemos mesmo dizer que surgiu na Grã-Bretanha e nos Estados Unidos, no final do século XVIII, em parte para tirar vantagem de parlamentos cada vez mais poderosos fundados na ideia de cidadania (ainda que o parlamento americano seja conhecido como Congresso). Essas novas arenas contribuíram ainda mais do que a urbanização para o nascimento do movimento social. Tal como ocorreria mais tarde em outros países, os movimentos sociais exigiam direitos e reconhecimento para grupos que estavam excluídos da participação política, mas sentiam ser parte da nação. A própria ideia de "nação" implica um "povo" dotado de alguma solidariedade unicamente em virtude do seu lugar de nascimento ou do sangue que lhe corre nas veias, a despeito de sua classe social. Se somos todos "ingleses" ou "russos", como é que alguns podem ser proprietários de outros, como servos, ou nos governar sem nosso consentimento? Ideias sobre liberdade e democracia difundiram-se amplamente no século XVIII, embora poucos governos tenham atuado de acordo com elas – até agora.

A **democracia** é, para os movimentos, tanto um objetivo quanto um meio. Ela faz muitas promessas (promessas que, mesmo hoje, não foram plenamente realizadas em lugar algum). Oferece *proteções* em relação a ações arbitrárias da parte do Estado (direitos humanos), assim como diversos direitos políticos: alguma *participação* nas decisões do governo, ou pelo menos em decisões importantes; alguma *responsabilização* do Estado por suas ações, e especialmente por seus erros; e alguma *transparência* no modo como ele toma decisões e age. Além desses elementos da cidadania política, formas posteriores de democracia também prometeram um nível mínimo de *bem-estar* econômico: saúde, moradia, alimentação. Quando grupos percebem que seus governos estão fracassando na tarefa de prover essas coisas, aprendem a se reunir em movimentos sociais. Como os regimes que se afirmam democráticos prometem tantas coisas, ironicamente, constituem fontes potenciais de indignação em maior grau do que os regimes autocráticos. As expectativas são maiores.

Algum tipo de governo eleito constitui o núcleo da democracia, e os movimentos sociais surgiram para pressionar os representantes que atuam nesses órgãos. Em cinquenta anos de pesquisa na França e na Grã-Bretanha, Tilly[5] mostrou como o protesto mudou, nos séculos XVIII e XIX, de ataques *diretos* a proprietários de terras, coletores de impostos, vizinhos malcomportados e outros alvos de indignação para esforços *indiretos* – por meio de cartas, petições e manifestações públicas – a fim de influenciar ocupantes de cargos eletivos. Reduziu-se a frequência com que os participantes derrubavam e queimavam casas, cobriam seus alvos com alcatrão e penas ou tocavam música estridente embaixo da janela de alguém que tivesse violado as normas da aldeia. Era mais frequente que fizessem discursos, marchassem pelas ruas proclamando slogans e entoando canções e pintassem cartazes e faixas. Agora enviavam mensagens para funcionários eleitos, a mídia e o público em geral.

Um parlamento é um exemplo de arena estratégica. Os tribunais são outra arena, especialmente bem definida, com regras claras sobre quem pode participar e o que pode fazer. A mídia jornalística é outra arena, menos claramente definida, em que os atores se confrontam a respeito de quais declarações e imagens vão aparecer nos websites, nas transmissões de televisão e nos jornais impressos. Os manifestantes geralmente promovem suas causas em várias arenas ao mesmo tempo. Bloqueados em uma delas, podem tentar entrar em outra, buscando aquela em que seus recursos e sua equipe tenham mais vantagens (tal como procurar o ponto mais alto num campo de batalha). Uma sociedade moderna oferece dezenas de arenas a potenciais manifestantes.

As arenas oferecem aberturas para certos tipos de protesto e desestimulam outros. Por essa razão, têm sido chamadas de **estruturas de oportu-**

nidades políticas, já que por vezes proporcionam oportunidades para que manifestantes mobilizem grande número de simpatizantes e obtenham concessões do Estado. Toda uma teoria do protesto foi construída sobre essa ideia, como veremos. Como os pesquisadores dessa tradição se concentraram no Estado, mostraram que diferentes nações têm diferentes estruturas de oportunidades políticas e, em resultado disso, diferentes tipos de protesto.[6] Em alguns países os partidos políticos são abertos a novas demandas, proporcionando uma oportunidade para manifestantes, enquanto em outros aderem a ideologias que inibem a abertura a novas questões. Na Alemanha e nos Estados Unidos, os tribunais têm muita autoridade, de modo que os manifestantes abrem processos; não o fazem muito na França, onde os tribunais têm menos poder. Os manifestantes usam os canais que lhes são disponíveis. Também podem tentar inventar novas arenas ou mudar as existentes, como os seguidores de Wilkes, que buscavam novos direitos jurídicos.

Além desses **horizontes estruturais** de longo prazo, oportunidades políticas também podem surgir em versões de curto prazo, **janelas de oportunidade** que se abrem ou se fecham. Quando um atirador mata vinte crianças numa escola, cidadãos enviam cartas e saem em passeata para exigir um controle mais estrito sobre as armas de fogo; políticos veem uma chance de ganhar votos apoiando esse controle; e a mídia jornalística atrai o público tratando de tudo isso. Vazamentos de óleo, acidentes nucleares e outros desastres também podem atrair a atenção por um tempo, apenas o suficiente para mobilizar alguns protestos. Após algumas semanas ou meses, as atenções se voltam para outra coisa, e a janela de oportunidades se fecha. Os seguidores de Wilkes aproveitaram as oportunidades oferecidas pelo governo sempre que este o intimidava, prendia ou impedia de assumir o assento no parlamento para o qual fora eleito. Cada nova afronta era uma pequena janela para mobilizar as ruas. Até hoje, atrocidades cometidas pelo governo são provavelmente a janela de oportunidade mais comum.

Podemos ver como o lema "Wilkes e Liberdade" ajudou a definir movimentos sociais comparando-o a nossa definição. Ele foi sustentado, ou

O que são os movimentos sociais? 41

pelo menos reapareceu com grande regularidade, enquanto Wilkes enfrentava Bute e o rei. Suas intenções eram suficientemente claras, abrangendo tanto proteções específicas para ele próprio quanto direitos mais amplos para todos. Estavam fora dos canais políticos normais controlados pelas autoridades. Mas a agitação não avançou em alguns sentidos. Ela tinha por base, e reforçava, redes sociais que podiam ser reutilizadas, mas não gerou organizações formais além do jornal original de Wilkes. E só gradualmente veio a formular suas demandas em termos ideológicos abrangentes, deixando de lado as demandas específicas em favor de Wilkes. Ele e seus seguidores estavam procurando cuidadosamente uma nova forma de protesto. (Antes dele, o protesto não conseguiu atingir o status de movimento social nem mesmo de outras maneiras.)

Nos Estados Unidos, o movimento social desenvolveu-se em dois estágios. A Revolução sustentou-se em redes, assembleias e na retórica do movimento de protesto que se havia formado em resposta a uma série de ações impopulares da parte do governo britânico, mais notadamente a Lei do Selo de 1765 (que instituía um imposto, pagável apenas em moeda britânica, sobre o tipo de papel usado em jornais e documentos impressos – precisamente a mídia que os colonos estavam usando para expressar suas opiniões e apresentar suas demandas). Os colonos consideravam-se cidadãos britânicos, mas não tinham representantes no parlamento: exatamente o tipo de situação que provoca expectativas – e frustrações.

O passo seguinte ocorreu na década de 1830, quando uma onda de movimentos nacionais vinculou escolhas pessoais a problemas públicos, os "pecados" mais gritantes sendo a escravidão e o álcool. Dali em diante, os reformadores morais passaram a responsabilizar indivíduos por adversidades gerais. Eles organizaram redes nacionais, frequentemente começando com pregadores batistas ou metodistas, desenvolveram uma grande indústria de publicação e distribuição, boicotaram certos comerciantes, usaram ações diretas e ilegais para enfrentar os "pecados" e formaram seus próprios partidos e organizações de lobby (com normas, reuniões regulares e líderes eleitos) – táticas ainda empregadas pelos movimentos de protesto atuais.[7]

O movimento social de hoje tenta enviar mensagens a uma variedade de públicos, especialmente seus próprios membros, reais e potenciais, mas também a parlamentares, a outras agências do Estado e à mídia. Os movimentos formulam visões morais e tentam convencer outros a compartilhá-las. Mas, ainda que se especializem em persuasão e performance, não abandonaram totalmente outros meios de atingir seus objetivos.

Coerção, dinheiro, palavras

Essas são as três grandes famílias de significados que as pessoas empregam em seus compromissos estratégicos, quer se trate de guerras ou arranjos comerciais, protestos ou política. Elas tentam atingir seus alvos pela força ou obstrução física, pagando pessoas ou persuadindo-as. Os movimentos sociais, embora possam se valer de todas as três, definem-se amplamente por se especializarem na persuasão. Baseando-se sobretudo na coerção, confundem-se com exércitos revolucionários ou bandos de criminosos; baseando-se no dinheiro, transformam-se em grupos de interesses burocráticos.

Devido à importância da persuasão, é especialmente útil entender os movimentos sociais através das lentes da **retórica**, ou seja, a cultura empregada para exercer determinado efeito sobre outros, tendo os discursos políticos como modelo original. Uma perspectiva correlata é ver a política como um conjunto de performances, incorporando informações, sentimentos e moralidade, destinado a inspirar outras pessoas.[8] Em ambos os casos, vemos atores estratégicos como público para as palavras e ações uns dos outros (embora o dinheiro e a coerção também tenham componentes culturais: devem ser interpretados). Como um orador em praça pública, os movimentos buscam audiências e tentam persuadi-los a sentir, acreditar ou agir de determinada maneira. E, mesmo na era da internet, grande parte da comunicação ainda ocorre por meio de oradores em praças públicas, do parque Zuccotti à praça Tahrir.

Em regimes não democráticos – que incluem a maioria dos Estados que já existiram na história humana – a maioria das questões públicas é resolvida

O que são os movimentos sociais? 43

pela força física. Nações vão à guerra em função de disputas territoriais; uma monarquia reprime uma revolta cortando centenas de cabeças. Mesmo hoje, em alguns ambientes, a violência (ou sua ameaça) prevalece – especialmente a violência da polícia contra manifestantes. A retórica surgiu na Grécia antiga, ao mesmo tempo que a democracia, como alternativa à coerção; agora se pode ter a esperança de persuadir outras pessoas, especialmente a votarem de certa maneira em assembleias ou tribunais.

Movimentos sociais podem estar vinculados à democracia e à persuasão, mas por vezes recorrem à força física, como quando trabalhadores em greve bloqueiam uma linha de montagem ou agitadores saqueiam uma loja. Como veremos no capítulo 7, a coerção é uma estratégia arriscada para manifestantes. Embora seja frequentemente bem-sucedida em seu intento de constranger autoridades, com frequência ainda maior acaba por permitir que autoridades justifiquem uma repressão severa. Alguns militantes são pressionados a utilizar meios violentos, militares inclusive, em resposta a ações do Estado.

É daí que vêm as revoluções: não há outra maneira de mudar um regime desprezado senão derrubá-lo (como insinua Jeff Goodwin no título de seu livro sobre revoluções, *No Other Way Out* – Sem outra saída). Quando regimes impedem sistematicamente a participação do público, e minúsculas elites monopolizam as forças armadas, a mídia e a economia, a revolução torna-se um objetivo comum para os manifestantes. Sindicatos e partidos de esquerda muitas vezes fazem da tomada do Estado seu objetivo fundamental, mas a maioria dos movimentos sociais da atualidade deseja influenciar o Estado, não tomá-lo.

A coerção se apresenta de formas violentas e não violentas. Uma coisa é violar a lei interrompendo o tráfego, outra é quebrar vitrines de lojas ou ossos de pessoas. Quase todos os movimentos sociais de hoje defendem a desobediência civil das ocupações e dos bloqueios; quase todos condenam a violência contra seres humanos. Em meio a isso, sua atitude em relação aos tipos de distúrbios que danificam propriedades, seja sabotar máquinas ou destruir vitrines, tem variado muito de acordo com os movimentos e ao longo do tempo.

Além dos antigos métodos de coerção e das formas de persuasão surgidas com a democracia, o mundo moderno (nos últimos quinhentos anos, aproximadamente) tem assistido à rápida difusão de uma terceira forma de fazer com que as pessoas façam o que você quer: pagar. Será sempre possível encontrar pessoas que realizarão o trabalho apenas por dinheiro. Não é necessário que elas o temam nem que concordem totalmente com seus objetivos (mas, se concordarem com você, talvez não seja necessário pagar-lhes tanto). A capacidade de simplesmente contratar pessoas é uma das grandes vantagens dos Estados e grandes empresas em relação aos manifestantes: eles não precisam persuadir seus empregados de que são moralmente corretos. Ainda que os mercados tenham suas próprias inconveniências, elas parecem preferíveis à coerção, embora não tão desejáveis quanto a persuasão.

A maioria dos grupos de protesto vale-se do dinheiro, de uma forma ou de outra. Por exemplo, ao comprar máquinas copiadoras e serviços da internet (ou então eles são comprados e doados por alguém). Grupos em crescimento são tentados a contratar equipes profissionais, alugar escritórios, colocar anúncios e adotar outras estratégias de alto custo. Para fazê-lo, geralmente precisam começar a levantar fundos. É uma espiral: quanto mais conseguem, mais podem gastar, e, quanto mais gastam, mais precisam obter. Se esse é um círculo vicioso ou virtuoso, algo bom ou ruim, é um tema muito debatido tanto por ativistas quanto por estudiosos. Da mesma forma que muitas questões que examinaremos neste livro, isso coloca os ativistas diante de um dilema estratégico. Uma vez que comecem a concorrer por verbas de fundações ou a vender serviços sociais a agências do governo, eles se tornam um tipo diferente de grupo.

Ainda que a expressão "grupo de interesse" seja aplicada a organizações formais que fazem lobby (em vez de protestos) e têm equipes, a diferença usual entre um grupo e uma organização é algo um pouco diferente. Da forma como vamos usar o termo, um **grupo** é uma reunião ou rede informal, geralmente pequena, enquanto uma **organização** tem normas, horários e locais de encontro regulares, líderes reconhecidos com autoridade para convocar reuniões e fazer outras exigências aos membros, e com frequência algum status jurídico.

O dinheiro pode comprar recursos físicos, como o espaço para um escritório, mas também o tempo das pessoas. Uma organização pode contratar

> ### O dilema das mãos sujas
>
> Num mundo perfeito, meios e fins sempre se ajustariam, de modo que seríamos sempre capazes de usar meios que nos fossem moralmente confortáveis. Mas às vezes existem objetivos que não podemos alcançar com os meios de nossa preferência. Podemos ter necessidade de usar, por exemplo, a falsidade ou a espionagem. Para alguns grupos, usar dinheiro é sempre suspeito, e eles prefeririam operar com base exclusivamente em voluntários. Mas há coisas que só o dinheiro pode comprar. Os puristas se dispõem a abrir mão de certos fins, enquanto os pragmáticos se dispõem a sujar um pouco as mãos. A diferença depende da força de que nos sentimos moralmente dotados em relação à tática. O lado B do dilema das mãos sujas diz respeito às táticas preferidas, às quais podemos nos sentir presos e usar mesmo que sejam insuficientes ou incapazes de nos ajudar a atingir nossos objetivos. Para os críticos enfurecidos, o excesso de democracia participativa corre esse risco.

uma recepcionista, um advogado, uma firma de relações públicas. Uma vez que você contrata especialistas, é muito provável que eles transformem seu grupo de protesto, aconselhando-o a adotar táticas nas quais se especializaram. O **dilema do aprendiz de feiticeiro** é uma variante do dilema das mãos sujas: o que foi criado ou contratado para ser apenas um meio sai de controle e se torna um fim em si mesmo, levando a organização em novas e inesperadas direções. Podem ser direções boas, mas, com a mesma frequência, indesejadas. Uma vez que você contrata advogados, passa a adotar estratégias jurídicas.

Abordagens não culturais

Hoje em dia, a maioria das teorias sobre movimentos sociais reconhece suas dimensões culturais, mas nem sempre foi assim. Algumas teorias viam as pessoas como seres orientados por um pequeno número de impulsos ou incentivos e não por um amplo espectro de objetivos culturalmente definidos. E algumas delas entendem os movimentos sociais no âmbito de amplos contextos históricos e culturais (a perspectiva "macrossocial"). A tabela 1 categoriza tradições segundo essas duas escolhas feitas pelos teóricos. Podemos acompanhar a história das teorias começando pelo canto inferior esquerdo da tabela, com as teorias psicológicas, e depois seguir no sentido horário através de teorias sucessivas até chegarmos às teorias culturais do canto inferior direito.

As **teorias do ressentimento** dominaram o estudo dos movimentos sociais até a década de 1970. Elas percebiam a existência de uma relação causal direta entre os estados psicológicos internos dos indivíduos e seus esforços políticos coletivos. Se pessoas em número suficiente estiverem com raiva ou decepcionadas, formarão de algum modo grupos de protesto ou irão às ruas a fim de provocar distúrbios. Elas podem estar decepcionadas com sua própria condição econômica, por exemplo, se tiverem fome, ou consigo mesmas: podem sentir-se deslocadas e alienadas, em busca de um significado ou uma identidade.[9]

Uma teoria psicológica popular no século XIX e início do século XX era conhecida como **teoria das multidões**, a qual sustentava que, se um

TABELA 1 Quatro orientações teóricas importantes

NÍVEL DE FOCO	IMAGENS DA MOTIVAÇÃO HUMANA	
	Incentivos restritos	Significados culturais diversos
Macrossocial	Teorias estruturais e histórico-estruturais: mobilização de recursos, processo político, marxismo, Tilly	Teorias histórico-culturais: Touraine
Microssocial	Teorias psicológicas: teoria das multidões, teoria do ressentimento, Freud, teoria da escolha racional	Teorias culturais: teorias do enquadramento, da narrativa e da emoção; psicologia social

grupo suficientemente grande de pessoas se junta para formar uma multidão (frequentemente chamada de "horda"), seus integrantes farão coisas que normalmente não fariam como indivíduos. Serão mais emotivos e cometerão atos de violência, deixando de lado as inibições e estimulando-se entre si. Os teóricos dessa tradição eram membros das elites que não gostavam muito de manifestantes nem acreditavam que alguma coisa boa pudesse resultar desse tipo de atividade.

Nas versões freudianas das teorias psicológicas, as pessoas se envolvem na política para sanar tensões em suas próprias personalidades. Uma teoria da década de 1960 propunha que os manifestantes tentam resolver seus complexos de Édipo vinculando todos os bons sentimentos à "mãe" movimento, e tudo de ruim às figuras "paternas" do Estado e outras instituições dominantes (inclusive professores). Ao abordar conflitos internos, as figuras esquemáticas desses modelos são incapazes de elaborar respostas razoáveis àquilo que acontece no mundo à sua volta, mas ficam repetindo as mesmas defesas que aprenderam na primeira infância.

Outra teoria psicológica é a **teoria da escolha racional**. Ela postula que os indivíduos tomam decisões a fim de maximizarem um reduzido número de satisfações, especialmente com respeito a dinheiro. Derivadas da economia, as teorias racionalistas desafiaram outras teorias psicológicas em meados da década de 1960[10] e desenvolveram complicadas fórmulas matemáticas para descrever o processo de tomada de decisões. Mas a elegância da matemática as afastou da realidade confusa da vida humana. Suas equações funcionam melhor quando há somente uma quantidade a maximizar, e especialmente uma que possa ser quantificada. É por isso que o dinheiro funciona tão bem. As teorias matemáticas são menos adequadas à compreensão do modo como as pessoas comparam diferentes objetivos, tais como aumentar o orçamento de sua organização, preservar a vida das baleias e instigar seus membros com uma grande assembleia. É difícil compará-los. Fórmulas precisas são de uso limitado num mundo de ajustes e dilemas inevitáveis.

Vinculadas a um ramo da psicologia conhecido como behaviorismo, as teorias racionalistas têm uma visão simples da mente humana, que para elas seria orientada por recompensas externas (opunham-se explicitamente às teorias freudianas concentradas nas recompensas internas). As pessoas nessa hipótese são um pouco como pombos, capazes de serem treinadas para reagir a incentivos sem filtrar a informação por suas próprias mentes. Apesar disso, o racionalismo ofereceu uma contribuição importante ao demonstrar que indivíduos puramente autointeressados não participariam de protestos, preferindo **pegar carona** no esforço dos outros, já que se beneficiariam do êxito desses esforços sem a necessidade de assumir riscos ou arcar com os custos. (Os racionalistas têm uma definição estrita de autointeresse.) Isso pode ajudar-nos a entender o trabalho cultural e psicológico que *realmente* atrai as pessoas para os protestos.

Além da teoria da escolha racional, têm sobrevivido versões plausíveis das teorias psicológicas que mostram como as pessoas se comparam com outros grupos ou com seus próprios ideais a fim de criar ideologias morais que impelem à ação. Essa **teoria da privação relativa** vê a cultura como fonte de comparações. Podemos imaginar como a vida *poderia* ser e descobrir a inadequação do presente: por que o 1% mais rico dos americanos detém 43% da riqueza do país? Será que eles são tão melhores do que nós? Quando pessoas fazem comparações no nível do grupo, ficam especialmente propensas a se indignar – em favor de seu grupo.

Ao proporem processos psicológicos razoavelmente universais, alojados no cérebro e na personalidade dos indivíduos, muitas teorias psicológicas ignoram a dinâmica cultural: toda família nuclear é atormentada pela dinâmica edípica, todo indivíduo sente-se alienado quando carece de papéis econômicos e sociais claros em sua sociedade, todo indivíduo tenta maximizar sua renda e sua riqueza. No misterioso salto dos sentimentos individuais para a política em larga escala, as compreensões e expectativas culturais são deixadas de lado. Posso ficar com mais fome quando sou despedido do emprego, mas isso não me leva automaticamente a sair e começar a atirar pedras. Devo entender minha situação como algo compartilhado com muitas outras pessoas, e preciso culpar as decisões do Estado e das corporações em lugar da falta de sorte ou das forças incontroláveis do

O que são os movimentos sociais? 49

mercado. Posso começar com raiva, mas essa raiva pode ser dirigida para fora – e transformar-se em indignação moral – ou para dentro – e virar resignação e depressão. E isso depende de redes sociais, grupos de protesto, empreendedores morais, recursos e mais: fatores culturais e estruturais funcionam em conjunto para levar da psicologia à ação.

As **teorias estruturais** substituíram as teorias psicológicas, na década de 1970, como forma predominante de entender os movimentos sociais: elas insinuam que as restrições institucionais vão conduzir a ação por determinados caminhos independentemente de como os manifestantes pensem e se sintam no que diz respeito ao mundo. Todas as atividades mentais-emocionais mais significativas para os modelos psicológicos foram abandonadas. As restrições estruturais com frequência são recursos: se um Estado vai à falência, a revolução vai levar a um novo e mais eficiente regime. Mas também incluem uma capacidade coercitiva: se o exército é derrotado numa guerra e se mostra desorganizado demais para reprimir os manifestantes em seu próprio país, a revolução pode ter sucesso.

As teorias estruturais presumem convenientemente que sempre exista numa população um número tal de descontentes que, dada a oportunidade (por exemplo, a perspectiva de não serem massacradas), as pessoas se mobilizem em conjunto. Elas tendem a definir os movimentos como sendo compostos de excluídos ou **contestadores** que desejam tornar-se **membros** com direito de voto e outros direitos políticos; os seguidores de Wilkes são um bom exemplo. As teorias estruturais tendem a apresentar um modelo de protesto do tipo "chave-fechadura": escolher a estratégia correta vai abrir a porta das estruturas políticas.

Os recursos são tão importantes para qualquer organização que, no final da década de 1970, surgiu toda uma teoria estrutural dos movimentos sociais, a chamada **teoria da mobilização de recursos**. Seus proponentes, John McCarthy e Mayer Zald,[11] indicaram todos os tipos de processos pelos quais a busca de verbas configura aquilo que as **organizações do movimento social** fazem. Elas agem de forma diferente se estão competindo com outras organizações pelas mesmas doações, se têm um grupo pequeno ou grande de doadores ou se estão solicitando doações a pessoas que não são diretamente afetadas pelo problema, apenas simpatizantes. São moldadas pela necessidade de verbas, sem as quais fracassariam.

Seguindo sua audaciosa metáfora econômica, de que as organizações do movimento social são como empresas competindo no mercado por atenção e dinheiro, McCarthy e Zald indicam que os **empreendedores morais** podem investir um pouco de seu próprio dinheiro na criação de um grupo de protesto e depois tentar persuadir outros de que essa nova causa é digna de apoio. As ideias de McCarthy e Zald permanecem relevantes nos dias de hoje, embora transpareça que nem todo grupo de protesto está interessado em construir a infraestrutura profissional e financeira de uma organização formal. Nem todo grupo ambiental aspira a ser um Sierra Club ou um Greenpeace. Quando isso ocorre, e eles se valem do apoio de pessoas que nada mais oferecem senão uma contribuição anual, geralmente são chamados de grupos de interesse em vez de grupos de protesto ou movimentos sociais.

Outra teoria estrutural que apareceu tinha como foco, em lugar dos recursos, as oportunidades políticas.[12] Conhecida como **teoria do processo político** ou **da oportunidade política**, ela se concentra nas aberturas estruturais da **sociedade politicamente organizada**, que consiste tanto nas instituições políticas quanto nas elites que as controlam. Quando as elites discordam entre si, uma facção pode abrir a porta do sistema político a pessoas de fora a fim de criar novos aliados. Ou elites políticas podem perder os meios (monetários ou militares) de reprimir outros grupos.

As teorias da mobilização de recursos e da oportunidade política harmonizaram-se com facilidade e acabaram se fundindo numa só: o grau em que um grupo é abastado ou bem-relacionado influencia as oportunidades que para ele se abrem. Movimentos compostos de pessoas pobres, como beneficiários da previdência social ou trabalhadores desempregados, terão mais dificuldade em acumular o dinheiro necessário para instalar um grande escritório com uma equipe profissional do que um movimento que atraia a classe média, como é o caso de grupos dedicados à vida selvagem ou ao meio ambiente. Ampliar sua organização pode simplesmente não

O que são os movimentos sociais? 51

ser uma opção para movimentos de pobres, de modo que seria melhor para eles concentrar-se em reunir um grande número de membros (algo que eles *de fato* têm) e derrubar empresas ou governos. Ou eles podem encontrar aliados com poder político ou dinheiro que sejam simpáticos a sua causa (os aliados da elite são fundamentais em ambas as teorias).

As teorias da mobilização de recursos têm como foco o dinheiro, e as teorias da oportunidade política, a coerção pelo Estado. Mas a persuasão é o coração dos movimentos sociais, e nenhuma dessas teorias – sendo estruturais – oferece muita compreensão sobre isso. A persuasão está ligada à moral: persuadimos alguém a fazer alguma coisa, na maioria das vezes, porque é certo. Ninguém pensa que pagamentos ou coerção sejam inerentemente morais, embora eles precisem ser justificados com base na moral (mais uma vez, a persuasão). Mas, intrinsecamente, chegam a ter um sopro de imoralidade. Não achamos que pessoas devam ser pagas ou coagidas para fazerem o que é certo.

Essas duas teorias se concentram nos meios, mas ignoram as motivações do protesto. Originalmente, elas rejeitavam as teorias psicológicas simplificadas, mas, com o aparecimento de novas teorias culturais, conseguiram incorporar algumas dinâmicas da cultura. Até certo ponto: um dos proponentes da teoria da oportunidade política, Doug McAdam, foi citado num artigo de jornal sobre o Occupy Wall Street: "Movimentos exitosos começam como expressões de raiva e depois, rapidamente, seguem adiante." Essa tradição teórica não nega mais as emoções – na verdade, McAdam reconhece aqui sua centralidade, mas afirma, com a mesma rapidez, que os movimentos seguem adiante para coisas mais importantes, presumivelmente montando redes e organizações, desenvolvendo arcabouços cognitivos e matérias amigáveis à mídia, e também envolvendo políticos. Mas grande parte do trabalho subsequente feito pelos movimentos baseia-se nessa raiva, constrói símbolos que a incorporam, vale-se dela para recrutar e motivar uma mobilização permanente. A raiva não desaparece.

A cultura está oculta mesmo nos modelos mais estruturais. Em vez de observar o fluxo de dinheiro na teoria da mobilização de recursos tradicional, podemos indagar por que alguém simpatiza com uma causa e não com outra. Ou como um empreendedor moral desenvolve um interesse por determinada causa e o estrutura de forma a atrair a atenção. Recursos não mobilizam a si mesmos: os que têm recursos devem ser persuadidos a concedê-los. E exércitos simplesmente não desaparecem depois da derrota numa guerra; antes de se recusarem a confrontar um protesto, é preciso que comandantes e soldados percam a fé em seu governante, solidarizem-se com os manifestantes ou estejam enraivecidos em função de sua própria falta de recompensas (eles frequentemente se envolvem em seus próprios protestos). Teorias psicológicas e estruturais eram igualmente dissonantes, num diálogo de surdos em que uma ignorava o que a outra revelava.

Embora as teorias estruturais e racionalistas pareçam profundamente diferentes, aquelas preocupadas com as grandes estruturas políticas e estas com os indivíduos, de uma perspectiva cultural elas parecem semelhantes, já que as teorias estruturais só funcionam se presumirem alguma coisa sobre o modo como os indivíduos operam que se assemelhe muito aos pressupostos da teoria da escolha racional. As estruturas só determinam como as pessoas dentro delas irão agir se pudermos presumir que sempre maximizam alguma coisa como renda ou poder (descartem-se motivações e processos psicológicos mais complicados). Mas se as pessoas fazem diferentes tipos de escolha, com base em complexas visões morais e compreensões culturais, então tanto as abordagens racionalistas quanto as estruturalistas são limitadas quanto ao que podem explicar. É por isso que tanto teóricos estruturais[13] quanto racionalistas[14] têm tentado, nos últimos anos, incorporar a cultura a seus modelos; o resultado é que não existem mais teorias puramente estruturais ou racionalistas.

Outro tipo de teoria recorre à história para explicar o protesto, encontrando estágios que de alguma forma se seguem inevitavelmente, um após outro. As **teorias históricas** podem assumir formas estruturais ou culturais. Marx promoveu a primeira abordagem com sua ideia de que, tal como o capitalismo havia substituído a sociedade feudal, da mesma forma o socialismo e depois o comunismo deveriam derrubar violentamente o capitalismo. A cultura é irrelevante porque as estritas leis do

O que são os movimentos sociais? 53

capitalismo significam que um número maior de pessoas acabará tão empobrecido e miserável que irá aderir entusiasticamente à revolução, e que os ciclos econômicos capitalistas se tornarão tão agudos que todo o sistema acabará entrando em colapso. Trabalhadores complacentes serão forçados a abandonar sua "falsa consciência" em favor de uma visão rigorosa da realidade capitalista e da nova alternativa socialista. O modelo básico de Marx era especialmente mecanicista (e estrutural), pois ele acreditava haver descoberto as leis de ferro do desenvolvimento histórico, orientado, em última instância, por mudanças na tecnologia de produção. Isso não deixa muito trabalho a ser feito por organizadores e trabalhadores, uma das razões pelas quais o marxismo sempre foi mais popular entre intelectuais do que entre a classe trabalhadora por ele visada. Hoje em dia, sua principal contribuição é nos lembrar o elevado grau em que as corporações intervêm para manipular mercados e corromper arenas políticas.

A ideia de Marx de que existem estágios na história foi inspirada por outros modelos históricos que assumem significados culturais com mais seriedade, mas também afirmam conhecer a direção em que se move a história. O intelectual francês Alain Touraine[15] afirmou que a luta pela produção material que dominava a sociedade industrial seria substituída por uma luta por compreensões simbólicas numa "sociedade pós-industrial" em que as universidades, a mídia e outros produtores de símbolos são cada vez mais importantes. Em vez de capital versus trabalho, o conflito central na sociedade industrial, a principal luta, agora seria entre **tecnocratas** (burocratas tanto das grandes empresas quanto do Estado) e **novos movimentos sociais** pela democracia, como os de estudantes, feministas e ambientalistas.

Embora Touraine insistisse na importância da cultura, especialmente no que tange às identidades coletivas, os significados por ele oferecidos vieram de sua própria interpretação da história, e não dos significados que os próprios manifestantes atribuem a suas ações. Isso era um problema, já que os movimentos seguiam suas próprias ideias, não as dele. Contrariamente à teoria de Touraine, não há razão para presumir que toda sociedade deva ter uma luta principal; o grande movimento antitecnocrático não surgiu a partir de todos esses diferentes movimentos específicos.

Outras Grandes Teorias da História opuseram o modernismo ao pós-modernismo, ou o colonial ao pós-colonial e ao pós-pós-colonial.[16] As teorias históricas não apenas afirmam encontrar momentos em que "tudo mudou", mas também revelar o "verdadeiro significado" oculto de um movimento em relação à história. Tal como a de Touraine, não são teorias culturais no sentido estrito, uma vez que impõem seu próprio significado (ou o suposto significado da história) aos manifestantes que estudam.

A versão de Tilly da teoria da oportunidade política, altamente influenciada por Marx, combinava tradições históricas e culturais. A modernização trazia consigo um pacote de transformações institucionais: o capitalismo e um Estado-nação poderoso, principalmente, mas também incontáveis corpos governamentais, mídias nacionais, melhores meios de transporte, cidades enormes e forças policiais profissionais – o que, em seu conjunto, mudava o protesto na direção de organizações nacionais, especialmente sindicatos, e de um desejo de influenciar a legislação. Vimos essa tendência começar com o "Wilkes e Liberdade". Tal como outros estruturalistas, Tilly acabou reconhecendo que processos culturais de persuasão também constituem uma parte fundamental dessa história.

Isso nos traz às teorias culturais. Como vocês encontrarão partes delas por todo este livro, incluindo teorias do enquadramento, da narrativa e da emoção, não irei descrevê-las aqui. Mas quero apontar um parente próximo, a psicologia social. Trata-se de um campo estimulante por si mesmo, que tem contribuído muito para a compreensão cultural do protesto.[17] Ela supera o individualismo das abordagens psicológicas mais antigas ao colocar as atitudes e emoções do indivíduo num contexto social, em interação com outros, mas por pouco não alcança uma perspectiva cultural pelo fato de se restringir principalmente aos processos e produtos mentais dos indivíduos por meio de sondagens e experimentos. Uma abordagem cultural plena observa as pessoas em seus ambientes naturais.

Da estrutura à ação

As grandes teorias estruturais e históricas prometem mais do que realmente podemos saber. Existem eventos que mudam um monte de coisas, mas jamais tudo. E só podemos conhecer a direção dessas mudanças mais tarde, em retrospecto. A própria história nunca colabora com teorias como essas. Podemos saber mais sobre coisas que já aconteceram, e agora podemos saber mais sobre coisas pequenas, observáveis, do que sobre coisas grandes inobserváveis como a "história" ou a "sociedade" como um sistema.

Isso significa que podemos explicar melhor o que acontece – por que um movimento surge quando surge, ou por que tem o impacto que tem – reunindo uma longa série de **mecanismos causais** num nível observável, microssocial, de indivíduos e suas interações. Um ativista convence seu vizinho a participar de uma assembleia; a assembleia cria uma atmosfera positiva e muitos participantes dedicam mais tempo à causa; um deles escreve uma carta a um amigo vereador, que por sua vez realiza uma audiência pública, que atrai um repórter e assim por diante. Seguimos alguns indivíduos, os quais fazem uma variedade de coisas a cada dia, reagem uns aos outros com um emaranhado de sentimentos, ouvem e interpretam uns aos outros. Reúna algumas dessas interações e você terá a política. Uma abordagem dos mecanismos é o oposto das teorias históricas e pode incorporar a cultura com mais profundidade ao examinar as perspectivas de indivíduos e pequenos grupos.

Uma abordagem de mecanismos pode incorporar mais que a cultura. Cada teoria não cultural contém alguma verdade. Em vez de encará-las como teorias distintas, que poderíamos tentar comparar entre si, podemos transformar as percepções de cada uma delas em mecanismos. Existem mecanismos psicológicos como as emoções, mecanismos estruturais, como os recursos e as regras das arenas, mecanismos históricos, como as diferenças entre cidades e mídias modernas e pré-modernas, e mecanismos racionalistas, como a busca de objetivos. Todos esses fatores nos ajudam a entender o protesto, mas precisamos reuni-los. Dessa maneira, transformando-os em mecanismos (ou variáveis), podemos combinar a essência da verdade em todas essas teorias.

As teorias necessariamente pegam os seres humanos e os reduzem a caricaturas, mas algumas fazem isso mais do que outras. Uma abordagem cultural em nível micro o faz menos, pois reconhece seus pontos de vista, sua percepção de si mesmos como seres humanos, enfrentando escolhas e se envolvendo com outros. Abordagens mais estruturais ignoram tais processos culturais e psicológicos. Abordagens em nível micro são teorias da ação, não da estrutura.

As explicações sociológicas sempre incluem tanto a ação quanto suas restrições, e este livro não é exceção. Um dos problemas das teorias estruturais é se concentrarem num tipo particular de restrição, aquelas impostas por recursos e arenas. Elas subestimam as restrições impostas por outros atores, que perseguem suas próprias estratégias, tomando suas próprias decisões e frequentemente fazendo o possível para bloquear as iniciativas dos manifestantes. Assim, vale a pena gastar algum tempo examinando os componentes da ação. É o foco na ação – e na cultura que lhe dá forma – que torna uma teoria humanista, respeitando as pessoas que estudamos mesmo quando não gostamos ou discordamos delas.

Toda ação é física. Parece tolice, mas precisamos examinar as formas pelas quais a ação é *corporificada*: como ela é percebida por alguém, como parece a outras pessoas, os limites daquilo que um corpo pode fazer e como dois indivíduos fazem a "mesma" coisa de maneiras ligeiramente diferentes. Nossos corpos não são o único aspecto físico da ação; agimos em determinados *lugares* que se tornam arenas quando neles realizamos atividades políticas. Wilkes fez da rua uma arena. A maioria das arenas já tem várias expectativas e tradições, várias possibilidades e impossibilidades físicas, mas os atores estratégicos sempre tentam expandir o que é possível para si mesmos e limitá-lo para seus oponentes. Pode parecer óbvio, mas veremos todos os tipos de maneiras pelas quais lugares e corpos dão forma à ação política.

A ação pode ser física, mas também se baseia em *significados*: nós entendemos o que estamos fazendo e também atribuímos significado

O que são os movimentos sociais?

àquilo que outros fazem. (O que pensamos que eles estão fazendo e o que eles mesmos pensam estar fazendo podem não coincidir totalmente, em especial porque os atores estratégicos com frequência tentam enganar uns aos outros.) Esses significados podem mudar e surgir durante as próprias ações, e há conflitos sobre o que sejam. O rei via Wilkes como um criminoso, sujeito a processo por traição, mas seus defensores insistiam em afirmar que ele era um inglês nascido livre no exercício de seus direitos, um símbolo da liberdade – visão que acabou predominando. Wilkes inspirou as pessoas comuns, deu-lhes uma esperança de mudança e as fez ficarem furiosas ao ser processado. Com cautela, elas conseguiram constituir um movimento social: não estavam seguindo o projeto de algum filósofo. Tentaram um conjunto de táticas, em busca de alguma que pudesse funcionar.

Não temos plena consciência de todos os significados de que somos portadores. Isso nos paralisaria. Estamos implicitamente conscientes de todo tipo de coisas sobre as quais não precisamos parar para pensar explicitamente. Usamos nossos sentidos e emoções para que realizem por nós grande parte de nosso pensamento, processando informações sobre o que está acontecendo à nossa volta, dizendo se devemos prestar mais atenção, ajudando-nos a começar a formular uma resposta. Um compromisso emocional como a confiança permite-nos ficar ao lado de companheiros numa discussão sem precisarmos calcular se concordamos necessariamente com sua posição. O pensamento subconsciente às vezes nos leva a cometer erros (da mesma forma que o consciente), mas, ao percebermos isso, geralmente, como resultado, ajustamos nosso pensamento.

A ação aproxima pessoas e *objetos*: flâmulas, roupas, barricadas, gás lacrimogêneo, jornalistas, policiais e militantes compõem uma manifestação. Na era de Wilkes, seus defensores abastados tratavam as massas à base do álcool, que os aquecia e lhes dava um incentivo a mais para comparecerem. Os recursos úteis para os manifestantes de hoje são mais provavelmente serviços postais, folhetos e sites, mas o principal insight da teoria da mobilização de recursos ainda se sustenta: os manifestantes têm mais opções quando têm mais dinheiro.

Há centenas de ações disponíveis aos manifestantes, mas estes tendem a se concentrar num pequeno número de atividades conhecidas. Tilly chamou isso de **repertório** compartilhado por diferentes movimentos em determinado país num determinado período, pois em sua longa perspectiva histórica ele podia ver o quanto eles haviam mudado no mundo moderno. Os novos protestos seguem repertórios existentes por diversas razões. Os ativistas possuem o know-how necessário para levá-los adiante, em parte porque indivíduos passam de um movimento para outro, levando consigo seu conhecimento pessoal. Além disso, se uma tática é conhecida, provavelmente tem mais legitimidade moral; não é provável que o público possa ser levado a reagir com violência ao protesto. Finalmente, algumas ações são mais fáceis do que outras, dados os recursos e arenas disponíveis. Uma ação coletiva só é plausível num sistema que seja aberto a esse tipo de ações, movidas por advogados especializados; caso contrário, somente ricos poderiam contratar advogados e buscar estratégias jurídicas. Se os manifestantes veem as arenas como estáveis, e apenas uma forma de abri-las, irão procurar essa chave. Foi por isso que Tilly também abraçou o conceito de oportunidades políticas; repertórios e arenas se desenvolvem com o tempo mediante interações repetidas. Os manifestantes abandonam as táticas que não se ajustam às arenas que encontram e abraçam as que se ajustam. Encontram as chaves adequadas para abrir as fechaduras disponíveis.

As escolhas táticas também estão sujeitas a uma espécie de processo de seleção natural: quanto mais um grupo testa táticas diferentes, tanto mais provável que encontre uma que funcione. Mas ele não tenta fazer coisas de maneira aleatória; os ativistas avaliam permanentemente as forças e fraquezas de seus oponentes, tentando identificar táticas que tirem vantagem desses pontos fracos: a chave certa. Wilkes percebeu que o rei George era vulnerável em termos de arrogância e corrupção.

A fragilidade do modelo chave-fechadura é que o sistema político e outros alvos não ficam sentados esperando que os manifestantes testem suas chaves; eles preveem o que estes vão fazer e tentam impedi-los. Assim, as oportunidades estão sempre se deslocando, em função das expectativas

O que são os movimentos sociais?

e ações dos atores. Cada um tenta adivinhar o que os outros farão em seguida. A ação política é sempre uma *interação*: é o envolvimento de dois ou mais atores em relação a alguma coisa que os interessa.

Os manifestantes não ficam simplesmente olhando em volta em busca da chave adequada. Como nos mostra o caso de Wilkes, eles também inventam novas táticas, tirando vantagem das mudanças nas arenas ou criando outras. A criatividade da ação é empolgante, mas difícil de prever, e os estudiosos não têm se saído muito bem em explicá-la. Um ato criativo frequentemente ocorre quando os atos normais são obstruídos, embora o resultado também possa ser apenas um procedimento desesperado. Às vezes um procedimento assim obtém sucesso. Os indivíduos também fazem parte da criatividade, já que frequentemente combinam diferentes tipos de informação ou pontos de vista sobre um problema. Um recém-chegado pode muitas vezes ver a situação como um todo de maneira diferente.

O protesto seria fácil se sempre houvesse uma coisa certa a fazer em qualquer situação. Mas há sempre muitas coisas a fazer, e com frequência nenhuma delas é especialmente boa. A ação estratégica é cheia de dilemas e acordos: toda opção é promissora de determinadas maneiras, mas arriscada de outras. Os manifestantes nem sempre reconhecem os dilemas com que se defrontam; não percebem que poderiam ter feito algo diferente. Baseiam-se em rotinas costumeiras. Mas mesmo quando não reconhecem um dilema, ele continua lá, à espreita, como uma compensação. Existem alternativas ocultas. Em muitos casos, há uma boa razão para se ignorar uma opção: ela é muito custosa. Mas às vezes as viseiras do repertório atual impedem que um amplo espectro de opções seja considerado. É sempre mais fácil basear-se em táticas costumeiras. É nesse momento que uma mudança criativa se faz possível, quando alguém de repente percebe a compensação como um **ponto de escolha**, quando existem duas ou mais opções diversas, gerando a possibilidade de fazer algo diferente.

As emoções podem parecer muito distantes do mundo do cálculo estratégico, mas desempenham um papel em todas as escolhas. Evitamos algumas delas por medo, ou porque nos deixam moralmente desconfortáveis, como no dilema das mãos sujas. Sentimentos positivos em relação a um grupo ou indivíduo – como confiança ou admiração – levam-nos a abraçar as táticas que associamos a eles. Assim como os organizadores de protestos tentam estimular sentimentos de orgulho, alegria e compaixão nos participantes, seus oponentes tentam inculcar resignação, depressão, vergonha, fadiga e medo. Chegamos à decisão mais pelo sentimento do que pelo cálculo. Tal como nossos pensamentos, a maioria de nossas emoções opera abaixo do nível da consciência.

Nos últimos 250 anos, um número crescente de protestos assumiu a forma de movimentos sociais, com repertórios concentrados na persuasão. Wilkes e outras figuras têm inventado novas formas de ação em face de novos recursos, oportunidades e significados. Algumas teorias se concentram em guinadas históricas e estruturais, outras na psicologia individual. Mas quase todas as teorias dos movimentos sociais reconhecem hoje que os significados culturais merecem um lugar em suas explicações.

Assim como estudiosos explicam a ação interpretando o que todos os atores imaginam estar fazendo, suas expectativas, esperanças e desejos, os próprios atores também interpretam o que todos os outros estão fazendo. Observam, ouvem, tentam colocar-se dentro da cabeça dos oponentes ou observadores. Isso vale tanto para políticos, executivos e policiais como para manifestantes. Eles interpretam as ações uns dos outros e reagem da maneira que consideram mais adequada. Até observam e interpretam suas *próprias* ações, por vezes surpreendendo-se ao apreenderem conscientemente o que antes só conheciam pela intuição. Esse tipo de interpretação está no cerne da cultura; é pela interpretação que constantemente impomos ao mundo um significado. Mas quais são os mecanismos pelos quais fazemos isso? O que é que conduz nossos significados?

2. Significado

Tornar-se mulher: o movimento feminista

No Reino Unido e nos Estados Unidos, o movimento feminista tem persistido por longos períodos de quietude, pontuados por ondas de atividade ocasionais. Na Grã-Bretanha, a elegante mobilização pelo sufrágio acelerou-se após 1905, transformando-se em manifestações de rua, incêndios, quebra de vitrines e, em 1909, greves de fome, às quais o governo respondeu com alimentação forçada, procedimento abominável e frequentemente traumatizante. (O mesmo governo permitiu, no mesmo período, que prisioneiros nacionalistas irlandeses morressem de fome.) Numa forma singular de protesto, as sufragistas também rasgaram quadros em galerias de arte. As mulheres britânicas (se tivessem pelo menos trinta anos de idade e possuíssem propriedades) ganharam o direito de voto em 1918; as americanas, em 1920. As restrições foram abolidas na Grã-Bretanha em 1928.

As mulheres americanas assumiram a liderança na década de 1960, com duas ondas correlatas de atividades baseadas em redes distintas, porém superpostas. Um grupo mais velho, constituído principalmente de profissionais qualificadas que preferiam mudanças no campo das leis, contribuiu para a comissão sobre mulheres, criada pelo presidente Kennedy em 1963, mas também foi por ela revitalizado. Seu trabalho produziu a legislação sobre igualdade de oportunidades no emprego e depois uma enxurrada de ações judiciais, seguida – quando essas queixas não foram levadas a sério pela nova Comissão para Oportunidades Iguais no Emprego – pela formação, em 1966, da Organização Nacional de Mulheres (NOW, na sigla em inglês). No final da década de 1960, um grupo de mulheres mais jovens, que haviam sido militantes dos movimentos estudantil e dos direitos civis, mas que se sentiam obstruídas e mesmo ridicularizadas pelos homens que dominavam esses movimentos, começou a formar grupos de protesto e conscientização.

O movimento mais jovem e radical estava reagindo ao sexismo da sociedade como um todo, mas também aos homens supostamente radicais com quem haviam trabalhado bem durante anos até as mulheres começarem a exigir seus próprios direitos. Ele também criticava a versão liberal do feminismo representada pelo NOW, expressa em *Mística feminina*, de Betty Friedan,[1] que exigia maior participação das mulheres nas instituições econômicas e políticas da América moderna sem questionar a dicotomia predominante entre público e privado. Supunha-se que mulheres pudessem dirigir grandes empresas, mas também fazer todo o trabalho de cozinhar e lavar fraldas em seus lares. As radicais insistiam, num slogan que ficou famoso, "O pessoal é político". O sexismo permeia toda a interação, inclusive as mais íntimas, entre homens e mulheres: a dicotomia macho-fêmea se impõe a todo jovem.

Uma série dessas mulheres, que haviam dedicado anos de suas vidas à política radical, teve o mesmo choque quando pediu que se desse atenção ao sexismo. Por exemplo: quando 2 mil ativistas contrários à guerra e a favor dos direitos civis, pertencentes a mais de duzentos grupos diferentes, convergiram para uma conferência, em agosto de 1967, na esperança de unir a esquerda americana, uma convenção informal de mulheres tentou apresentar uma resolução em favor dos direitos femininos. Mas elas foram impedidas, primeiro pela comissão de resoluções, e, depois, no palco da convenção (embora lhes tivessem prometido que teriam direito à palavra). Simplesmente lhes foi recusado o microfone. Em resposta, "Shulie Firestone e outras três ou quatro pessoas ... prepararam-se para destruir o lugar. Então William Pepper [eminente advogado dos direitos civis] deu um tapa na cabeça de Shulie e disse: 'Saia daí, garota; temos coisas mais importantes para discutir aqui do que a liberação feminina'".[2] De sua furiosa frustração saiu um manifesto influente e uma rede de feministas dedicadas e indignadas.

Significado

Essas mulheres sabiam como mobilizar pessoas, graças ao treinamento obtido em outros movimentos da década de 1960. Criaram centenas de grupos de conscientização, um novo ambiente em que mulheres compartilhavam histórias de sexismo, grandes e pequenas. No abrigo desses espaços, desenvolveram muitas análises de como funcionavam os significados culturais, atacando sobretudo uma série de dicotomias relacionadas a macho-fêmea (ativo-passivo, mente-corpo, pensar-sentir e assim por diante). E no entanto elas não começaram com o tipo de ideologia grandiosa admirada por tantos homens da Nova Esquerda, mas compartilhando seus sentimentos, sua raiva e sua vergonha reprimidas. As mulheres perceberam que suas frustrações e o tratamento opressivo recebido eram vividos também por milhares, senão milhões, de outras mulheres. Abriram caminho para a percepção de que a feminilidade é uma construção cultural, e não um imperativo biológico. Redescobriram *O segundo sexo*, de Simone de Beauvoir, em que esta afirmou: "Não se nasce mulher, torna-se mulher: nenhum destino biológico, psíquico, econômico define a forma que a fêmea humana assume na sociedade."[3]

As ativistas – sobretudo brancas e de classe média – haviam aprendido a ficar com raiva. Ou pelo menos a expressar politicamente sua raiva, em vez de guardá-la dentro de si. A raiva e especialmente sua forma moral de indignação são necessárias para protestar contra a injustiça e exigir o que é devido a uma pessoa pela sua condição de ser humano, e é exatamente por isso que grupos subordinados como as mulheres são treinados para não a manifestarem. As feministas aprenderam a demonstrar a intensidade de sua raiva. Uma participante recorda o contraste entre a alegria e o humor das reuniões privadas e a inflexível raiva apresentada nas reuniões públicas. "O estupro e a violência doméstica não eram engraçados, tampouco o assédio sexual."[4] A indignação deve ser representada publicamente e o riso pode enfraquecê-la.

Pressões internas e externas restringiam o movimento feminista dos Estados Unidos na década de 1980. Diferenças de orientação sexual e raça-etnicidade fraturavam a identidade feminina, supostamente unificada, assim como discordâncias sobre temas como a pornografia. Na arena política, a direita cristã (ver capítulo 3) começou a resistir e mesmo a revogar algumas vitórias das mulheres, obstruindo a Emenda da Igualdade de Direitos e postergando a aprovação do direito de aborto. Estratégias jurídicas moderadas continuaram a promover, contínua mas lentamente, a igualdade no local de trabalho, mas a maioria das agendas radicais fracassou. O próprio termo "feminista" foi atacado, e o que fora um motivo de orgulho para muitas mulheres se tornou, para suas filhas, um anacronismo bizarro ou irrelevante – ou pior. E no entanto as feministas deixaram em seu rastro amplas mudanças no que as pessoas pensam que as mulheres são e podem fazer.

O feminismo vai nos mostrar como os significados culturais são embalados, reforçados e transmitidos a novos públicos. Como já disse, adoto uma abordagem amplamente retórica para entender como os seres humanos impõem significados ao mundo à nossa volta e expressam a outros o modo como pensam e se sentem. Temos de estar sempre atentos a quem cria os significados, como eles são incorporados e quais são os públicos, como observou Aristóteles. A retórica é um modo evocativo de imaginar o papel da cultura na política, pois enfatiza que as pessoas têm objetivos, que são públicos para as palavras e ações umas das outras e assim interpretam a informação. A retórica também envolve emoções, porque estas são a razão pela qual uma coisa tem significado para nós.

Portadores físicos

Os significados não apenas flutuam no ar ao redor de nós, mas assumem formas físicas, e há um número infinito de formas que podem assumir. Quase qualquer coisa pode ser usada para transmitir significados: sermões, cartas e anúncios; afrescos, pinturas e vitrais; rituais, desfiles e outras ações; assim como palavras num livro, jornal ou site. Chegamos a atribuir significado a coisas que não criamos, como montanhas ou mares, dos quais, não obstante, nos apropriamos como símbolos convenientes.

As *palavras* são os portadores mais comuns, articuladas primeiramente em conversas entre pessoas íntimas. Piadas e observações sarcásticas, sem dúvida tão antigas quanto a linguagem, são uma forma moderada de protesto, registros ocultos que permitem a quem os ouve entender de alguma

Significado   65

forma que nem todos aceitam os arranjos atuais ou admiram seus beneficiários. Discussões prolongadas podem tornar explícita toda a crítica que
as piadas apenas insinuam. Ampliando o círculo, oradores podem dirigir-
se num discurso a centenas de pessoas, o que só é possível se grandes arenas voltadas à persuasão tiverem sido imaginadas e construídas.

Com as línguas sendo escritas, novas mídias permitem que as palavras
sejam salvas ao longo do tempo e transportadas a lugares distantes. De
início só as elites sabiam ler, e usavam a língua escrita para seus próprios
fins (especialmente manter o registro de quem havia pago suas dívidas e
impostos), mas com o crescimento da alfabetização cresceu também a capacidade das palavras de mobilizar pessoas. Com a mídia se tornando mais
barata – a imprensa substituindo os escribas, o papel de jornal substituindo
o pergaminho –, mais pessoas puderam comprar versões impressas de argumentos, mesmo que estas sempre fossem suplementadas por discussões
orais. Hoje em dia, o baixo custo e o amplo alcance dos veículos de massa
faz deles os meios ideais para comunicar significados, motivo pelo qual os
manifestantes tanto se esforçam para obter cobertura noticiosa.

Nomear é um uso importante das palavras porque um nome sugere
toda uma forma de ver um fenômeno ou enxergar algo que até então não
tínhamos percebido. O "sexismo", tal como o racismo, o especismo ou a
desigualdade, conota uma atitude problemática da mesma forma que um
grupo de vítimas. "Transtorno de estresse pós-traumático" coloca a culpa
da doença mental em experiências de guerra e não nos próprios veteranos.
Nomear um problema social é um passo importante para abordá-lo.

Os nomes dos grupos e movimentos de protesto também são importantes, uma vez que sintetizam a identidade, o propósito e até a força moral
destes. Podem ter ressonância histórica, como Redstockings, ser jocosos
como a revista *Spare Rib*, ou belicosos como a editora Virago Press.* Po-

---

* Nome de um grupo feminista fundado em 1969, *redstockings* é fusão de *bluestockings*,
termo usado para designar mulheres intelectualizadas, com *red*, vermelho, em referên-
cia a sua filiação política de esquerda. *Spare rib*, em português "costela sobressalente", é
alusão irônica à costela de Adão, de onde Eva teria sido criada. Virago é a mulher mas-
culinizada, "machona". (N.T.)

dem ser honestos e sérios, como Mulheres Radicais de Nova York, ou sugerir uma ampla identidade coletiva, como Organização Nacional de Mulheres. Eles nos ajudam a definir esses atores.

O movimento feminista recorreu particularmente a poetas, especialistas em palavras, para ajudar a articular a nova sensibilidade que emergia dos grupos de conscientização. As feministas prestavam muita atenção ao sexismo presente em nossa linguagem. A poesia serve ainda para explorar emoções e mostrar a relação entre experiências públicas e privadas. Poemas curtos também são fáceis de ler – e talvez de escrever – para mulheres com agendas apertadas, segundo Audre Lorde: "A poesia pode ser feita entre os turnos, no metrô, em sobras de papel."[5]

Formas visuais têm acompanhado as formas verbais de significado desde o início, como depreendemos de entalhes em cavernas produzidos há mais de 300 mil anos. Tal como os portadores físicos de palavras, os de imagens mudaram enormemente. Alguns meios são os mesmos para palavras e imagens: a imprensa nos deu a arte da gravura; o papel barato ofereceu a litografia; o papel couché permitiu que as revistas imprimissem fotografias. Ao longo da maior parte da história registrada, governantes usaram imagens para transmitir suas mensagens de poder e inevitabilidade, pontuando a paisagem com suas próprias imagens.

Manifestantes gostam quando as mesmas imagens do poder são distorcidas para passar a mensagem oposta, por meio do grafite, o ocasional bigode à Hitler num cartaz e outras adaptações ligeiras. O ambiente construído oferece inumeráveis espaços para imagens políticas. O Occupy Wall Street, por exemplo, tinha um caminhão capaz de projetar imagens anticapitalistas nas fachadas de prédios enormes, outdoors temporários que podiam ser vistos por milhares de pessoas.

Hoje em dia, imagens em movimento são tão baratas que os protestos são transmitidos ao vivo pela internet, disponível em todo o mundo. Foi o que aconteceu durante todos os eventos do Occupy, apesar das frequentes interferências e detenções feitas por policiais, os quais reconheciam que nada lhes poderia causar problemas mais rapidamente do que serem mostrados em vídeo molestando ou punindo, para não dizer espancando, um

Significado 67

manifestante pacífico. Vlad Teichberg, que organizou muitas das transmissões ao vivo do Occupy, disse que isso "produz um olhar instantâneo que não pode ser censurado. É uma das formas mais honestas de jornalismo, pois não é possível voltar atrás e editar a si mesmo". Por outro lado, editar a si mesmo frequentemente ajuda.

As imagens visuais têm sua própria iconografia, o equivalente pictórico dos vocabulários que dão significado às palavras. Algumas sugerem força ou fraqueza: alguém representado na forma de um cavalo ou elefante, ou como um rato ou um pássaro. Tamanho grande ou musculatura forte também sugerem força. Já outras imagens conotam qualidades morais: uma pessoa má é mostrada com presas ou chifres, olhos franzidos, orelhas pontudas; uma figura simpática, com um sorriso sereno, postura ereta, gestos seguros. Usando ingredientes como esses, os movimentos de protesto criam heróis, vilões e vítimas. Como sugere a velha expressão sobre mil palavras, uma imagem como uma caricatura pode transmitir de imediato qualidades de uma pessoa: desenvolvemos automaticamente bons ou maus sentimentos a partir de quadros produzidos com todo o cuidado.

Os livros são basicamente dedicados a palavras, porém muitas vezes também trazem imagens. São importantes para a maioria dos manifestantes, uma vez que são baratos, podem ser transportados ou escondidos facilmente e reúnem muitos detalhes – tanto provas como argumentos – num espaço pequeno, tudo isso sendo igualmente válido para suas novas versões eletrônicas. (Você não estaria lendo isto se eu não achasse que os livros são uma ferramenta teórica eficaz.) Vários livros se tornaram quase que textos sagrados para movimentos sociais: *A cabana do pai Tomás*, de Harriet Beecher, para os abolicionistas do século XIX; *Primavera silenciosa*, de Rachel Carson, para os ambientalistas; *Libertação animal*, de Peter Singer, para os militantes dos direitos dos animais; e, evidentemente, *Mística feminina*, de Betty Friedan, para o movimento feminista.

Muitos manifestantes se referem a esses livros sem realmente os terem lido, o que sugere que eles têm um propósito simbólico que vai além da difusão de informações. Eles emprestam ao movimento respeitabilidade intelectual, e insinuam haver provas concretas para sustentar suas afirma-

Mesmo políticos de esquerda como Jean-Luc Mélenchon não estão isentos de bigodes à Hitler (campanha presidencial francesa de 2012). *Imagem: JMJ.*

ções. Um grande livro costuma incluir a heroica história da conversão de uma pessoa à causa, insinuando que qualquer um que examinasse atentamente as evidências acabaria por fazer a mesma coisa. Betty Friedan se apresentava como uma dona de casa descontente, oriunda da classe média americana, ocultando sua história como jornalista de esquerda, atuando especialmente para a United Electrical, Radio & Machine Workers of America, de orientação comunista. Mas as donas de casa descontentes eram seu público-alvo, e a primeira edição de seu livro vendeu espetaculares 1,4 milhão de cópias. Feministas posteriores puderam apontá-lo como fonte de inspiração, quer o tivessem lido ou não.[6]

Ativistas costumam apontar um grande livro como a fonte de seu movimento, insinuando que o autor simplesmente não conseguia aguentar mais, mas na verdade os grandes livros muitas vezes emergem de um movimento incipiente e depois se tornam best-sellers com o crescimento deste.[7] Significados e mobilização influenciam-se mutuamente. Livros não criam movimentos por si mesmos.

Os *grafites* levam a vantagem anônima de utilizar espaços públicos visíveis para transmitir uma mensagem breve. Um grafite pode incluir imagens assim como palavras, ou ícones simples que combinam estas e aquelas. Em sua forma mais elaborada, florescem em *murais*, paredes inteiras transformadas em mensagens políticas. Nos Estados Unidos, militantes *chicanos* adaptaram a tradição do mural mexicano a seus próprios bairros, celebrando heróis e condenando a discriminação cotidiana. Da mesma forma que exploram os espaços públicos, os grafites também transformam as mensagens já encontradas ali, especialmente anúncios que podem ser ridicularizados ou adulterados com o acréscimo de uma única letra ou palavra, um olho ou dente pintado de preto. Os grafites mais memoráveis geralmente fazem rir. Por outro lado, ainda que estudiosos os celebrem como resistência de base, grande parte dos grafites jamais passa do nível do vandalismo narcisista de "etiquetas" pessoais.

A *música* é outra forma antiga que ainda desempenha um papel central no protesto, ao transmitir mensagens por meio de letras, concisos resumos de visões políticas.[8] Mas a música faz algo ainda mais poderoso: absorve o corpo inteiro de maneiras que podem elevar a pessoa a uma atmosfera de êxtase. O ato de cantar juntas – assim como dançar, marchar, rezar e rir – proporciona às pessoas um sentimento de solidariedade mútua do qual palavras e imagens, apenas, são incapazes.[9] O movimento coordenado, que geralmente exige música para guiá-lo, faz as pessoas se sentirem como se fizessem parte de um corpo muito maior – no que o sociólogo Émile Durkheim chamou de **efervescência coletiva**. Essa atmosfera de alegria é um prazer fundamental que estimula os participantes a retornar para futuros eventos.

As *artes performáticas*, como a dança ou o teatro, utilizam um quarto tipo de vocabulário, no qual corpos e movimento expressam vários significados. Incluem gestos e expressões faciais, assim como passos de dança mais complexos, todos os quais transmitem situações humanas de formas não acessíveis por meio de palavras, imagens estáticas ou música – ainda que essas formas estejam frequentemente entrelaçadas nas performances. Ativistas "coreografam" seus eventos, definindo quem se movimenta, quando e onde, ainda que desconheçam a linguagem exata das artes performáticas. O teatro de rua tem sido uma parte básica do repertório do protesto há séculos. Performances ao vivo são igualmente importantes por sua função *agregadora* de reunir pessoas: centenas ou milhares de potenciais recrutas vão assistir a um show ou ouvir um bom discurso, mas saem sentindo-se parte de um movimento de protesto.

O *corpo humano* também é portador de significados, especialmente, mas não apenas, nas performances. Ou melhor, estamos sempre, até certo ponto, fazendo performances. Nossas posturas, nossos gestos, nossos olhares, todos eles "falam" com nossos públicos. Talvez o veículo cultural mais eficaz de todos seja a voz humana, a qual, por meio de mudanças de timbre e ritmo, pode sugerir toda espécie de emoção, transmitir urgência e dar cor a cada palavra ou fato (a ponto de subverter as próprias palavras que profere mesmo enquanto as está proferindo).

Um tipo especial de performance é o uso de *máscaras* ou *fantasias*. Estas difundem mensagens por si só, sem que o usuário faça muita coisa, embora possam ser combinadas com palavras ou dramas intricados. Um exemplo recente mostra como velhas imagens podem ser carregadas de novos significados. A máscara de Guy Fawkes, usada no Reino Unido para comemorar o fracasso de uma tentativa, por parte de católicos, de explodir o parlamento em 1605, foi usada em histórias em quadrinhos e depois num filme de 2006, *V de Vingança*, como símbolo anarquista de resistência à corrupção empresarial na política. O grupo Anonymous gosta dela porque esconde indivíduos ao mesmo tempo que acentua a solidariedade do grupo. Em 2012, um grupo de parlamentares poloneses chegou a usar essa máscara numa demonstração de desacordo com um tratado neoliberal contra o comércio de artigos falsificados.

Nosso *ambiente construído* também transmite significados culturais. Alguns prédios ajudam a criar atores. Sedes de empresas, ministérios e cafés alternativos enviam mensagens sobre as organizações ou subculturas que neles se abrigam. Outros contêm arenas estratégicas. Pensem nos tribunais,

Uma conhecida performance anticorporação.
Imagem: Haeferi, Wikimedia Commons.

com bancadas, bandeiras, balaústres e decoração, tudo destinado a sugerir a serena justiça da lei ou o poder do Estado, enfatizados por trajes, discussões estilizadas e ações ritualísticas que ali ocorrem. As sábias palavras dos pais da nação entalhadas nas paredes de mármore para orientar nossas ações futuras. Os prédios não são os únicos portadores construídos por nós: rodovias, jardins, parques, aeroportos e estações de trem, monumentos e memoriais, cemitérios etc., tudo isso molda a forma como nos sentimos e pensamos a respeito do mundo.

Diferentes modelos sugerem significados de diferentes maneiras, e combinações de várias formas provavelmente passam a mensagem de modo mais eficiente. Ativistas de um movimento podem ser particularmente dotados em relação a um veículo, por exemplo, atrair músicos ou artistas gráficos, mas a maioria dos movimentos emprega palavras, imagens, música e às vezes performances. Nunca se sabe qual portador físico vai atingir um indivíduo, portanto se tenta utilizar tantos quanto possível.

Mas a criação de arte nem sempre é apenas um custo: a arte pode ser vendida para financiar uma causa. Os exemplos mais extremos envolvem concertos que levantam milhões para as causas favoritas dos músicos, mas cartazes, livros e quaisquer outros objetos podem ser vendidos por grupos de um movimento. Há uma outra razão pela qual a arte não é um custo: as pessoas têm prazer em produzi-la. Grupos gostam de se reunir para tocar música, construir carros alegóricos ou criar bonecos gigantes.

Existem outras variações na produção, distribuição e consumo de objetos com significado. Em alguns casos, os criadores e os públicos da mídia cultural estão presentes ao mesmo tempo, permitindo que haja feedback e interação entre ambos; em outros momentos, estão separados no espaço e/ou no tempo. Alguns artefatos culturais, uma vez criados, duram muito tempo, permitindo que futuras gerações os contemplem e interpretem; outros desaparecem logo depois de criados, como é o caso das performances ao vivo. Certos produtos culturais, além disso, podem ser produzidos em massa ou transmitidos por rádio ou TV, enquanto outros são únicos. Todas essas diferenças afetam a forma como um movimento transmite sua visão do mundo.

Portadores figurativos

Já vimos uma variedade de portadores físicos de significado, mas as mensagens que eles transmitem também são reunidas em muitas e diferentes formas *figurativas* que se destinam a atrair a atenção e provocar um impacto sobre os públicos. Por meio de figuras como essas, o significado cultural passa da mera *inteligibilidade* (eu entendo as palavras "spray de pimenta") à *ressonância* (fico nervoso quando percebo o efeito do spray de pimenta e vejo um policial equipado com ele caminhando em minha direção). Para que um significado ressoe, ele deve envolver nossos sentimentos e não apenas produzir uma definição de dicionário em nossa cabeça. Na tabela 2, apresento uma lista com alguns portadores figurativos.

Significado

TABELA 2 Portadores figurativos de significado

Máximas e provérbios	Formulações concisas moldam nosso senso comum
Piadas	Um tom agressivo pode ser usado contra os poderosos, muitas vezes com efeitos devastadores sobre reputações
Hinos e slogans	Tão curtos quanto as máximas, costumam ser criados para apresentar um diagnóstico político e um pretexto para a ação
Enquadramentos	Um tipo de metáfora subjacente que inclui o diagnóstico de um problema, sugere soluções e, com sorte, motiva a ação
Identidades coletivas	Passamos a nos sentir parte de um grupo em termos cognitivos, emocionais e morais, e estamos dispostos a agir em favor dele
Personagens	Heróis, vilões, vítimas e asseclas são componentes identitários que portam avaliações morais e sugerem as emoções que devemos sentir em relação a esses atores
Narrativas	As histórias têm personagens que fazem coisas uns aos outros, um enredo que combina essas ações, um sentido de tempo que liga ações sucessivas, começo, meio e fim, e algum tipo de moral ou avaliação
Fatos	Afirmações supostamente simples sobre a realidade que estão incorporadas às narrativas, enquadramentos e desempenho dos personagens, dando-lhes maior plausibilidade. Por vezes se supõe que os fatos "se sustentam por si mesmos"
Regras e leis	Instruções sobre como agir, são também declarações simbólicas sobre o que é normal e moral
Ideologias	Sistemas elaborados de ideias, identidades, narrativas, enquadramentos, slogans, fatos e outros elementos que se destinam a explicar o mundo e sugerir ações

Máximas, piadas e slogans concisos funcionam porque conotam muita coisa em poucas palavras ou imagens significativas. Muitas vezes esses ditados são formas de resumir o caráter de outras pessoas: "Um covarde é um herói com mulher, filhos e uma hipoteca." Muitos provérbios têm um toque cínico que perdoa a inação – outra parcela importante de qualquer explicação da política, uma vez que, na maior parte do tempo, a maioria das pessoas não se envolve, permanecendo à margem e fazendo comentários sarcásticos.

Certas fórmulas, baseadas nos ritmos da poesia, são facilmente recicláveis: "Mulheres unidas jamais serão vencidas!" Ou este esforço de ligar o sexismo à violência: "Dois, quatro, seis, oito, parem com a violência, parem com o estupro."* Como sabem os sargentos instrutores, as alternâncias entre sílabas acentuadas e não acentuadas são fáceis de adequar à marcha. As letras de música costumam ser mais complexas, mas também precisam ser suficientemente cativantes para cantar e simples de relembrar. Os slogans devem aparecer numa faixa ou anúncio, mas os hinos precisam envolver plenamente os corpos dos participantes de forma a gerar energia e alegria.

Os enquadramentos são mais complexos. "Estupro é violência" sugere uma série de alegações sobre o sexismo, o status das mulheres como objetos e as inadequações de um sistema de justiça criminal que insiste em ver "estupro como sexo". "Pornografia é a teoria, estupro é a prática" implica o que antes eram apenas revistas ou filmes obscenos num sistema de violência contra mulheres. Os enquadramentos foram uma das primeiras ferramentas desenvolvidas por estudiosos para refletir sobre os significados culturais no protesto, e centenas de estudos têm examinado os enquadramentos empregados por todo tipo de movimento social.[10]

Se os enquadramentos tendem a identificar os problemas que precisam ser resolvidos, as identidades coletivas indicam o grupo que supostamente irá solucioná-los. Em muitos casos, os grupos já estão definidos por experiências, tratamento ou posição estrutural comuns: podem ser discriminados pelas leis, inferiorizados por estereótipos. Podem ser proibidos de votar. Alguns dos maiores movimentos da história falaram em nome de cidadãos de segunda classe, como a agitação de Wilkes, o movimento dos direitos civis nos Estados Unidos e, evidentemente, o movimento feminista, que, no início do século XX, lutou pelo sufrágio em muitos países,

---

* Em inglês, "2, 4, 6, 8; stop the violence, stop the rape". A rima se perde na tradução. (N.T.)

Significado 75

mas, no final desse século, combatia o assédio no local de trabalho, a discriminação salarial, o teto de vidro* e imagens humilhantes na mídia. As feministas tentaram persuadir as participantes do grupo de que "todas as mulheres" compartilhavam os mesmos problemas e necessitavam das mesmas soluções.

As narrativas nos seduzem a concordar com suas caracterizações e avaliações morais porque empregam toda a gama das paixões humanas. Também aparecem numa variedade de versões que podem ser ajustadas de acordo com o público em diferentes arenas.[11]

Algumas narrativas são grandes teorias da história: nos grupos primitivos, homens e mulheres eram iguais; com o avanço da guerra e dos Estados, as mulheres foram excluídas do poder, mas ainda trabalhavam; sob a influência da industrialização, no século XIX, foram excluídas do emprego e forçadas a retornar a seus lares; graças ao movimento feminista, estão começando a assumir posições de poder na política e na economia. Muitos relatos de protestos retratam o movimento como o herói, salvando indivíduos da opressão; a maioria sugere que as coisas já estão melhorando, mas ainda há um longo caminho a percorrer. Eles também tendem a insistir na urgência da ação política: se agirmos agora, as coisas vão melhorar; do contrário, voltarão a piorar.

Outras narrativas são mais locais. Podem referir-se à fundação de um grupo, quando um punhado de boas pessoas encontra a coragem para se rebelar por justiça. As narrativas de coragem individual são populares, como a da recatada Rosa Parks, que se recusou a ceder seu lugar no ônibus a um homem branco em Montgomery, Alabama, em 1955. Ou a de Betty Friedan, dona de casa oprimida que decidiu escrever um livro sobre sua condição. Em casos como esses, como vimos, indivíduos heroicos são exaltados, enquanto se ocultam seu ativismo anterior, seus laços organizacionais e suas redes de apoio. É bom pensar e sentir em conjunto com tais indivíduos.

---

* Em inglês, "glass ceiling", barreira discriminatória que limita a ascensão profissional das minorias, em especial as mulheres. (N.T.)

Todos esses outros portadores figurativos insinuam ter base em fatos, e inevitavelmente incluem alguns, e os fatos, por sua vez, ganham plausibilidade a partir dos portadores mais amplos nos quais estão ancorados. Se me sinto tocado por uma narrativa, é mais provável que acredite nos fatos que ela contém; se admiro um personagem, é mais provável que acredite em fatos complementares a seu respeito. A maioria dos argumentos contém, aparentemente, apenas fatos: as mulheres americanas ganham 77% do que ganham os homens; não há diferenças entre homens e mulheres, em média, no que se refere ao QI. Nenhum fato é totalmente objetivo; cada um vem com uma narrativa, pressupostos a ela incorporados, definições de termos e emoções nela inseridos. Mas elas têm a aura de afirmações objetivas (são enquadradas como fatos, poderíamos dizer), e nossos oponentes estão sempre prontos a tentar contestar nossos fatos.

Se um movimento perdura por algum tempo, e se atrai escritores e outros intelectuais, eles acabarão juntando essas peças – identidades, narrativas, enquadramentos e slogans – para formar uma ideologia.[12] As ideologias frequentemente são confusas e sempre contêm contradições, com diferentes *intelectuais do movimento* desenvolvendo versões alternativas. Uma ideologia é reconfortante para os ativistas políticos porque normalmente sugere que a história está do seu lado (e explica por que é assim), que seus pressupostos se baseiam em evidências precisas e que um grande número de pessoas compartilha sua visão do mundo. As ideologias mais difundidas são parte da política convencional – liberalismo, ou socialismo, por exemplo –, mas o feminismo, a ecologia e outros movimentos de longa duração têm desenvolvido, com o tempo, suas próprias ideologias, muitas vezes por meio da obra de intelectuais engajados (embora alguns movimentos, como os autônomos da Europa ou o Occupy, resistam a ideologias porque elas se tornam demasiadamente rígidas e limitam aquilo que os militantes podem fazer e dizer).

Significados sempre têm uma dimensão física e uma dimensão figurativa, que dão forma ao que podemos ou não compreender sobre o mundo. Um tipo de figura merece especial atenção.

Significado

Personagens políticos

Personagens são significados figurativos fundamentais que aparecem em narrativas, mas também podem ser moldados mais diretamente por meio de imagens, piadas, comentários, argumentos e outros portadores físicos e figurativos. Os personagens básicos, refletindo suas origens literárias, são heróis, vilões e vítimas, que desempenham nossos dramas morais de certo e errado. É difícil construir a culpa de um problema social sem vítimas e vilões, e é útil para os movimentos sociais posicionar-se como potenciais heróis. Feministas moderadas identificavam estupradores e outros homens violentos como vilões, porém feministas mais extremadas apresentavam como vilão qualquer pessoa dotada de um pênis, e todas as mulheres como vítimas, visão que desestimulava a construção de alianças com homens e acabou ajudando a minar o movimento como um todo na década de 1980.

A **caracterização de personagens**, destinada a definir os tipos de caráter deles próprios e de outros atores, é fundamental para o arsenal retórico dos manifestantes, em parte porque os personagens nos dizem que emoções devemos sentir sobre quem: temos pena das vítimas, tememos e odiamos os vilões, admiramos os heróis, sentimos desprezo pelos asseclas. Também esperamos de cada personagem uma ação adequada: os heróis devem derrotar os vilões e salvar as vítimas. Pessoas reais constituem os melhores personagens, pois é mais fácil ter sentimentos fortes a respeito delas do que de abstrações como categorias demográficas. Podemos simpatizar de maneira abstrata com as "mulheres negras do Sul", mas Rosa Parks estimula nossa indignação como vítima e nossa admiração pela forma como se transformou em heroína. E, retoricamente, os personagens sugerem um papel para o público: deixe de ser uma vítima e comece a agir como um herói.

TABELA 3 Personagens principais (e alguns secundários)

	FORTES	FRACOS
BENEVOLENTES	Heróis Mártires e santos (que começam na célula ao lado) Juízes, doadores Convertidos (que começam na célula abaixo) Amigos	Vítimas Espectadores solidários
MALÉVOLOS	Vilões Agitadores externos Traidores (que começam na célula acima)	Asseclas Canalhas Espectadores covardes

Mesmo na vida diária, avaliamos as pessoas que conhecemos segundo duas dimensões: são boas ou más, fortes ou fracas?[13] Queremos saber, talvez instintivamente, se pretendem prejudicar-nos e se poderiam fazê-lo caso o quisessem. Mesmo que façamos essas avaliações numa fração de segundo, raramente mudamos de ideia. As primeiras impressões são importantes, sobretudo na política, de modo que os atores tentam fazer com que sejam positivas. Essas duas dimensões definem os tipos básicos de personagens que apresentamos na tabela.

Os personagens mais importantes para que um movimento se estabeleça são as **vítimas**, pois estas mostram que existe algum dano a ser corrigido. Até que juízes e promotores passassem a ver as mulheres espancadas pelos maridos como vítimas de violência doméstica, não havia crime a processar nem motivo para a polícia intervir, e era pequena a expectativa de condenação pública. Muitos movimentos sociais dedicam-se a estabelecer vítimas: de exposição perigosa ao lixo, de fraudes financeiras, de negligência por parte de empresas ou de uma cobertura enviesada da mídia. Apresentar uma vítima é apresentar um problema ou crime, e vice-versa: tetos de vidro implicam pessoas que se choquem contra eles.

Num famoso caso ocorrido em Nova York, em 1987, que atraiu atenção para a violência doméstica, fotos de Hedda Nussbaum com o rosto inchado,

Significado   79

desfigurado, fizeram dela uma vítima de seu parceiro Joel Steinberg em vez de uma cúmplice no assassinato de sua filha Lisa. As imagens foram muito mais persuasivas do que os fatos do processo, embora advogados, jornalistas e militantes contra a violência juntassem os dois tipos de informação para estabelecer um vilão (masculino) e duas vítimas (femininas). (Se fosse o caso de um conflito entre estas, Lisa, de seis anos de idade, teria vencido; as crianças são vítimas mais simpáticas.)

Uma vez que haja uma vítima, o público procura um **vilão**. Se as vítimas provocam compaixão, os vilões incitam à indignação. Procuramos seres humanos a quem culpar por escolhas imorais que fizeram ou continuam fazendo. Se não conseguimos encontrar alguém para culpar por um problema, tendemos a pensar neste como um ato de Deus ou da natureza, caso em que podemos continuar sentindo compaixão pelas vítimas, mas não indignação. Se das vítimas se espera que pareçam pequenas, jovens e inocentes, a expectativa quanto aos vilões é que pareçam malvados, com olhar suspeito e expressão facial desagradável. Devem ser ameaçadores.

Espera-se que os **heróis** resolvam o problema, normalmente derrotando os vilões. Os heróis são bons e fortes. Essa costuma ser uma combinação instável, pois tendemos a temer quem é forte. Assim, os heróis são melhores quando são gigantes passivos, adormecidos, só entrando em ação quando solicitados. Os heróis – e vilões – tradicionais eram sobrenaturais e, nos mitos gregos, frequentemente, filhos de deuses com humanos (como Hércules, o maior de todos). No mundo moderno, eles perderam essa aura de divindade, de modo que a lacuna deve ser preenchida por meros mortais: pessoas normais devem unir-se para desempenhar o papel do herói. Os movimentos sociais dificilmente poderiam ser considerados divinos, mas, ao mobilizarem grande número de pessoas, são capazes de consertar as coisas – e talvez adquirir um certo carisma sagrado. Pelo menos é essa a retórica que eles costumam empregar para recrutar e preservar seus membros. "Juntos, podemos fazer isso." A "maioria moral" deve ser incitada à ação.

A quarta célula na tabela, que contém personagens fracos e maus, tem menor ocupação. Estes são geralmente mencionados como **asseclas**, o que implica personagens limitados, improdutivos, que só são perigosos quando dirigidos por um vilão. Não constituem uma figura retórica comum porque, se você deseja fazê-los parecer ameaçadores, também deve mostrá-los como fortes, verdadeiros vilões. Mas em vez disso você pode querer mostrar um oponente como fraco e ridículo, incapaz de constituir uma verdadeira ameaça. Essa abordagem desdenhosa pode solapar o apoio a um ator, e até levá-lo a duvidar da própria força.

Figuras de autoridade são alvos comuns desse tipo de abordagem. Os manifestantes contra a invasão do Iraque em 2003 criaram um cartaz em que o vice-presidente Dick Cheney aparecia como o gigante Jabba o Hutt, de *Guerra nas estrelas*, tendo o presidente George W. Bush como o caricato animalzinho a seu lado, um assecla sem vontade própria preso por uma coleira. Os ganhos retóricos da comparação entre vilão e assecla são outro exemplo de uma bateria moral. (Ver também a imagem no capítulo 7, p.196).

Uma das histórias mais cativantes que esses personagens podem encarnar é a da **conversão** de vilão a herói: um delator ou outro personagem bem informado, até então considerado inimigo e um profundo conhecedor das práticas iníquas, decide que estava errado e os manifestantes, certos. O lado sombrio é a traição de alguém do seu lado que passa para a oposição, talvez levando consigo um conhecimento especial. (Evidentemente, ele já podia ser um agente do outro lado, um espião colhendo informações.) A traição de um lado é o heroísmo do outro. Já insinuei que os manifestantes são os heróis dos dias de hoje, mas, para seus adversários – cujos pressupostos morais são opostos –, eles não passam de vilões ou asseclas idiotas.

Outra mudança simpática é a de vítima a herói, alguém que finalmente confronta seu opressor. Crianças que sofreram abusos e, quando adultas, se transformam em ativistas preferem termos como sobrevivente, que sugere um pouco da força de um herói, uma vitória de que podem orgulhar-se.[14] Eles têm a força necessária para revidar. **Mártires** são uma história semelhante em que fracos e oprimidos revelam sua força interior por meio do sacrifício. A força moral pode compensar a fraqueza física.

Significado

Dois dilemas da caracterização de personagens

Manifestantes enfrentam dilemas sobre como se apresentar, mas também sobre como descrever seus adversários. Em particular, devem decidir se apresentam a si mesmos, ou aos que afirmam representar, como vítimas ou heróis. Vítimas atraem mais simpatia e, talvez, doações monetárias, mas também são fracas demais para dar o troco, para mobilizar um movimento que possa reparar os erros. Os heróis, por outro lado, podem não precisar da ajuda de ninguém.

Quando se trata da caracterização de personagens em seus oponentes, surge um dilema semelhante em relação à força. Se você os apresentar como vilões, isso significa que eles são suficientemente fortes para feri-lo, e assim você difunde um sentido de urgência em relação a um problema social. Mas se você os fizer parecer fortes demais, é possível que não haja muita coisa a fazer para enfrentá-los. Em vez disso, você pode ridicularizá-los como palhaços ou asseclas, fracos demais para constituírem um verdadeiro perigo. A sátira e o escárnio podem desestimular seus seguidores e minar sua autoconfiança, assim como reforçar a confiança de sua própria equipe. Mas qual é a urgência de se mobilizar contra eles?

Memória

Um intenso campo de estudos chamado **memória coletiva** tem atraído as atenções para as muitas maneiras pelas quais comemoramos, reinterpretamos, percebemos e construímos monumentos ao passado. Pessoas, eventos e lugares da história detêm significados, da mesma forma que livros ou murais. Estados têm nisso enormes vantagens, assim como grandes interesses em jogo. Eles financiam a maioria dos monumentos que celebram batalhas e mortos em guerras, assim como a fundação do próprio Estado. Grande parte da memória coletiva é dedicada à história das nações e, logo, dos Estados que as governam. Os pais fundadores devem ser apresentados como heróis e sábios que estabeleceram organizações legítimas, não como revolucionários que atingiram seus objetivos pela guerra ou pelo terror. Pede-se aos cidadãos que respeitem os sacrifícios que tantos fizeram pelo bem coletivo. Nós fabricamos narrativas nacionais especiais, muitas vezes referidas como **mitos** quando se tornam amplamente aceitas.

Esses retratos da história são frequentemente contestados, e manifestantes por vezes descobrem que discordam de alguma implicação de um mito nacional. Deveríamos mesmo celebrar heróis nacionais que tinham escravos, batiam nas esposas ou torturaram cativos durante sua guerra de libertação? Será que eles estabeleceram um sistema político sem liberdades suficientes para todos os cidadãos? Estavam favorecendo seus próprios interesses? Se é possível criticar heróis por suas falhas dessa maneira, uma

---

O dilema da inovação

Manifestantes tentam mudar a visão que outras pessoas têm do mundo, atraindo-as para uma nova visão moral, um novo vocabulário de solidariedade e sofrimento, novas formas de sentir. Tal como artistas, eles ampliam as fronteiras do que se pode pensar, articular e sentir. Mas com que facilidade podem ampliar essas fronteiras? Os que já estão em movimento podem alargar muito os limites, e com maior rapidez, abrindo novos universos morais para si mesmos. Mas, quanto maior a inovação, maior a probabilidade de se perder a audiência. É preciso começar onde eles estão e trazê-los para onde você está. Se for rápido demais, você os perde. Ativistas tentam enfrentar essa tensão encontrando o emblema mais correto de sua visão: o indivíduo inspirador (Rosa Parks), a atrocidade horrenda (abuso de crianças), o slogan que resume os medos e esperanças intuitivos das pessoas (os 99%). Os manifestantes tentam articular o que já está lá. (O dilema da inovação se aplica tanto a táticas quanto a criações culturais.)

Significado 83

alternativa retórica é idolatrar os fundadores e atacar seus sucessores por não corresponderem a seus ideais ou intenções: Lênin teria transformado a União Soviética num paraíso dos trabalhadores, mas Stálin o perverteu, fazendo dela um Estado burocrático repressivo (de acordo com Trótski). Os fundadores são componentes importantes dos mitos nacionais, muitas vezes tão populares que é mais difícil questioná-los do que mantê-los intactos como base de críticas a desvios recentes.

O campo da memória coletiva nos lembra que significados culturais influentes podem ser transmitidos por meio do ambiente construído. Governos constroem enormes monumentos de pedra para celebrar suas vitórias ou grandes prédios decorados com imagens de feitos heroicos. Sua solidez também se destina a sugerir a permanência do governo que os erigiu. Aqueles com menos recursos podem construir monumentos mais efêmeros, como um campo com lápides de madeira ou uma cerca de fitas amarelas, para transmitir uma mensagem sobre uma guerra e as baixas por elas causadas. Em função da desigualdade de recursos, os símbolos de pedra duram mais, mas não há um método seguro de controle das interpretações que gerações futuras poderão fazer sobre os grandes monumentos que virem a sua volta. A mensagem de eterna grandeza de hoje pode ser o emblema da brutalidade autoritária de amanhã.

Vemos também o papel das **narrativas históricas**, por vezes chamadas metanarrativas, quando examinamos a memória coletiva. Podemos ver a história, em nações fundadas por uma revolução, como uma ruptura com o passado. Ou como uma narrativa de progresso contínuo, com o crescimento econômico, a expansão da liberdade e da inclusão e o orgulho nacional reforçando-se mutuamente. (Isso é frequentemente chamado de visão whig da história, tendo por base os partidos políticos dos Estados Unidos e do Reino Unido nos séculos XVIII e XIX, que eram mais modernizantes e progressistas do que seus rivais.) Ou podemos apresentar a história de modo mais crítico, como um longo declínio, geralmente a partir de algum evento ou processo-chave, tal como a industrialização ou a imigração. A nostalgia do passado, anterior à queda, implica uma crítica do presente. (Lembrem-se: só porque movimentos sociais usam a história como fonte de significados, isso não significa que as teorias históricas do protesto sejam válidas, já que esse tipo de teoria, em vez disso, substitui os significados sustentados pelos manifestantes pelo seu *próprio* significado da história.)

Seja como parte de narrativas históricas ou independentemente delas, os *eventos* são, tal como os indivíduos, algo que nos ajuda a pensar e sentir. Nós lhes atribuímos significados, seja interpretando as intenções de pessoas neles envolvidas ou vendo-os como algo que conduz a uma situação posterior. Percebemos personagens que desempenharam papéis importantes, especialmente os heróis dos mitos, mas também os vilões por eles vencidos. Eventos podem inspirar-nos a imitá-los ou chocar-nos ao se concentrarem em nossas ansiedades, mudando a forma como vemos as coisas. Eventos complexos como uma revolução (na verdade, uma longa série de eventos que juntamos para formar uma narrativa) fornecem um espaço enorme para a interpretação e a projeção. A eles adicionamos fatos, personagens, enquadramentos e avaliações morais. Eles também oferecem ocasiões para reuniões coletivas ou celebrações.

Interações

Livros contêm palavras, murais têm cores e linhas, monumentos apresentam formas e entalhes – tudo isso podendo ser usado como matéria-prima do significado humano. Mas somente por meio das ações das pessoas é que estas são transformadas em sentimentos e compreensões sobre o mundo. Pessoas portam esses objetos para interagir entre si por uma variedade de propósitos. Os significados potenciais vêm à luz mediante esses envolvimentos. As manifestações são as interações óbvias,[15] mas muitas vezes são compostas de atos de fala e elementos ritualísticos.

Os **rituais** destacam certos significados-chave para os participantes. Vão de ritos altamente formalizados, como os de um serviço religioso, conhecidos de todos os participantes e destinados a expressar as crenças fundamentais dos adeptos, a reuniões menos formais, como encontros, onde as pessoas reunidas têm algum senso de propósito comum, mas carecem de regras estritas sobre como proceder ou que escolhas fazer. Toda interação humana tem alguns aspectos ritualísticos, já que temos expec-

Significado   85

tativas sobre como nos comportarmos – ou não – e como são as outras pessoas. Rituais são feitos para evocar emoções, como admiração, alegria ou solidariedade, mas também podem falhar, deixando-nos entediados, tristes e solitários. Interações face a face que nos fazem sentir bem ou mal levam-nos a buscar ou evitar, no futuro, as mesmas pessoas ou situações.[16]

Antigos rituais, especialmente veneráveis rituais religiosos, podem ser adaptados para novos propósitos. O casamento é um bom exemplo. Atacados por feministas como opressivos às mulheres e celebrados pela direita religiosa como encarnação dos valores familiares, os casamentos são rituais tradicionais, em geral religiosos, que ativistas gays e lésbicas conseguiram transformar em atos radicais de protesto no final da década de 1990.[17] Ao exigirem os mesmos direitos e rituais, esses ativistas puderam insistir no casamento como uma relação entre duas pessoas que se amam em vez de uma máquina de procriação. Os casamentos também permitiram a lésbicas e gays fazerem promoção de personagem, já que a mídia ficou repleta de matérias sobre casais que já estavam juntos há décadas, tinham criado seus filhos, eram plenamente "normais". Se podiam se casar, eram então pessoas éticas e responsáveis. Os rituais definiam seu caráter.

Atos discursivos, segundo os filósofos, são coisas que tentamos realizar com a linguagem.[18] Incluem mais do que fatos *afirmativos* sobre o mundo, mas também pedir ou *ordenar* que outra pessoa faça alguma coisa, *prometer* que faremos alguma coisa, *expressar* nossos sentimentos, *nomear* algo e *provocar* uma situação ("esta reunião está suspensa"). Ativistas usam todos esses tipos de discurso ao realizarem seu trabalho. A questão é que fazemos coisas com palavras; palavras não são apenas significados num dicionário, mas, reunidas em declarações, constituem formas de ação. Para compreendermos movimentos de protesto, precisamos captar o que os oradores estão tentando fazer, com que intenções, para que públicos. E precisamos nos lembrar de que atos discursivos não são realizados unicamente por meio de palavras, mas com outros gestos, como um sorriso, uma piscada ou um aceno.

Espaços livres oferecem a potenciais manifestantes um lugar para inventar nomes, debater táticas e formular seu desconforto sem resistência ou repressão imediatas.[19] São centros comunitários, escolas, igrejas ou mesmo bares da vizinhança em que pessoas de mentalidade semelhante podem contar piadas, queixar-se, contar histórias e articular suas reivindicações. Prisões podem cumprir a mesma função, quando regimes repressivos sequestram seus críticos mais radicais por longos períodos de tempo, com pouco a fazer senão compartilhar ideias. O movimento feminista difundiu-se no final da década de 1960 por meio de pequenos grupos de conscientização em que mulheres compartilhavam suas queixas sem que houvesse homens à sua volta para zombar delas ou repudiá-las. Espaços livres também podem ser incubadoras intencionais do protesto, como oficinas em que militantes de diferentes grupos compartilham suas experiências com as táticas que funcionaram. A Organização Nacional de Mulheres realiza uma conferência nacional com esse propósito. Os espaços livres são às vezes uma solução para o dilema de Jano: com um vigoroso foco interno, tentam gerar slogans, análises e táticas que se tornarão efetivas quando, mais tarde, os manifestantes se confrontarem com o mundo externo. (Outras vezes eles estimulam o isolamento de um grupo.)

Os ambientes em que se criam e se consomem significados engenhosos são importantes. Assim, as feministas criaram o Festival Nacional de Música das Mulheres justo para tirar vantagem do poder da música.[20] Que ritual, em si mesmo um tipo de peregrinação, pode ser melhor do que aquele que foi cuidadosamente elaborado para fins políticos?

Nossos corpos, nossos eus

Um pequeno coletivo feminista publicou pela primeira vez *Our Bodies, Ourselves* [Nossos corpos, nós mesmas] em 1970, e o livro foi revisto e relançado diversas vezes desde então, influenciando sucessivas gerações de ativistas feministas e difundindo pelo mundo as ideias por elas defendidas.[21] Mais um livro que resultou do movimento, também contribuindo para ele, *Our Bodies, Ourselves* dirigiu-se a uma categoria de seres humanos que sempre foram definidos em função de seus corpos. Um compêndio de informações

Significado 87

sobre a saúde da mulher, o livro convida cada leitora a examinar, observar e sentir seu próprio corpo, ao qual atribuímos significados. Entendemos os outros pela sua aparência, seja rejeitando-os por não se parecerem conosco ou sendo atraídos por sua beleza.

Também é por meio de nossos corpos que vivenciamos sentimentos sobre o mundo. Coletamos informações referentes ao mundo físico e social à nossa volta mediante centenas de pequenos processos, incluindo a totalidade de nossos sentidos, a produção de substâncias químicas (algumas das quais, como a adrenalina, nos estimulam, enquanto outras nos acalmam), contrações musculares e assim por diante. Nossos corpos estão o tempo todo levando informações que nossos cérebros tentam reunir para formar um retrato do que está acontecendo e como devemos reagir, e a maior parte dessa atividade ocorre inconscientemente, sem que a percebamos. Mas é enganoso imaginar que nossos cérebros sejam algo separado do resto do corpo: os componentes de nosso sistema nervoso central atuam em conjunto; por isso é um sistema. Alguns desses processos de sentir-pensar são visíveis às pessoas à nossa volta, especialmente um punhado de emoções com expressões faciais distintas. Assim, comunicamos alguns de nossos estados emocionais quer o queiramos ou não.

Outras vitrines corpóreas são bastante intencionais. Transmitimos declarações por meio de nossas roupas, desde certas cores que representam uma aliança ou partido político (verde ou arco-íris, por exemplo), passando por acessórios como bótons ou camisetas com slogans ou imagens e tatuagens que com frequência expressam solidariedade a outros, até estilos que nada mais fazem senão dizer "sou o tipo de pessoa que desafia as convenções usando alfinetes na orelha". Sociólogos muitas vezes veem a *resistência* de subculturas em escolhas incomuns como essas, uma rejeição à sociedade de consumo ou pelo menos à sensibilidade dos pais de alguém.[22] Nem sempre abertamente políticas, essas expressões captam uma sensibilidade de recusa a partir da qual facilmente emerge o protesto. Nossos corpos são portadores físicos de significado tão importantes quanto livros, canções ou blogs.

Nós concretizamos nossas intenções por meio de nossos corpos: como poderia ser diferente? Tal como ferramentas externas, nossos corpos também podem nos decepcionar. Somos frágeis demais para enfrentar o inverno a fim de participar de uma assembleia; saímos de uma passeata porque temos fome ou sede. Ou precisamos urinar ou defecar. Em outros casos, os prazeres imediatos de um drinque, um baseado ou uma companhia sedutora superam a satisfação duradoura de estar fazendo a coisa certa. Luxúria e amor são mais do que simples impulsos corpóreos, evidentemente, mas podem afastar pessoas de projetos coletivos. Organizadores de movimentos trabalham arduamente para se proteger dessas deserções, seja fornecendo banheiros e água nos eventos ou – em ambientes mais autoritários, como exércitos revolucionários – impondo regras sobre envolvimentos românticos.[23]

TABELA 4 Cinco tipos de sentimentos

Impulsos	Necessidades corporais urgentes que superam outros sentimentos e atrações até serem satisfeitas: luxúria, fome, vícios, necessidade de urinar ou defecar, exaustão ou dor
Emoções reflexas	Respostas automáticas, bastante rápidas, a eventos e informações, frequentemente tomadas como paradigmas de todas as emoções: raiva, medo, alegria, surpresa, choque e desprezo
Estados de espírito	Sentimentos estimulantes ou desestimulantes que persistem em diferentes ambientes e normalmente não sofrem objeções diretas: podem ser alterados por emoções reflexas, como durante interações
Lealdades ou compromissos afetivos	Sentimentos relativamente estáveis, positivos ou negativos, sobre pessoas ou objetos, como amar e odiar, gostar e desgostar, confiar ou desconfiar, respeitar ou desprezar
Emoções morais	Sentimentos de aprovação ou desaprovação (inclusive em relação a nós mesmos e nossas ações) com base em intuições ou princípios morais, como vergonha, culpa, orgulho, indignação, afronta e compaixão

Sentir-pensar

Uma emoção é realmente um rótulo verbal que aplicamos a um conjunto de sentimentos conhecido. Por exemplo, se tenho um surto de adrenalina, um aumento dos batimentos cardíacos e uma expressão facial hostil, com os dentes à mostra e as sobrancelhas franzidas, posso dizer que estou com raiva. (Pessoas me observando podem perceber que estou com raiva antes de mim.) Há dezenas de processos subjacentes que afetam nossos sentimentos, sobretudo mudanças em nossa bioquímica e contrações musculares, todas as quais processam informações sobre o que se passa à nossa volta, especialmente se as coisas estão indo bem ou mal. Não temos nem sequer consciência desses sentimentos, e não os rotulamos de emoções, mas ainda assim eles nos ajudam a lidar com o mundo. São a matéria-prima das emoções. Eu os chamo de **processos de sentir-pensar**.

Há vários tipos de conjuntos de sentimentos – emoções – que precisamos distinguir (ver tabela 4). Dois deles são de duração relativamente curta. *Impulsos* são sinais vindos de nossos próprios corpos, como a fome, a fadiga, o desejo ou a ansiedade provocada pelo vício. Podem surgir lentamente, mas diminuem tão logo satisfeitos. São sentimentos fortes, mas em geral não os chamamos de emoções (embora isso aconteça em outras culturas).

Emoções reflexas surgem rapidamente em resposta a coisas que acontecem à nossa volta, incluindo novas informações. Entre elas está a raiva, a emoção mais frequentemente usada para representar a forma como as emoções operam na política, com o resultado de estas parecerem perturbadoras; ao superenfatizarem a raiva, estudiosos têm difundido a impressão de que as emoções são sempre um problema, jamais uma solução. Outras emoções reflexas são o medo, a surpresa, a alegria ou a decepção súbitas e a repulsa, todas as quais têm conjuntos de sentimentos distintos (processos corporais) a elas associados. Cada uma tem uma expressão facial distinta, permitindo-nos comunicá-las facilmente a outras pessoas.

Estados de espírito normalmente duram mais que impulsos ou emoções reflexas; podemos manifestar um estado de espírito durante horas, dias ou mesmo por mais tempo. Uma assembleia empolgada nos deixa com ânimo elevado, prontos a redobrar nossos esforços em função da causa. Um estado de espírito negativo, como a resignação ou a tristeza, ou ainda, em caso extremo, a depressão, nos abate, por vezes a ponto de não podermos prosseguir. Esse é o principal impacto dos estados de espírito: eles afetam nosso nível de energia e, portanto, de atividade. A atmosfera alegre do parque Zuccotti ou dos festivais musicais de mulheres opera como um mecanismo que gera um estado agradável de excitação e expectativa, e uma sensação de estar mudando o mundo.

Também existem dois tipos de emoções que são partes bastante permanentes de nossas vidas. Temos *lealdades afetivas* a indivíduos, grupos, lugares e ideias. Essas orientações básicas em relação ao mundo incluem amor, respeito e confiança – assim como suas contrapartidas negativas, como ódio ou desconfiança. As identidades coletivas são importantes em função dos sentimentos que nutrimos em relação ao grupo. O movimento feminista floresceu graças à solidariedade mútua entre as militantes e declinou quando essa solidariedade se rompeu segundo as linhas frágeis de classe, raça e orientação sexual.

Há também *emoções morais*, de aprovação ou desaprovação, como vergonha e orgulho ou compaixão por outros seres. Temos emoções morais relativas a nossas *próprias* ações (como a vergonha), assim como a ações de *outros* (como a indignação). As emoções morais estão no cerne de um movimento social, já que fornecem uma forma de fazer afirmações sobre outros, incorporá-los a sua visão do mundo e motivá-los a participar com entusiasmo. O movimento feminista foi construído sobre a indignação, como ocorre com a maior parte dos protestos.

Os compromissos afetivos e morais proporcionam algo como nossos objetivos básicos na vida: a quem desejamos ajudar, em quem confiamos, o que nos orgulha ou envergonha? Desenvolvemos ambos os tipos bem cedo na vida e tendemos a nos ater a eles, embora as lealdades afetivas possam mudar, muitas vezes subitamente, como quando nos sentimos traídos. O amor pode transformar-se em ódio. As lésbicas sentiam-se traídas por suas irmãs heterossexuais.

Embora operem por meio de nossos corpos (da mesma forma que nossos pensamentos mais abstratos se alojam em nosso circuito cerebral),

Significado

as emoções são fortemente influenciadas pela cultura. O que as *desencadeia* difere segundo as culturas: diferentes grupos sentem repulsa ou raiva em função de coisas diversas ainda que as expressões faciais resultantes pareçam similares. E o modo como *demonstramos* nossos sentimentos é moldado pela cultura: espera-se que os homens expressem mais a raiva do que as mulheres; no Japão, toda expressão explícita de raiva é desencorajada. Além de desencadeadores e demonstrações, os *rótulos* que usamos para os pacotes emocionais também são culturais: a vergonha, por exemplo, tem diferentes fronteiras, misturando-se à culpa e ao embaraço mais rapidamente em algumas culturas do que em outras. E existe uma diferença especialmente grande em matéria de emoções morais entre as culturas que atribuem mais crédito e culpa a indivíduos autônomos e as que pensam mais em termos de grupo, como a honra da família.

Já vimos todos os tipos de significados culturais neste capítulo, verificando suas encarnações físicas e figurativas, sua aparência nas interações e em nossos corpos. Examinamos personagens e a memória coletiva. Os seres humanos não conseguem deixar de procurar significado no mundo e impô-lo a tudo que veem à sua volta. É um processo ativo, já que eles saem e envolvem o mundo. Não podem simplesmente sentar e observar. Vimos o papel das emoções nesses processos de criação de significado. As emoções orientam nosso engajamento ao nos mostrarem o que valorizamos, o que nos atrai, o que nos repele. Elas nos ajudam a encontrar nosso caminho através de ambientes complexos.

Os seres humanos sempre inventaram significados, mas nem sempre formaram movimentos sociais. Por que os movimentos de protesto floresceram no mundo moderno, sobretudo nas últimas décadas? Passamos agora ao tipo de infraestrutura e de contexto que ajuda ou inibe os movimentos sociais, mas não devemos esquecer que todas essas capacidades ajudam a transmitir ou bloquear os tipos de significados culturais que examinamos neste capítulo.

3. Infraestrutura

Jesus não era fresco: a direita cristã

O movimento feminista americano da década de 1960, ao lado de outros ataques (reais ou imaginários) à cultura e às instituições tradicionais, provocou movimentos contrários de conservadores religiosos para os quais a Bíblia cristã contém literalmente a palavra de Deus. E a vontade de Deus, segundo esses grupos, é que os homens dominem as mulheres assim como Ele domina Sua igreja, o que implica diferentes papéis "naturais" para homens e mulheres. A pornografia ameaçava alterar a natureza do sexo e a educação sexual, solapar o poder paterno sobre ela, e – pior do que tudo – o aborto daria às mulheres a capacidade de planejar e controlar sua própria maternidade em vez de deixá-las aos cuidados de maridos e do cronograma de Deus.

A nova direita religiosa que entrou na política americana na década de 1970 extraiu alguns de seus membros de movimentos conservadores anteriores, especialmente do anticomunismo dos anos 1950, que só se dissolveu com a vitória esmagadora de Lyndon Johnson sobre Barry Goldwater, um conservador, na eleição presidencial de 1964. Em grupos de estudos da John Birch Society, ativistas aprenderam que os Estados Unidos estavam sendo ameaçados por uma conspiração mundial de comunistas e socialistas, centralizada na Organização das Nações Unidas (ONU). No final da década de 1960, mulheres sem sutiã e hippies de cabelos longos superaram os comunistas como principal ameaça ao estilo de vida americano, mais concentrado nos valores familiares do que nas liberdades individuais.

Mais diretamente ainda, o novo movimento cresceu a partir de redes de igrejas evangélicas e fundamentalistas, sobretudo nos estados do Sul e

Infraestrutura 93

do Oeste. Quase todas essas igrejas tinham evitado a política até as significativas mudanças do final da década de 1960 e as representações midiáticas, ainda mais significativas, dessas mudanças, que as fizeram sentir-se profundamente ameaçadas e chocadas. O Partido Republicano, como parte de seus esforços para atrair brancos sulistas contrários aos direitos civis dos negros, recrutou esses pastores e seus rebanhos (da mesma forma que o movimento dos direitos civis havia mobilizado as igrejas negras uma década antes). Numa leitura peculiar, embora não original, das escrituras, Jerry Falwell pôde proclamar que era um guerreiro de Deus. "Jesus não era um pacifista. Ele não era um fresco."

Dois choques morais (eventos ou informações tão perturbadores que fazem com que as pessoas sejam recrutadas com mais facilidade) deram impulso ao novo movimento: a aprovação pelo Congresso da Emenda da Igualdade de Direitos de 1972 e a decisão da Suprema Corte no caso Roe versus Wade, de 1973, que legalizou o aborto. As feministas foram descritas como bruxas que haviam lançado um ataque satânico à família americana, de modo que o movimento começou a se proclamar "pró-família" e "pró-vida", termos positivos que soavam melhor do que "antiaborto". A mobilização inicial contra a decisão de Roe versus Wade foi liderada pela Igreja Católica, obviamente já organizada, mas na década de 1980 os fundamentalistas protestantes assumiram o controle, culminando nas atividades belicosas da Operação Resgate[*] no final da década. Esse grupo, dominado por rapazes indignados com os direitos das mulheres, era constituído de guerreiros de fato, que usavam a coerção física para fechar clínicas de aborto, gritando, empurrando, cuspindo e amaldiçoando jovens mulheres aterrorizadas. E, para culminar, homens queimavam e explodiam clínicas, e sequestravam, alvejavam e por vezes matavam médicos e outros funcionários desses estabelecimentos hospitalares.

Se a direita cristã se sentiu ameaçada pela contracultura liberal, ela também tinha um braço que dependia dessa nova cultura. Ambos os lados

---

[*] Dissidência do movimento antiaborto que criou enorme tumulto na Convenção do Partido Democrata em 1988, quando 1.500 militantes foram presos. Curiosamente, suas táticas iniciais haviam se inspirado na não violência de Martin Luther King. (N.T.)

afirmavam oferecer uma existência mais profunda e significativa do que o materialismo crasso dos shopping centers e da cultura de massa. O movimento de Jesus do final da década de 1960 recrutou explicitamente hippies no sul da Califórnia, e depois em outros lugares, combinando casas comunitárias, música folk, cultos empolgantes e uma teologia fundamentalista. A direita também reivindicou o rótulo de "radical", insistindo em que não estava preservando o status quo, mas tentando transformar fundamentalmente a sociedade americana. Tal como as mulheres e os afro-americanos, os ativistas conservadores sentiam-se excluídos e desrespeitados, como se as principais instituições de seu país tivessem sido tomadas pelas elites instruídas e pela intelectualidade liberal que os tratavam com desprezo.

Grandes movimentos como a direita religiosa ou o movimento feminista, compostos de centenas ou milhares de pequenos grupos e seguidores individuais, não aparecem do nada, tampouco desaparecem totalmente. Tanto os indivíduos quanto os significados culturais que os inspiram estarão presentes numa mobilização futura, quando antigas ideias vierem a assumir novas formas e novos vilões. Eles tomam de empréstimo e transformam a **infraestrutura** existente, que inclui comunicações, transporte, sistemas financeiro e jurídico, salas de reunião, redes sociais, organizações formais e todas as outras condições que permitem que as pessoas realizem suas tarefas. Manifestantes usam a infraestrutura para proclamar seus significados culturais.

A direita cristã mostra que religião e movimentos sociais interagem de várias maneiras. Acima de tudo, a religião começa e se difunde como movimentos, mediante alguns dos mesmos processos de recrutamento e motivação utilizados por outros (embora a conversão forçada seja mais comum nos movimentos religiosos, uma vez que passem a controlar Estados e exércitos). Trata-se de movimentos religiosos no sentido mais estrito. Num segundo padrão, a religião oferece significados culturais, espaços livres e outras formas de infraestrutura a outros movimentos, como no exemplo que aqui descrevo da direita cristã nos Estados Unidos. Uma terceira possibilidade é de que movimentos dentro de uma religião tentem mudá-la, como tentou a Teologia da Libertação em relação à Igreja

Infraestrutura 95

Católica na década de 1970. A fé em Deus, a vida após a morte, o bem e o mal e outras crenças fundamentais a respeito do mundo podem fornecer poderosas motivações para a ação. Haveria maior estímulo à ação do que o medo de apodrecer no inferno se você não lutar contra o pecado?

Também vemos aqui como movimentos opostos se inspiram mutuamente, com o sucesso de um lado se tornando uma ameaça que mobiliza o outro. As vitórias das mulheres na década de 1960 e depois a de gays e lésbicas no decênio seguinte foram choques morais para os cristãos de direita, cuja homofobia, por sua vez, inspirou novas organizações militantes na comunidade LGBTQ (lésbicas, gays, bissexuais, transexuais e *queers*), e assim por diante. Se um lado entra na arena, o outro o segue.[1]

A maioria dos estudiosos dos movimentos sociais tem tendências políticas de esquerda e estuda movimentos que admira. O resultado tem sido que, apesar de toda a sofisticação das teorias do protesto, eles frequentemente usam diferentes tipos de teorias para explicar movimentos de esquerda e de direita. Os relatos sobre os movimentos de viés esquerdista-liberal são simpáticos, observando as nuances das decisões difíceis, avaliando os objetivos do movimento como razoáveis, aceitando sem questionar o que dizem os de dentro. Já os relatos sobre a direita tendem a ser mais psicológicos, dedicando atenção a patologias cognitivas e emocionais que poderiam iludir os participantes, procurando financiamentos secretos de empresas ou partidos e subestimando as razões apresentadas pelos próprios manifestantes para explicar suas ações. A observação participativa e a introspecção (refletir sobre as experiências próprias) são métodos comuns para estudar os movimentos de tendência esquerdista-liberal, porém estão ausentes da pesquisa sobre movimentos de direita.

Temos de aplicar mais psicologia à esquerda, mas certamente precisamos empregar modelos menos pejorativos para a direita. Precisamos aplicar mais o que chamo de *teste da pessoa normal* a nossas teorias: usaríamos os mesmos tipos de fatores para explicar nossas próprias ações? Será que retratamos aqueles que estudamos como pessoas normais, capazes de cometer erros, mas agindo com base em sua própria visão do mundo, tentando implementar seus vários projetos morais? Ou será que os apre-

Técnicas de pesquisa

Estudiosos têm usado todo tipo de métodos de pesquisa para entender o protesto, alguns dos quais especialmente sensíveis a significados culturais e outros não. Teorias históricas e estruturais tendem a privilegiar dados quantitativos em lugar de eventos, revelando o número de distúrbios, passeatas, petições etc. ocorridos a cada mês ou ano durante longos períodos. Estes podem relacionar-se com outras grandes mudanças, tais como a importância crescente do parlamento ou alterações nas condições econômicas. Essas *histórias de eventos* são extraídas sobretudo de reportagens jornalísticas e registros policiais. Geralmente não conseguem atingir o que os eventos significam para os participantes, embora por vezes mostrem o que eles significam para a polícia e para os jornalistas.

Para captar os "sentimentos e compreensões" dos participantes, estudiosos orientados para a cultura têm examinado seus próprios textos e discursos, muitas vezes excluindo as técnicas retóricas ou os relatos utilizados. Com mais frequência, os pesquisadores observam movimentos no momento em que ocorrem, de modo que podem usar a *observação participante* juntamente com *entrevistas* para entender o que os manifestantes estão pensando e sentindo. Se eles mesmos participam, podem usar a *introspecção* para avaliar suas próprias reações, expectativas e emoções a fim de presumir o que outros estão vivenciando e então confirmar ou contradizer essas ideias por meio de entrevistas. *Experimentos* podem mostrar como as pessoas pensam, tomam decisões e vivenciam emoções – matérias-primas para a ação política. Por fim, a maioria dos estudiosos desses movimentos utiliza *estudos de caso*, de modo a poder observá-los em profundidade, técnica que também tem suas inconveniências: eles não sabem se sua teoria se aplica a outros movimentos e tendem a se tornar admiradores de um deles, incapazes de ver suas falhas e competências. Esse tipo de pesquisa engajada é ao mesmo tempo militância e explicação.

Infraestrutura

sentamos como tão desorientados, perturbados e cruéis que chegam a parecer anormais?

Movimentos de protesto sempre trafegam por camadas de contextos culturais e políticos, tirando vantagem das oportunidades que encontram. Novas fontes de renda, fragilidades repentinas dos adversários, novas arenas, guinadas em avaliações mais amplas são aberturas para os ativistas, se estes forem suficientemente espertos e sagazes para reconhecê-las e tirar vantagens delas. Quem carece de recursos pode frequentemente compensar isso com escolhas estratégicas inteligentes. Mas existem algumas precondições básicas para a emergência de um movimento, e mesmo para os movimentos em geral. Começamos a examiná-las no capítulo 1, mas agora precisamos analisar outras vantagens de que um movimento faz uso, especialmente arenas políticas abertas aos cidadãos, veículos de comunicação, redes sociais e organizações formais. Nos bastidores de tudo isso estão os mercados capitalistas, que afetam a distribuição de recursos em qualquer sociedade.

Cidadania

Os contextos políticos são fundamentais para a maioria dos movimentos sociais, afetando o modo como são criados e aquilo que fazem. Alguns dos maiores movimentos sociais da história têm buscado ampliar a cidadania, seja acrescentando novos direitos ou trazendo novas pessoas para o corpo político. Como vimos em "Wilkes e Liberdade", novos direitos de reunião e comunicação favorecem novas mobilizações, o que, por sua vez, aumenta a pressão por novos direitos. Muitos dos participantes da agitação promovida por Wilkes não tinham propriedades suficientes que lhes permitissem votar, mas tinham a esperança de acabar obtendo essa prerrogativa (como de fato ocorreu, por fim, com seus netos).

Na maioria dos países, a estrada que leva à plena participação democrática tem sido demorada e violenta, com muitos obstáculos ao longo do caminho. Os **movimentos de cidadania** – incluindo os primeiros movimentos trabalhistas, o sufrágio feminino, os direitos civis e a luta atual pelos direitos dos imigrantes – visam obter ingresso no sistema político, e geralmente avançam quando encontram elites solidárias que já estão dentro. Alguns membros dos novos grupos chegam a alcançar posições de alto comando em instituições existentes: posições de elite na política, no mundo empresarial e nas universidades.

Facções constituídas por pessoas de dentro do mundo político abrem as portas a recém-chegados por uma variedade de razões. Em alguns casos, elas percebem novos aliados que as ajudarão nas lutas atuais, quase da mesma forma como o Partido Democrata americano tinha a expectativa de que novos eleitores negros o apoiassem – como têm feito, predominantemente, desde a Lei dos Direitos Civis de 1964. Em muitos casos, isso é resultado de cálculos eleitorais normais. Em casos raros, segmentos da elite têm compromissos ideológicos: por exemplo, fizeram declarações em favor de princípios democráticos e podem ser forçados a seguir esses princípios. Num terceiro tipo de caso, provavelmente o mais comum, as elites fazem concessões por temerem as consequências de não o fazerem. Grandes greves e distúrbios já forçaram muitos políticos a aprovar leis conciliatórias. Em todos os casos, políticos procuram obter ganhos estratégicos em suas próprias arenas, e novos eleitores ou novas leis podem ajudá-los de todas as maneiras. Os grupos permanecem leais ao partido que lhes dá o voto.

Os *direitos políticos* dizem respeito à influência persuasiva de pessoas sobre o Estado. Alguns dependem de quem faz parte do corpo político, outros do que eles podem fazer lá. Há eleições livres e justas tanto para o executivo quanto para o legislativo? Existem leis e campanhas eleitorais abertas? Existem agências governamentais corruptas ou indiferentes ao público? É possível criar novos partidos? Existe uma oposição e ela tem algum poder?

Os *direitos civis* têm mais a ver com a interferência coercitiva do Estado na vida dos cidadãos. Ele impede as pessoas de se reunirem e publicarem suas opiniões? Permite que se formem organizações políticas e sindicatos? A polícia e as forças militares estão sob o controle civil? Pessoas são presas, exiladas, torturadas ou aterrorizadas? Há liberdade para trabalhar, viajar

Infraestrutura 99

e fixar residência? Os direitos de propriedade estão garantidos? Existe liberdade sexual e de escolha conjugal?

Os **movimentos de direitos civis** ou humanos visam eliminar a coerção, a tortura, a prisão, as lesões corporais e assim por diante; os movimentos de cidadania buscam expandir o domínio da persuasão por meio de novas pessoas e novos canais de influência. Quando um grupo oprimido obtém direitos políticos, geralmente os emprega para obter também direitos civis. Estes, contudo, nem sempre levam a direitos políticos, talvez porque o foco nos direitos civis caracterize um grupo como constituído de vítimas sem força para lutar por seus direitos políticos.[2] Os direitos civis não propiciam o empoderamento como o fazem os direitos políticos.

O contexto político é diferente para um terceiro tipo de movimento, os **movimentos pós-cidadania**, compostos de pessoas que já gozam dos direitos básicos dos cidadãos e estão exigindo coisas de outro tipo, tais como a proteção do meio ambiente, mudanças nas penalidades criminais para o uso de drogas ou dirigir embriagado, ou maior igualdade econômica.[3] Como já desfrutam dos direitos básicos dos cidadãos, os participantes dos movimentos pós-cidadania frequentemente visam benefícios para outros: toda a humanidade, gerações ainda por nascer, os que sofrem em outros países, até mesmo outras espécies. Os movimentos religiosos muitas vezes são movimentos pós-cidadania, exceto quando se trata da luta de uma minoria religiosa para obter direitos básicos. (Muitos movimentos religiosos, como a direita cristã nos Estados Unidos, *afirmam* ser oprimidos, já que isso lhes traz solidariedade e mobiliza seus membros.) Na maioria dos países ricos, movimentos inspirados por ideologias religiosas tendem a defender pautas moralistas, como a proibição do aborto ou o direito das mulheres de usar véus.

A distinção entre movimentos de cidadania e pós-cidadania nem sempre é clara, já que muitos deles visam ampliar a ideia de direitos. O direito de se casar não costuma ser imaginado como um componente da cidadania – exceto para os casais de mesmo sexo que dele são excluídos e que percebem os muitos benefícios que ele acarreta, como o direito de acompanhar o parceiro no hospital. Será que os cidadãos têm o direito de *não* viver perto de um reator nuclear ou de um depósito de lixo perigoso? Será que um feto tem direitos civis ou é parte do corpo da mãe, sujeito a suas escolhas em termos de procedimento médico?

O principal território contestado, contudo, é econômico: as pessoas têm *direito* a moradia, educação, saúde, emprego? À fortuna da família? Será que os direitos dos cidadãos são solapados pela desigualdade extrema, que impõe vergonha aos que estão na base e estimula a arrogância dos que estão no topo? Muitos movimentos tentam redefinir as dificuldades privadas como questões de responsabilidades e direitos públicos. Foram necessárias várias centenas de anos para que direitos humanos e políticos fossem princípios aceitos na maior parte do mundo, e o processo ainda não se completou. Pode ser que seja necessário o mesmo tempo para o estabelecimento de direitos econômicos, especialmente porque atores poderosos, ou seja, empresas com fins lucrativos, estão dando o máximo de si na luta contra essa ideia.

Os direitos dos cidadãos constituem uma infraestrutura fundamental para o protesto porque estruturam os custos de diferentes tipos de ações. O protesto é arriscado nos lugares em que a polícia desrespeita os direitos humanos, porém menos onde ela é desestimulada a maltratar suspeitos. Os direitos políticos são um enorme passo à frente para qualquer grupo, permitindo-lhe participar de novas maneiras. Os direitos são ao mesmo tempo um objetivo fundamental dos movimentos e os meios através dos quais eles podem atingir muitos outros. Também são uma visão moral inspiradora, tendo se difundido pelo mundo para dar esperança a potenciais manifestantes onde quer que estejam.

Ganhando voz

Se o protesto é canalizado pelas instituições e a infraestrutura políticas, também é afetado pela mídia disponível para transmitir sua visão moral, pois isso determina seu público. A história tem assistido a uma ampla expansão das possibilidades de transmitir as opiniões das pessoas, de

Infraestrutura

conversas exclusivamente face a face à mídia noticiosa global. Ativistas tentam disseminar suas ideias o mais amplamente possível, mas, na maioria dos casos, quanto maior o veículo, menor o controle que tem sobre a mensagem transmitida. Desde o século XIX, novas tecnologias de comunicação têm ajudado movimentos sociais – mas também apoiado esforços para monitorá-los e reprimi-los. A mídia é um recurso físico essencial, ainda que sua importância se deva principalmente aos significados culturais que transmite.

Vimos que no século XIX surgiram movimentos sociais de todos os tipos, em parte porque o rápido crescimento das cidades facilitou a comunicação e os transportes. Em bairros operários superlotados, bater panelas pode levar multidões às ruas, para construir barricadas ou sair em passeata rumo aos quartéis de polícia. Bondes, linhas de metrô e ônibus acabariam permitindo que centenas de milhares de pessoas formassem o espaço público em eventos de protesto. Os locais de trabalho também cresceram em tamanho. Uma greve numa das gigantescas fábricas que apareceram no século XX podia envolver milhares de participantes em vez das dezenas que poderiam estar empregados numa diminuta fábrica rural.

A comunicação também melhorou, especialmente com a invenção dos jornais baratos (e politicamente engajados). Insurgentes potenciais não precisavam mais ir a cafés para acompanhar eventos, sobretudo com a simultânea ampliação da alfabetização (embora os cafés – só encontrados em cidades – fossem geralmente espaços protegidos, democráticos, livres, em que ideias radicais podiam ser debatidas e elaboradas). Os debates políticos permitiram que um grande número de pessoas desenvolvesse ideologias. Boatos ocasionais também desempenhavam um papel em mobilizar pessoas, mas o cidadão urbano médio estava se tornando mais sofisticado do ponto de vista intelectual. Como vimos, nos Estados Unidos, os movimentos sociais tiveram um grande avanço na década de 1830 com a impressão e o envio maciço, pelo correio, de bíblias e panfletos religiosos.

O alcance da mídia continuou a se expandir, com o rádio e depois a televisão penetrando num número crescente de lares, locais de trabalho e praças por todo o mundo. Mais tarde, a internet abriu canais para a transmissão de mensagens menos centralizadas e unidirecionais.[4] A *mídia social*, em que se inserem o Facebook e o Twitter, utiliza as redes existentes e, assim, permite a comunicação por meio delas. Movimentos de protesto como o Moveon.org nos Estados Unidos e o "Somos Todos Khaled Said" no Egito aprenderam a mobilizar um grande número de manifestantes através de e-mails em massa e a reagir rapidamente usando mensagens de texto no celular. Prosseguem as lutas por essa mídia, não tão descentralizada quanto parece, mas dependente de grandes empresas que podem encerrar serviços ou permitir a censura e o monitoramento sub-reptício por parte do governo.

Muitos manifestantes são obcecados pela cobertura midiática, inventando eventos dramáticos para atrair a atenção, seja "levitando" sobre o Pentágono, promovendo um sip-in* pelo direito de homens gays serem servidos em bares, como aconteceu em 1966, ou realizando **flash mobs**, uma espécie de teatro de guerrilha organizado mediante e-mails em massa, incluindo "carrot mobs"** que patrocinam uma loja em troca de seu compromisso de fazer melhoramentos desejados, como por exemplo uma reforma verde. Alguns grupos buscam a cobertura da mídia excluindo outros objetivos respeitáveis – e talvez mais eficazes.[5] Às vezes, eles esquecem que a mídia não é apenas uma arena, mas também um conjunto de atores com objetivos próprios (ver capítulo 7). Manifestantes podem atrair a atenção, mas têm pouco controle sobre a natureza dessa atenção: em muitos casos os manifestantes e suas ações fotogênicas são a matéria, mas seus argumentos são ignorados.

A mídia é um grande negócio, e mesmo pequenas iniciativas em matéria de mídia autônoma acabam absorvidas pela corrente principal. Os proprietários da mídia apresentam a maioria das tendências de outros do-

---

* Diferentemente dos sit-ins organizados pelos negros, em que estes se sentavam em espaços públicos a eles interditados, os sip-ins consistiam em gays que assim se declaravam e exigiam o atendimento em bares, processando-os caso não fossem atendidos. (N.T.)
** Termo originado da expressão "follow the carrot", "siga a cenoura", alusão à anedota sobre as duas maneiras de se fazer andar um burro: açoitando-o ou colocando à sua frente, na ponta de um bastão, uma cenoura. (N.T.)

Infraestrutura 103

nos de corporações; desagrada-lhes especialmente falar sobre os inconvenientes da propriedade privada.[6] Muitas vezes eles também têm intimidade com altos funcionários do governo, seja por meio de redes sociais ou de seu trabalho. Até repórteres podem basear-se amplamente em fontes do governo. Quando a grande mídia não se constitui de empresas privadas, é composta de agências governamentais, refletindo um conjunto diferente de tendências, ou seja, a ideologia do Estado, que pode ser igualmente contrária aos objetivos do protesto.

Em resposta, movimentos sociais frequentemente criam seus próprios veículos de mídia. Se é um movimento pequeno, pode ser nada mais que uma ocasional newsletter, mas um grande movimento pode ter sua própria estação de rádio ou televisão, ou seu próprio jornal. Hoje em dia, websites, blogs e gerenciadores de e-mail são suficientemente baratos para estar ao alcance de qualquer grupo. O próprio termo "fundamentalismo" deriva de um projeto editorial lançado em 1910 pelo Instituto Bíblico de Los Angeles. Doze volumes de ensaios – sob o título *The Fundamentals* [Os fundamentos] – apresentavam uma ideologia completa do fundamentalismo protestante, distinguindo-o acidamente do catolicismo, do mormonismo, do protestantismo liberal, das Testemunhas de Jeová e da Ciência Cristã, assim como atacando ideologias mais seculares como o liberalismo, o socialismo e a evolução.[7] Os livros tiveram um sucesso notável em inspirar o ataque fundamentalista a toda espécie de avanços e ideias do século XX, não apenas com seus argumentos, mas também por meio das redes sociais que os apoiavam e que eles reforçavam, ainda disponíveis na década de 1970.

A maioria dos movimentos sociais pega um tema considerado privado e tenta transformá-lo num problema de moralidade pública, e a mídia é crucial para essa mudança. Tipicamente, primeiro ouvimos falar de um novo tema por meio de uma reportagem sobre um pequeno protesto, muitas vezes tratado com hilaridade ou descrença. Mais tarde, podemos notar editoriais que ainda zombam dos manifestantes, mas pelo menos levam o assunto suficientemente a sério para abordá-lo. Agora se trata de uma

> ## O dilema da mídia
>
> Grupos de protesto geralmente desejam alcançar um grande número de pessoas, seja para divulgar sua mensagem ou recrutar membros, e a mídia convencional é uma forma efetiva de fazê-lo. Mas a atenção que recebem nem sempre é favorável, já que reflete as tendências de repórteres, editores e proprietários. Manifestantes tentam influenciar o conteúdo por meio de anúncios escritos antecipadamente, a seleção e o treinamento de porta-vozes e a cuidadosa cenografia dos eventos. Mas em todo envolvimento estratégico outros atores (neste caso, a mídia) acrescentam um elemento de imprevisibilidade. No pior dos casos, a atenção da mídia pode provocar uma reação que desprestigie ou destrua o movimento de protesto. A mídia frequentemente enxerga os manifestantes como seres pitorescos, e não como porta-vozes em controvérsias públicas sérias: as manobras ou distúrbios que lhes permitem chegar à porta impedem que eles sejam levados a sério.[8] Essa é uma versão do dilema dos aliados poderosos que confronta todos os atores estratégicos (ver mais sobre isso no capítulo 7): você pode precisar de um aliado poderoso em função de recursos ou conexões, mas é provável que ele o use, tanto quanto você, para seus próprios fins. A mídia vai usá-lo para atrair audiências, mais do que ajudá-lo a divulgar seus temas.

controvérsia pública legítima que pode até vir a ser reconhecida como um problema público que precise de solução.

A nova mídia transmite mensagens mais facilmente graças ao aumento dos níveis educacionais na maioria dos países do mundo. Jornais baratos e mensagens de texto são mais eficientes quando a maioria da população é alfabetizada. Aqueles que passaram anos na universidade têm maior capacidade (e maior tolerância em relação a estilos obscuros de escrita) para desenvolver ideologias elaboradas, dispondo de evidências e argumentos de apoio com facilidade. A educação também fornece muitas habilidades e credenciais para dirigir organizações.

Infraestrutura

Redes informais

As **redes sociais**, com as quais nos comunicamos com outras pessoas, são os tijolos na construção da interação humana, e nada acontece sem elas – inclusive o protesto. Chamamos pessoas conhecidas para participarem conosco de uma assembleia; conseguimos informações sobre eventos com nossos amigos e parentes; compartilhamos ideias e emoções com pessoas à nossa volta. Raramente vamos sozinhos a um encontro ou passeata; vamos com um ou dois amigos ou parentes.

É fácil descrever as redes como uma teia de conexões físicas, como circuitos num chip ou estradas num mapa. Nessa imagem estrutural, as pessoas reagem automaticamente quando suas redes são ligadas. Uma visão mais cultural das redes é a de que indivíduos têm padrões de laços emocionais sustentados por símbolos e familiaridade cognitivos. Quando minha irmã me pede para levá-la de carro a Albany no Dia da Terra, é mais provável que eu diga que sim do que se tivesse recebido um e-mail de um estranho ou de uma organização. Conheço minha irmã a vida toda, gosto de passar meu tempo com ela e confio em suas afiliações políticas. Tenho um sentimento predominantemente positivo em relação aos que compõem minhas redes sociais. Outra forma cultural de pensar nas redes é que elas nos fornecem oportunidades de persuadir outras pessoas, às vezes transformando as próprias redes nesse processo.[9]

Algumas redes já existem e um movimento que surge tenta conectar-se a elas. Para os antigos membros da direita cristã, a John Birch Society havia desempenhado o papel de "campo de treinamento" para ativistas, os quais formavam laços duradouros ao mesmo tempo que desenvolviam uma ideologia capaz de ser adaptada a novas causas.[10] Congregações protestantes podiam ser recrutadas para o novo movimento por meio de seus pastores. Em outros casos, um movimento tenta fomentar suas próprias redes de pessoas que se importam com um assunto. Velhas ou novas, as redes são uma infraestrutura que possibilita aos grupos de protesto difundir informações e mobilizar participantes. Elas fazem com que as pessoas continuem vindo para desfrutar de antigas amizades, sentir-se boas, atualizar-se com as últimas notícias.

Redes informais podem crescer, transformando-se em **subculturas**, com estilos distintos de vestimenta, preferências em matéria de táticas e ideias não compartilhadas pelo restante da sociedade. As subculturas formam um tipo de estufa em que novas intuições morais podem ser encorajadas e vivenciadas, e onde ideias podem ser expressas sem inspirar repressão ou enfrentar o ridículo. Isso é especialmente provável quando elas possuem espaços próprios que ajudam a construir redes mediante interações face a face.

Redes e organizações reforçam-se mutuamente. No curso do século XX, os fundamentalistas americanos começaram com igrejas e editora próprias, mas acabaram desenvolvendo uma rede de escolas incluindo de creches a programas de doutorado, seus próprios grupos de especialistas e seminários teológicos, e todas as instituições necessárias para uma cultura peculiar. Embora em teoria esses espaços sejam protegidos, livres da vigilância do governo, pastores e outros membros dessas redes com frequência fazem afirmações radicais que são captadas pela mídia convencional: judeus e católicos vão para o inferno, os males do país se devem a sua tolerância com gays e lésbicas, e assim por diante. Espaços livres tentam evitar o dilema da segregação do público por meio da privacidade (ver capítulo 7), mas nem sempre têm êxito.

Essas redes e organizações por vezes originam protestos mais visíveis em arenas públicas, especialmente quando um evento ou decisão atrai a atenção e atiça a imaginação. Essa é uma das razões pelas quais grandes protestos podem surgir tão rapidamente: já há uma infraestrutura para ajudar a mobilizar pessoas. Esta consiste não apenas numa lista de telefones ou e-mails (ou cartões de Natal, para os militantes cristãos), mas também em padrões de confiança, respeito e afeição que envolvem as pessoas num nível emocional. Elas podem alimentar entre si a indignação, o ódio, a compaixão e outros sentimentos que acabarão servindo de apoio ao protesto público.

O dilema de Jano aparece no contraste entre a natureza privada, oculta, das redes subculturais e a natureza pública de um protesto destinado a alcançar públicos mais amplos. O protesto ativo pode exigir mais do público

Infraestrutura

do que este se sente confortável em oferecer, ou pode inspirar nele uma reação que desafie o estilo de vida protegido que caracteriza essas redes. Muitos movimentos sociais estimulam atividades privadas como parte de seus esforços por mudança social: reciclagem, consumo responsável, plantar árvores, ler a Bíblia, evitar o controle da natalidade. É por isso que movimentos sociais e movimentos de protesto não são exatamente a mesma coisa, e suas atividades por vezes entram em conflito. Pode-se conseguir muito como movimento social sem promover um protesto público.

Organizações formais

Para sustentar seus esforços, manifestantes criam organizações formais, com papel timbrado, website, escritórios, equipes regulares e outros sinais de que devem ser levados a sério. A era moderna inventou e ampliou muitos mecanismos burocráticos para criar e manter organizações: arranjos estruturais, regras, procedimentos de contratação e dispensa, fichários e outros equipamentos de escritório, horários, técnicas de administração, arquivos etc. São óbvias as vantagens das organizações: podem contratar equipes, alugar um local de reuniões, fazer telefonemas, ter computadores; podem estabelecer regras e rotinas de modo a não haver necessidade de discutir tudo todos os dias; podem buscar doações de tempo e dinheiro que mantenham viva a causa mesmo com a chegada e saída de indivíduos. Organizações formais são o cerne de muitos movimentos, mas, como resume o dilema da organização, trazem também custos e riscos.

Uma das vantagens das organizações formais é que elas podem ser usadas sistematicamente no objetivo de levantar fundos para um movimento social: candidatam-se a doações da parte de fundações; compram listas de e-mails (formalmente, o que compram são listas de endereços postais); e atraem indivíduos ricos simpáticos à causa – da mesma forma que as empresas sem fins lucrativos. Ativistas abordam indivíduos ricos por meio de redes pessoais, mas os e-mails em massa – para membros de uma organização ou assinantes de uma revista –, mais anônimos, também

> ## O dilema da organização
>
> Manifestantes defrontam-se com muitas escolhas sobre como formalizar suas operações por meio de regras, levantamento de verbas, equipes remuneradas e escritórios. Formalidades como essas ajudam a manter as atividades ao longo do tempo, mas também podem mudar essas atividades. O objetivo de sustentar e proteger a organização aparece ao lado de sua missão original, e frequentemente mais tempo é dedicado a levantar fundos e ampliar equipes. Em alguns casos, a sobrevivência da organização se torna o objetivo básico. Os membros podem então se tornar cínicos quanto aos salários da equipe, às viagens pagas de seus líderes para assuntos oficiais, aos amplos e luxuosos escritórios. As leis que regulam a operação de organizações não lucrativas – especialmente sua isenção de impostos – restringem suas escolhas táticas. As organizações são como outros meios estratégicos: sempre têm o potencial de virarem fins em si mesmas, caso do dilema do aprendiz de feiticeiro que vimos anteriormente.

são um tipo de rede preexistente. Organizações de protesto buscam atrair dinheiro tanto de indivíduos quanto de fundações. Quanto mais uma organização cresce, mais ela precisa de dinheiro.

As organizações também ajudam a estabelecer rotinas regulares de protesto que tornam mais fácil realizar eventos. Pessoas com know-how adequado podem atuar no movimento ou ser contratadas como consultores. Na maior parte do tempo, as organizações preferem as táticas legais às ilegais, já que estas podem levar a polícia a prender seus líderes e fechar a instituição. Ela mesma se torna um potencial refém nas interações com autoridades.

Vistas de fora, as organizações parecem atores, com visões, objetivos e preferências táticas comuns. Os estudiosos certamente as tratam dessa maneira, com base em declarações oficiais, panfletos e nas ações que promovem. Mas, quando se olha para dentro de uma organização,

Infraestrutura

percebe-se que ela também é uma arena em que vários indivíduos e facções discordam, ameaçam-se e lutam em função de cada decisão. Veremos no capítulo 6 que essas batalhas se desenrolam de diferentes maneiras, mas nunca devemos esquecê-las, nem imaginar que um grupo complexo seja sempre um grupo unificado.

Profissionais

Nem todos numa organização têm as mesmas habilidades ou influência. Quando as organizações do movimento crescem, frequentemente se apoiam numa **equipe profissional** em lugar de voluntários: pessoas que são pagas para estar ali em vez de (ou ao lado de) pessoas que trabalham por entusiasmo pela causa. As organizações podem controlar com maior facilidade sua equipe do que seus voluntários, que muitas vezes também são mais radicais em seus objetivos do que os membros da equipe. Por outro lado, numa sociedade em que existem centenas ou milhares de organizações de movimentos, há espaço para militantes profissionais com toda uma vida de experiência em fazer política, tomar decisões, reagir rapidamente quando se abrem janelas de oportunidades e, de modo geral, aperfeiçoar seus instintos sobre boas e más escolhas. Eles evitam muitos erros. Ativistas em tempo integral geralmente se envolvem em várias causas ao mesmo tempo: uma em que são pagos, outra no lugar onde vivem e outras ainda em que são voluntários. Para manterem uma ampla participação sem se exaurirem, devem incorporar o ativismo a suas vidas cotidianas, e a melhor maneira de fazê-lo é ser pago para ser militante.

Essa ideia de uma **carreira de ativista** sugere que os indivíduos operam por meio de organizações, mas às vezes também fora delas.[11] Com o passar do tempo, eles entram e saem de instituições, levando consigo sua habilidade e seu know-how. Uma carreira tem sua lógica própria, de compromisso e desenvolvimento, independente da lógica das organizações. Diferentes formas de participação se abrem a indivíduos em épocas distintas de suas vidas, e suas experiências em cada fase afetam as opções que lhes são apresentadas em fases futuras por meio das habilidades, contatos e identidades que desenvolvem. Esses padrões ajudam a explicar por que mulheres e homens muitas vezes acabam tendo diferentes papéis nos movimentos, sobretudo quando os homens tendem a conseguir posições remuneradas e as mulheres ficam com tarefas não pagas. A ideia de carreiras no ativismo faz-nos recordar a importância da educação como infraestrutura externa a que os movimentos de protesto podem recorrer.

Os empreendedores morais, como vimos, inventam novas estruturas e causas que esperam poder atrair atenção e simpatia e levar à mobilização de um novo grupo ou movimento. A indignação pode ser generalizada, mas precisa de alguém que lhe dê nome, ofereça um curso de ação e faça o trabalho inicial de convocar e reunir pessoas. O termo "empreendedor" tem desagradáveis implicações de autointeresse, mas essas pessoas dão uma grande contribuição em termos de trabalho cultural ao persuadirem outras em relação a uma nova causa. Inventam e adaptam imagens, personagens, narrativas e outros significados culturais, esperando encontrar aqueles que tenham ressonância para potenciais participantes. Foi preciso que alguém avaliasse, por tentativa e erro, que o termo "bebê por nascer", combinado com sonogramas de fetos e alfinetes de lapela com pequeninos pés, iria mobilizar mais pessoas do que os éditos formais em latim da Igreja Católica. "Bebês" provocou mais emoções do que "embriões" ou "fetos" ou longos documentos sob o título "Evangelium Vitae".

A ampla infraestrutura de protesto nas sociedades modernas – as organizações, as leis que as regulam, os especialistas em levantamento de fundos e as empresas a isso dedicadas, o amplo know-how difundido por meio de grandes redes informais de ativistas experientes e assim por diante – levou estudiosos a falarem de uma **sociedade do movimento social** em que o protesto se tornou parte regular da política.[12] Por ser mais fácil de realizar, ele perdeu o poder de intimidar autoridades, atrair a atenção da mídia ou mesmo provar a força dos compromissos morais e emocionais dos manifestantes. Os públicos do protesto fazem um pouco de aritmética mental: será que 100 mil assinaturas numa petição online equivalem a mil seres humanos de pé do lado de fora num dia frio de inverno? Mas ainda que o processo tenda, com o tempo, a cair na rotina, os manifestantes

Infraestrutura

são sempre capazes de quebrar essas rotinas fazendo escolhas táticas diferentes: subitamente, um participante do Tea Party começa a interromper sessões da Câmara de Vereadores, uma multidão ocupa o parque Zuccotti ou o regime de Mubarak é expulso do poder. O protesto não parece mais tão controlado ou normal.

Capitalismo

Os padrões de produção e distribuição de renda são sempre um contexto influente no protesto, seja como fonte de desacordos ou parte da infraestrutura. Escravos são submetidos a uma vigilância mais estrita do que camponeses, operários mais do que médicos. Todo sistema de controle é fonte potencial de discordâncias. Lutas ocorrem no local de trabalho não apenas pelo tamanho do salário que será pago, mas também pela duração da jornada, pelo horário a ser cumprido, pela intensidade do trabalho durante a jornada e (um grande problema) pelo tratamento dispensado pelos chefes. Muitas greves e outras formas de resistência são desencadeadas quando os empregados percebem que não estão sendo respeitados, que não recebem o tratamento digno que todo ser humano merece. Em muitos casos, a faísca é um supervisor dizer alguma coisa inadequada a um empregado.

Tão importante quanto, a economia determina quem tem dinheiro para gastar num protesto ou impedir que ele aconteça. McCarthy e Zald[13] ficaram impressionados pelo fato de uma nova classe média dispor de uma renda extra que lhe permite contribuir para suas causas favoritas, aumentando o volume total do protesto nas sociedades contemporâneas.

Mas os ricos têm a maior parte do dinheiro. Estimulados pela ressurgência da direita na década de 1980, Margaret Thatcher na Grã-Bretanha e Ronald Reagan nos Estados Unidos lideraram uma reação, bancada por corporações e por ricos, contra os esforços do Estado de bem-estar social no sentido de igualar rendimentos e proteger os vulneráveis. Os ricos aprenderam a usar seus recursos para influenciar políticos, primeiro *tories* e republicanos, mas por fim também trabalhistas e democratas. O dinheiro mudou tudo. Para dar um exemplo que demonstra o quanto o espectro político mudou, o presidente republicano Richard Nixon criou em 1970 a Agência de Proteção Ambiental, considerou a possibilidade de implantar um imposto de renda negativo para ajudar os pobres e pelo menos declarou apoiar a ação afirmativa – medidas progressistas que o presidente democrata Bill Clinton, um quarto de século mais tarde, após a grande reação que empurrou os dois partidos americanos para a direita, não sustentou.

Corporações e famílias abastadas dão duro para manter seu dinheiro e obter mais. Isso não significa que o mereçam, já que uma das maneiras de dar duro não é produzir bens úteis, mas influenciar políticas e políticos de maneira flagrantemente corrupta. Contratam assessores financeiros para ajudá-los a evitar impostos e lobistas para promoverem seus interesses. Contribuem com grandes somas para candidatos a cargos eletivos, aos quais têm um acesso incomum quando necessitam. A indústria financeira fica louca quando se apresenta um projeto de lei visando a redistribuição de renda, e os políticos quase sempre recuam. Notadamente, os ideólogos conservadores dos Estados Unidos têm feito com que a "liberdade de mercado" pareça um tema cristão.

Além das maneiras pelas quais a economia distribui os meios de influenciar decisões políticas, a distribuição de renda e riqueza é uma dificuldade em si e por si; na verdade, foi *a* motivação e o alvo principais do Occupy e movimentos correlatos. Embora o ressentimento em relação aos ricos sempre esteja presente, é necessário um trabalho cultural para mobilizar pessoas. Uma distribuição *desigual* de renda pode ser interpretada como *injusta*, e os mercados devem ser considerados capazes de aceitar a intervenção humana, do contrário as pessoas aceitam a situação de modo fatalista. (Mais tarde voltaremos a falar sobre culpa.)

Os mercados geram desigualdade, mas os governos podem aliviá-la se o desejarem. Do lado positivo, os mercados são formas eficientes de distribuir bens e serviços, além de informações, sem um planejamento central. Por isso regimes repressivos sempre tentam controlá-los. Dinheiro traz liberdade, especialmente se comparado à coerção, mas também às

Infraestrutura 113

demoradas interações que a persuasão exige. Os regimes mais repressivos são os que controlam não só a economia, mas também a sociedade. E o poder do dinheiro é o motivo pelo qual a desigualdade solapa a democracia.

Globalização

Antes do século XIX, todo protesto era local, concentrando-se no padeiro do bairro que estava cobrando muito pelo pão ou no lorde que exigia muito trabalho de seus camponeses. No final do século XVIII e especialmente no século XIX, com a expansão das infraestruturas necessárias, o protesto passou a ser nacional, dirigido aos parlamentos como arenas-chave. Nos últimos anos, redes de comunicações, transportes, dinheiro e organizações continuaram a ampliar seu alcance, conectando pessoas em diferentes países com mais facilidade do que antes, num processo conhecido como **globalização**.

Manifestantes de uma localidade podem acompanhar eventos em outras partes, aprender novas táticas e inspirar uns aos outros instantaneamente, sem estarem no mesmo lugar. Mas se realmente quiserem visitá-los, os transportes também ficaram mais rápidos e baratos. Infraestruturas globais têm se expandido, quer algumas afirmações mais extremas também sejam ou não verdadeiras (de que exista uma única cultura ou mercado global emergente ou de que os Estados-nações estejam se tornando obsoletos).

Da mesma forma que os movimentos de protesto antes se orgulhavam de serem ações nacionais e não locais, hoje em dia eles visam ter alcance mundial, como é o caso do movimento por justiça global (ver capítulo 6). Um dos primeiros movimentos a se sustentar em redes globais, de fato aquele que as desenvolveu, foi o movimento contra o apartheid sul-africano. Essa luta, presente desde o início desse regime em 1948, ganhou reconhecimento internacional em 1960 após o assassinato pela polícia de 69 pessoas em Sharpeville. A atenção da mídia foi ampliada e sustentada por uma rede mundial de ativistas forçados a se exilar pelo governo do apartheid, e que viviam sobretudo em muitos dos centros de mídia e capitais políticas do mundo.[14]

Tão logo percebemos o alcance global do protesto, podemos ver que os Estados nacionais não são a única arena em que se tomam decisões. A ONU e a União Europeia contêm múltiplas arenas em que se elaboram leis e regras de conduta, mesmo que estas ainda sejam aplicadas amplamente por governos nacionais. Uma perspectiva global estimula-nos a sermos mais precisos sobre as arenas e os atores que estamos discutindo. E uma vez tendo deixado de lado a ideia do Estado como ator unificado, podemos perceber toda a diversidade de arenas dentro de suas fronteiras e também fora delas.

Nos últimos anos, conservadores religiosos têm seguido outros grupos de protesto nas novas arenas internacionais que vêm proliferando. Algumas dessas campanhas constituem apenas intervenções em arenas nacionais existentes, como quando o Fundo de Defesa da Aliança,* com base nos Estados Unidos, apresentou uma peça processual na justiça romena em apoio a um processo (vitorioso) que pretendia definir o casamento como a união de um homem com uma mulher e não entre dois "esposos".

Outras arenas são explicitamente globais, mais obviamente a ONU e suas várias unidades, onde o Vaticano tem usado sua condição de "observador especial" para apoiar a rede global "burca-batista" de organizações fundamentalistas religiosas. Grupos religiosos aprenderam a usar a linguagem de direitos humanos que está no cerne da missão da ONU, rejeitando qualquer crítica a suas posições antiliberais como sendo "violações de direitos humanos fundamentais", ou seja, do direito a crenças religiosas.[15] Como na Romênia, grupos religiosos têm minado ou pelo menos bloqueado o avanço dos direitos dos gays em muitas partes do mundo. Os recursos e a legitimidade que organizações ocidentais trazem a nações pobres podem gerar grandes retribuições.

A despeito dessas arenas internacionais, a maior parte do ativismo global ainda se concentra nas agências dos Estados nacionais. O capitalismo continua sendo mais global do que o protesto de que é alvo, ainda que o movimento por justiça global tenha tentado mudar essa situação. Para a maioria

---

*Entidade de conservadores religiosos cuja pauta inclui a luta contra o casamento homossexual e o controle da natalidade. (N.T.)

Infraestrutura

dos manifestantes anticapitalistas, esse movimento é ainda uma aspiração, uma convocação à assembleia, um processo e não um produto acabado. Mas o campo de batalha é cada vez mais global: para cada filme da Disney exportado por Hollywood, há uma crítica circulando; para cada camiseta enviada de Bangladesh a Londres, há um grupo de fiscalização tentando verificar as condições das fábricas que utilizam trabalhadores ilegais. Se existe uma cultura global da mercadoria, existe também uma cultura global da justiça e dos direitos humanos.[16] Os mesmos tipos de infraestrutura que enviam as camisetas abrem caminho aos movimentos sociais.

Já TÍNHAMOS VISTO três maneiras de se obter o que se deseja como político ou ator estratégico: mediante a coerção física ou sua ameaça; pagando a outros para fazerem coisas que, de outro modo, talvez não fizessem; e persuadindo pessoas a abraçarem objetivos e usarem seu tempo para atingi-los. Vimos agora que grandes instituições e infraestruturas políticas, econômicas, organizacionais e tecnológicas afetam tudo isso. Agora também podemos ver uma quarta maneira de se obter o que se deseja: pode-se ter membros da equipe em posições hierárquicas que lhes possibilitem controlar a coerção, os pagamentos e os meios de persuasão. Quanto maior o número de organizações, maior o número de posições como essas. As sociedades modernas estão cheias de organizações formais; são elas a maneira de conseguir que as coisas sejam feitas, incluindo o protesto.

Dinheiro, organizações, redes, instituições políticas e mídia: sua distribuição é mais ou menos rígida para um movimento social que esteja começando. Todos são mecanismos estruturais, poderíamos dizer. Mas o movimento faz o possível para modificar todos eles: levantar fundos, construir novas redes e organizações, fazer alianças políticas, atrair a atenção da mídia, até mesmo intervir nos mercados. Manifestantes fazem tudo isso – e seus opositores tentam impedi-los – por meio dos significados que criam e transmitem. A cultura anima as infraestruturas, tal como estas ajudam a difundir a cultura. Passamos agora às muitas maneiras pelas quais manifestantes tentam produzir esses efeitos, a começar pelo modo como recrutam novos membros para a causa.

4. Recrutar

Movimentos LGBTQ: acostume-se a eles

Para colocar de forma simplificada, no começo do século XX, médicos, assistentes sociais e outros profissionais bem-intencionados inventaram a homossexualidade. Homens vinham fazendo sexo com homens, e mulheres com mulheres, ao longo de toda a história humana, mas "homossexualidade" era uma identidade abrangente que os definia como um certo tipo de pessoa em todos os aspectos. Dizia respeito a quem eram, a seus desejos, e não ao que realmente faziam. Muitas vezes tinha havido no passado um estigma acerca do sexo entre homens (ninguém se importava muito com o que as mulheres faziam), mas apenas na base da pirâmide, não no topo. Por milhares de anos, mesmo em lugares como a ultramasculina Roma, masculinidade significava colocar o pênis onde você desejasse. Com o novo diagnóstico vieram os esforços de meados do século para curar, controlar e excluir gays e lésbicas de espaços sociais "decentes".[1]

Assim, eles encontraram lugares para se reunir, em alguns casos não apenas bares e clubes noturnos, mas bairros inteiros, como Greenwich Village em Nova York ou Motzstrasse em Berlim. Também criaram suas próprias organizações, como a Sociedade Mattachine (fundada em 1950) e as Filhas de Bilitis (1955), que funcionavam como clubes sociais protegidos das incursões policiais que os bares públicos sofriam. Mantendo seu propósito oculto aos de fora, essas organizações só podiam recrutar pessoas por contatos pessoais, e assim permaneceram pequenas. (Esse movimento está longe de ter sido o único a usar a sensualidade, em parte, para recrutar novos membros.)

Em junho de 1969, em reação a outra incursão policial a um bar do Greenwich Village, clientes e testemunhas reuniram-se em frente ao Stonewall Inn. A aspereza dos policiais aumentou sua raiva e eles começaram a atirar moedas, aparentemente devido ao boato de que o bar, controlado pela máfia, não tinha pago propina à polícia. As moedas transformaram-se em garrafas, tijolos, sapatos de salto alto e latas de lixo, e seguiu-se uma batalha entre a polícia e um grupo de dança de drag queens (entre outros). Os distúrbios prosseguiram por muitos dias. A oculta comunidade gay emergia com orgulho e ódio.

Paradas, dias e fins de semana do orgulho gay, primeiramente destinados a comemorar Stonewall a cada ano, davam foco a um novo movimento de libertação homossexual, usando a linguagem de direitos praticada por afro-americanos, mulheres, indígenas e outros na década de 1960. Formaram-se grupos nos campi universitários, milhares acorriam a enclaves gays na maioria das grandes cidades do mundo, saunas e discotecas estimulavam a liberdade sexual e havia por toda parte uma excitante atmosfera de libertação.

Os contra-ataques homofóbicos, na década de 1970, da parte da crescente direita cristã, só reforçaram as identidades e comunidades gays e lésbicas, dando-lhes ao mesmo tempo um contorno político. Apenas ser gay ou lésbica era algo que parecia político num momento em que a comunidade inteira estava mobilizada. "Sair do armário" era um ato ao mesmo tempo pessoal e político, quase um dever para com os companheiros. Isso também acabou facilitando a vida dessas pessoas.

Essa inebriante excitação durou uma década, até surgir a epidemia da aids, no início dos anos 1980, forçando a maioria dos membros das comunidades gays a dedicar sua atenção a cuidar dos moribundos, participar de funerais e proteger a própria saúde. Pastores de direita recentemente investidos perceberam a epidemia como um castigo divino pelos pecados dos homossexuais, e o presidente Ronald Reagan recusou-se até mesmo a proferir a palavra aids, que dirá ampliar as verbas para pesquisa e desenvolvimento de remédios. A frustração, a raiva e a indignação aumentaram, mas os ativistas gays, em sua maior parte, ainda tentavam mostrar seu lado amoroso, normal, para provar que eram exatamente iguais aos heterossexuais. A maioria queria ser "respeitável", demonstrando sua enorme capacidade de cuidar dos moribundos.

Apesar desses esforços, a Suprema Corte americana decidiu em 1986, no caso Bowers versus Hardwick, que gays e lésbicas não eram cidadãos plenos com direito à privacidade e ao sexo como outros cidadãos, ou, de modo mais técnico, que cada estado americano tinha o direito de banir atos homossexuais sem apresentar nenhum "interesse imperativo" senão a vaga percepção pelo legislativo estadual de que isso era errado. Esse fato constituiu um choque moral que provocou indignação entre aqueles que já eram politicamente ativos na comunidade gay e, quase imediatamente, atraiu outros milhares para a militância.[2] Manifestantes mais jovens começaram a bloquear o tráfego, ocupar gabinetes e encontrar maneiras agressivas de canalizar sua raiva, o que levou meses depois à criação do ACT UP e grupos semelhantes que se declararam *queer*, em contraste com os grupos de gays e lésbicas que se haviam dedicado à política respeitável. "O que queremos?", dizia um cântico. "Sodomia! Quando queremos? Agora!" O ACT UP era criativo, agressivo e descolado; suas reuniões substituíram os funerais como o lugar *cool* para encontrar parceiros.

A maioria dos movimentos desenvolve-se inicialmente a partir dos esforços de um pequeno número de indivíduos, muitas vezes participantes de movimentos sociais correlatos, em reação a interesses e oportunidades culturais que surgiam. Convencem outros a se juntarem a eles, seja persuadindo os líderes de grupos existentes ou difundindo sua visão por meio de suas próprias redes sociais. Tentam combinar suas ideias, imagens e concepções morais em confrontos marcantes, ou tirando vantagem de confrontos provocados por outros, como a incursão policial a Stonewall. O recrutamento costuma ser um longo percurso por meio de pequenos passos, não uma conversão súbita – e os mesmos mecanismos que mobilizam inicialmente as pessoas também as mantêm envolvidas.

Recrutar

À mesa da cozinha

A imagem de empreendedores morais que vimos anteriormente, pessoas que avaliam quais causas podem "vender" ao público, exagera a natureza solitária do trabalho que envolve organizar o início de um movimento social. Com mais frequência, é uma conversa entre um punhado de militantes que passaram a se interessar por um novo tema, talvez estimulados por uma ação do governo que consideraram abominável. Como ativistas conhecem outros ativistas, isso pode ocorrer numa sala de estar ou numa refeição à mesa da cozinha, uma forma privada de espaço livre e, portanto, entre os mais livres. Também pode ocorrer num encontro mais formal: um painel numa conferência, uma assembleia em que uma facção decide concentrar-se num novo tema emergente. Nas semanas e meses após Stonewall, a Sociedade Mattachine ajudou a coordenar conversas sobre como o Village poderia proteger seus bares gays de incursões policiais brutais. Após a decisão Hardwick, o movimento pelos direitos de gays e lésbicas foi parcialmente recriado como o movimento de libertação *queer*, um enquadramento ou sensibilidade especialmente atraente para públicos mais jovens.

Esses grupos iniciais nem sempre são militantes. Um grupo de pais, que aparentemente se conheceram por meio de uma Associação de Pais e Mestres, pode se reunir quando se anuncia o fechamento de uma escola. Vizinhos podem se reunir quando se propõe construir uma nova instalação – uma cadeia, um conjunto habitacional ou um shopping center – em sua rua ou bairro. Muitos grupos de conscientização de mulheres foram constituídos a partir de antigas amizades. A questão é que uma série de pessoas tem reações semelhantes às mesmas informações e eventos. O resultado é a "política das pequenas coisas", pequenas coisas que podem crescer e se tornar grandes.[3]

O Occupy Wall Street começou com um anúncio numa revista anticapitalista, a *Adbusters*, mas juntou forças com uma diminuta coalizão de grupos de esquerda autodenominada Nova-Iorquinos Contra o Corte Orçamentário, que havia patrocinado um acampamento de duas semanas em frente à prefeitura, em junho de 2011, chamado de Bloomberg em função do nome do prefeito bilionário da cidade. Ativistas falam uns com os outros e sabem o que fazer quando têm uma boa ideia. Páginas do Facebook também podem desencadear discussões que, por sua vez, constituem o núcleo de encontros e ações.

Mas o insight básico por trás do conceito de empreendedor moral, de que um pequeno grupo de pessoas deve assumir um fardo considerável nos estágios iniciais, parece correto. Esse fardo é menor se tais indivíduos já tiverem acesso a redes de solidariedade ou a uma organização de protesto, e se houver algum evento que eles possam transformar num choque moral, tirando vantagem da atenção que ele pode atrair. Esses raros indivíduos devem ainda dedicar tempo e energia a causas que podem não dar em nada. São ainda mais heroicos do que a maioria dos manifestantes.

Redes e significados

Como vimos no capítulo 3, as redes sociais são caminhos ao longo dos quais se move a ação, e são particularmente essenciais para a mobilização. Antes de mais nada, eles ajudam um movimento a emergir, já que o recrutamento geralmente ocorre por meio de redes que existiam para outros fins. O melhor indicador de quem vai se envolver num movimento é se a pessoa conhece alguém que já faz parte dele.[4] Há um pouco de circularidade nessa descoberta da pesquisa, já que isso torna difícil explicar movimentos que estão só começando: ainda não há ninguém neles. Mas ajuda a entender como um movimento a pleno vapor atrai novos adeptos. Nos movimentos mais maduros, a maioria dos participantes foi recrutada por meio de redes sociais. Quando se vai a uma assembleia ou passeata, deseja-se ter alguém para conversar.

Essas redes não são constituídas simplesmente de amigos e familiares; em muitos casos, baseiam-se na participação em organizações de protesto formais. Se você assinar uma petição ou contribuir para um grupo como a Campanha por Direitos Humanos, o maior grupo de lobby LGBT dos

Estados Unidos, quase todo dia receberá e-mails pedindo para assinar petições online, contribuir financeiramente ou fazer outras coisas de pequena importância. Ou um sindicato decide participar de uma assembleia do Occupy, levando milhares de membros. Ou ativistas conhecidos de campanhas passadas nos ligam e pedem para colaborarmos numa nova causa correlata. O ACT UP cresceu rapidamente porque podia apoiar-se em comunidades estritamente unidas em grandes cidades, mas também em redes que outros esforços políticos haviam construído durante uma década ou mais. Quanto mais a pessoa é politicamente envolvida, tanto mais provável que seus amigos e conhecidos também o sejam. Movimentos sociais podem construir suas próprias redes. E se você for realmente sozinho a uma assembleia, logo encontrará outros para conversar, já que as pessoas tendem a receber bem quaisquer participantes. Estão num bom astral.

Em raras ocasiões redes inteiras podem ser recrutadas intactas, no que é conhecido como **recrutamento em bloco**: se um pastor adere a um movimento antiaborto ou por direitos civis, pode alugar um ônibus e levar grande parte de seu rebanho a uma assembleia ou pressionar parlamentares. Quanto mais fortes forem as redes preexistentes, como clãs, castas ou aldeias de camponeses, mais fácil será o recrutamento em bloco. Muitas manifestações de muçulmanos nascem naturalmente nos cultos de sexta-feira na mesquita local. Religiões passam gerações construindo justamente o tipo de redes sociais positivamente carregadas com que sonham os ativistas políticos: por que não tentar energizá-las para nossa própria causa?

Nem todos os participantes de uma rede correm para se juntar a seus amigos numa manifestação, uma vez que alguns indivíduos são mais **biograficamente disponíveis** do que outros. Isso significa que eles estão livres de outros compromissos que poderiam inibi-los: empregos com horário exaustivo, filhos em casa a serem alimentados, fragilidades físicas que os impedem de marchar ou ficar em pé por muito tempo. Sua posição numa rede não é tudo. Você pode querer, mas não poder.

Na verdade, sua posição na rede é apenas o começo. As redes só são importantes em função do trabalho cultural que fazem, por meio dos sentimentos que as sustentam e da informação que flui através delas. David

Snow, um dos estudiosos que mostraram a importância dos contatos das redes para o recrutamento, foi ágil em demonstrar que a informação precisa ser estruturada da forma correta para que tenha impacto.[5] Os novos recrutas precisam perceber a relevância de um tema, entender suas origens e entusiasmar-se o suficiente para fazerem alguma coisa a respeito. Snow e colaboradores desenvolveram a linguagem do **alinhamento de quadros** para explicar o recrutamento, já que organizadores e recrutas devem "alinhar" seus respectivos "quadros" vinculando novos temas a problemas sociais com que as pessoas já se preocupem. As redes transmitem significados culturais.

A disponibilidade biográfica também não é uma limitação estrutural, mas uma interpretação dos custos da participação. Ter filhos pequenos só impede o envolvimento para quem o permite; outros levam os filhos consigo para o protesto. Eles não apenas estão ensinando as crianças sobre o protesto e outros temas, mas, para alguns, os filhos são o cerne de sua causa. Ativistas antiaborto levam seus filhos para enfatizar os valores familiares, da mesma forma que casais do mesmo sexo que desejam para seus filhos as mesmas conexões legais, com *ambos* os pais, que outras crianças têm, uma vez mais demonstrando a importância da família. Os organizadores muitas vezes instalam centros de assistência à infância, de modo que os pais possam participar dos encontros.

Um estudo do movimento antiaborto mostra como funcionam essas redes de conexões. Ziad Munson,[6] ao entrevistar dezenas de ativistas, ficou surpreso ao descobrir que a maioria deles não tinha claras posições antiaborto no momento em que se envolveram; alguns eram até moderadamente pró-escolha. Sua posição ideológica tinha se desenvolvido com o tempo, ao lerem os argumentos, assistirem aos filmes e ouvirem os discursos. A explicação de Munson combina a disponibilidade biográfica (muitos haviam alterado suas vidas de alguma forma que ampliara seu tempo livre, como uma mudança de endereço ou um divórcio) com os contatos de rede (eles foram a um protesto com um novo conhecido). A atração que sentimos por outros seres humanos é uma poderosa força-motriz de nossas ações.

Recrutar

Esse é um aspecto geral importante: não saímos por aí com ideologias sofisticadas para avaliar cada posição política com que nos deparamos. Mas temos sentimentos sutis, muitas vezes inconscientes, sobre o mundo à nossa volta, especialmente sobre as pessoas que nos cercam. Confiamos em algumas mais do que em outras, admiramos algumas, amamos algumas (seja de forma platônica ou libidinosa). Essas orientações afetivas nos ajudam a desenvolver visões mais elaboradas. Também temos intuições morais sobre certo e errado: tememos a radiação maciça das usinas nucleares, capazes de entrar em nós e gerar um câncer sem que o percebamos, mas precisamos de uma ocasião para transformar esses sentimentos numa ideologia da democracia contra a tecnocracia. "Aprender" um assunto leva tempo.

As narrativas, frequentemente usadas no recrutamento, também mostram a importância de nossas orientações emocionais. Os recrutadores contam suas próprias histórias, mas também estimulam potenciais recrutas a contar as suas, esperando que estes percebam nesse processo que suas experiências não são incomuns, mas parte de um padrão mais amplo compartilhado com outros. (Era assim que funcionavam os grupos de conscientização de mulheres.) Uma narrativa nos envolve quando gostamos da pessoa que a conta, confiamos nela ou pelo menos simpatizamos com ela. Parte dessa simpatia vem da própria história, mas também pode ter estado ali desde o começo se já conhecemos a pessoa ou se ela parece ser alguém em quem confiaríamos caso a conhecêssemos. Sua reputação ou presença carismática pode lhe conferir uma dose inicial de autoridade antes mesmo que ela suba ao pódio, ato que transmite ainda mais autoridade.

As redes contribuem para a mobilização de outras maneiras, dando aos membros acesso a posições e recursos que eles podem levar para o movimento. Conhecer gente rica pode ajudá-lo a levantar fundos, assim como ocupar posições oficiais proporciona autoridade para alocar recursos ou tomar decisões. Muitos membros das comunidades gays e lésbicas trabalham na mídia e na indústria cultural – no rádio ou na televisão, em Hollywood ou nas artes visuais –, de modo que, quando o movimento se radicalizou em meados da década de 1980, foi extremamente criativo no uso de imagens visuais. Em outra arena, a Aliança de Gays e Lésbicas contra a Difamação foi extremamente eficaz em mudar as imagens da televisão americana. Em meados da década de 1990 houve uma explosão de gays e lésbicas no horário nobre, de Rickie Vasquez em *Minha vida de cão* e *Ellen*, em 1994, a *Will & Grace*, em 1998. Em certa medida, esses personagens baseavam-se nas imagens acentuadamente gentis que haviam surgido vários anos antes durante a crise da aids. Foi preciso ainda muito trabalho e pressão de dentro da indústria para criar personagens complexos e simpáticos como esses, uma espécie de trabalho de normalização ou desdemonização de personagens que é quase o oposto de um choque moral: os homossexuais não são tão chocantes. (É um direito civil importante, suponho, ser capaz de zombar do próprio grupo em comédias bobas no horário nobre.)

Como veremos nos últimos capítulos, as redes não são usadas apenas para recrutar novos membros, mas também para reter os antigos, divulgando informações e organizando eventos. Isso não surpreende, já que a vida humana se desenrola por meio de redes sociais.

Choques morais

Nem todo mundo é recrutado para um movimento por meio das redes existentes. Uma pessoa pode vivenciar alguma coisa que a perturbe de tal maneira – um **choque moral** – que ela deseje profundamente ser envolvida. Pode procurar ajuda online, organizações de sua comunidade ou, em casos extremos, até mesmo criar seu próprio grupo. Ramos do movimento Mães Contra Motoristas Bêbados foram criados por mulheres atingidas por tragédias inacreditáveis, envolvendo sobretudo a perda de filhos, e que por vezes transformaram sua dor na determinação de resolver o problema. Por vezes a ação política é a resposta mais efetiva a essa atitude de desespero. Fazer alguma coisa, por pouco que seja, parece melhor do que não fazer nada.

Um estado de choque emocional atrai a atenção das pessoas. Pode paralisá-las ou transformar-se em medo e indignação e impeli-las à ação. Uma série de estudiosos tem mostrado que choques morais ajudam a recrutar novas pessoas para o movimento, proporcionando-lhes um sentido de urgência.[7] Ativistas tentam gerar transformações morais por meio de sua própria propaganda, oferecendo alarmantes imagens de sofrimento ou histórias de crueldade e opressão. Mas por vezes essas vicissitudes da própria vida levam pessoas à ação indignada sem muita intervenção de ativistas. A morte desnecessária de um ser amado, seja de aids ou devido a um acidente de carro provocado por embriaguez, é um estímulo especial à ação.

Elaborei inicialmente a expressão choque moral para abordar o sentimento inquietante, perturbador, que surge quando acontece alguma coisa que lhe mostra que o mundo não é como você pensava, que alguém é mais repulsivo, que um problema é mais grave do que você tinha imaginado.[8] Os choques morais abalam seu senso de realidade e normalidade, e por vezes levam a uma profunda avaliação de sua vida e de seus valores. São eficazes quando nos surpreendem, quando nos oferecem uma conexão solidária com outros seres humanos e possivelmente quando nos permitem expressar uma emoção que anteriormente desconhecíamos. Costumam nos ajudar a entender nossos próprios sentimentos e intuições morais – não

---

O dilema da expansão

A menos que nos empolguemos com o poder de recrutamento das redes e aceitemos que é sempre melhor recrutar mais e mais membros, o dilema da expansão sugere haver vantagens em movimentos ou grupos pequenos e bem focalizados. Quanto mais cresce um grupo ou movimento de grande porte, tanto mais provável que haja discordâncias a respeito de objetivos e táticas, e que se formem facções a partir dessas clivagens. Quanto maior o movimento, mais difícil se torna coordenar suas ações e declarações. Um movimento gigante impressiona, atrai atenção, acumula recursos. Mas é difícil de manobrar. Escolhas estratégicas sobre *quem* você vai ser como movimento provocam opções sobre *o que* você vai fazer. Às vezes um pequeno grupo, ou mesmo um indivíduo, é mais eficiente. Não é necessário um grande movimento para hackear computadores ou processar empregadores por discriminação.

nos impõem outros. Ao examinarmos nossas sensibilidades morais, eles podem ter implicações que dificilmente esperaríamos.

Há versões mais suaves do mesmo processo quando ficamos ansiosos a respeito de um assunto e começamos a lhe dedicar maior atenção. Cientistas políticos que investigaram as emoções que ajudam os eleitores a fazerem suas escolhas argumentam que somos tirados de nossas rotinas e lançados num **sistema de vigilância** que examina o ambiente em busca de novidades e ameaças, perturbando outras atividades até avaliarmos o potencial perigo.[9] Buscamos novas informações quando nos sentimos ameaçados, e podemos mudar nossas rotinas habituais. Estamos preparados para a ação.

Embora alguns choques surjam em nossa vida pessoal, outros envolvem ao mesmo tempo um grande número de pessoas e são **momentos de mobilização** fundamentais para ativistas. Os choques morais mais poderosos provavelmente se originam de ações públicas expressivas, quando a polícia prende, espanca e mata manifestantes pacíficos ou quando ocorre um vazamento de óleo ou acidente nuclear. Nesses casos, o público já está prestando atenção, e os militantes só precisam levá-lo à interpretação correta do evento (as elites também tentam moldar nossas interpretações). Quando ativistas tentam criar seus próprios choques morais, enfrentam um problema: aquilo que provoca em alguns públicos a indignação e a solidariedade pode simplesmente incomodar a grande maioria. Aqui vemos uma vez mais o dilema da inovação: se você for rápido demais na tentativa de mudar os sentimentos das pessoas, pode acabar perdendo seu público; se for lento demais, pode não obter as mudanças que deseja.

Os choques morais não são úteis apenas para entender como alguém é inicialmente recrutado por um movimento; também acometem ativistas experientes de uma forma que reanima ou radicaliza seu compromisso. O caso Hardwick ajudou militantes gays e lésbicas a reconhecerem sua raiva e perceberem que seus esforços silenciosos para provar sua respeitabilidade haviam fracassado. Eles mudaram sua abordagem do dilema da desobediência ou cordialidade. Haviam tentado a rota da cordialidade com pou-

Recrutar

> ## O dilema da desobediência ou cordialidade
>
> Os manifestantes costumam ser obrigados a escolher entre táticas aceitas ou admiradas pelas autoridades e pelo público e outras que por sua vez são temidas, desprezadas ou pelo menos desaprovadas. Táticas cordiais reforçam sua reputação como pessoas moralmente irrepreensíveis, enquanto táticas grosseiras os fazem parecer mais fortes e ameaçadores. Hoje em dia, a maioria dos movimentos sociais assume a rota moral, de modo que é fácil esquecer que táticas de desobediência podem funcionar em certas circunstâncias. Elas aumentam os riscos: podem assustar ou intimidar autoridades e opositores, forçando-os a fazer concessões, mas também podem inspirar a repressão, provocando até o fim do movimento. Táticas de desobediência são mais eficazes quando há ganhos importantes e relativamente irreversíveis a obter, tais como o direito de voto, programas de ação afirmativa ou o reconhecimento de uniões. Alguns autores insistem em que os verdadeiros oprimidos nunca obtêm ganhos a menos que intimidem e perturbem o *status quo*. Eis um exemplo desse dilema a partir do Occupy Oakland: anarquistas haviam quebrado a vitrine de um café durante um confronto noturno com a polícia. Um Ocupante colou uma observação: "Desculpe, isso não nos representa." Embaixo dela, alguém rabiscou: "Isso é o que você pensa."

cos resultados, e nada tinham a perder com a opção de ser desobedientes. "O caso Hardwick", conclui Gould,[10] "ao fornecer uma visão inequívoca da homofobia do Estado, estimulou gays e lésbicas a canalizarem a culpa e a vergonha pela aids para longe de si mesmos e na direção do Estado homofóbico e outras instituições da sociedade." O choque, a indignação e o redirecionamento da culpa foram suficientemente poderosos para forçar gays e lésbicas a estabelecerem coalizões após anos de movimentos sociais predominantemente isolados.

Culpa

Muitos portadores de cultura que já vimos – piadas, grafites, personagens, estruturas, narrativas etc. – destinam-se a encontrar alguém para culpar por um problema. Esse é especialmente o propósito retórico dos vilões (culpados) e das vítimas (inocentes) que eles prejudicam. O movimento das Mães Contra Motoristas Bêbados conseguiu reunir esses dois tipos de personagens num nome inspirador: "mães" implica os filhos que são mortos, enquanto os "motoristas bêbados" são os vilões que ninguém ousa defender.

A culpa exige uma explicação social do problema em vez de uma explicação natural. Não culpamos a natureza. Se consideramos um incêndio na floresta como o resultado natural de um raio, não é provável que organizemos um grupo de protesto. Se entendemos que ele foi causado por um incendiário, aí temos um vilão, embora este seja um criminoso e não um gatilho para um movimento social. Mas se colocamos a culpa dos incêndios nas políticas do governo de não cortar os arbustos ou de deixar que incêndios naturais tenham curso, temos então os componentes cognitivos e emocionais para o tipo de culpa que provoca o protesto. Temos não apenas a indignação (que podemos ter também em relação a incendiários e outros criminosos), mas também a percepção de que o governo deveria ser considerado responsável.

A campanha de Anita Bryant contra os direitos dos homossexuais, notavelmente exitosa no final da década de 1970, teve de transformar os gays em vilões ameaçadores – o que não foi nada fácil. O nome de sua organização dizia tudo: Salvemos Nossos Filhos. Seu argumento era que gays e lésbicas estavam se infiltrando nas escolas a fim de abordar os alunos e fazê-los virar gays – a homossexualidade sendo uma inclinação anormal que só pode vir de fora, não de dentro das pessoas. Ela reagia a uma série de leis sobre direitos dos gays recém-adotadas por várias cidades a fim de proibir a discriminação, e seu êxito em mobilizar a direita cristã fez desse tema uma questão política nacional em torno da qual a direita se mobilizou com bastante sucesso. A dança estratégica entre direita e esquerda prosseguiu, com as vitórias de um dos lados levando à contramobilização do outro.

Com diferentes lados tentando alocar a culpa, as lutas políticas frequentemente tratam dessa fronteira entre o que é ou não natural. Agora

Recrutar 129

temos a expectativa de estarmos protegidos de muitas circunstâncias que antes aceitávamos como catástrofes naturais. No início da década de 1980, a aids desencadeou uma batalha a respeito de culpa. Fundamentalistas cristãos apressaram-se a condenar o sexo gay como "anormal", insistindo em afirmar que esses homens eram criminosos, vilões pecaminosos e não vítimas inocentes. O ACT UP surgiu para lutar contra essa **estrutura de culpa**: as "pessoas com aids" eram, em vez disso, vítimas de uma doença virulenta que mereciam compaixão, não os destinatários adequados da ira divina. O governo dos Estados Unidos não causara a aids (embora também houvesse teorias sobre isso), mas podia ser culpabilizado por não custear pesquisas suficientes para enfrentar a doença. As imagens esqueléticas daquelas vítimas moribundas causavam choque e piedade, e os esforços dos que cuidavam delas eram realmente heroicos. O ACT UP acabou vencendo a guerra de personagens, um avanço crucial para os direitos dos gays.

Vinte anos depois, a questão do casamento entre pessoas de mesmo sexo obteve um sucesso surpreendente porque não precisou transformar as estruturas de culpa da sociedade. Não havia vítimas desse tipo de casamento, ainda que um punhado de casais heterossexuais insistisse em afirmar que isso iria minar a santidade de sua condição. Em reportagens sucessivas, casais de mesmo sexo que viviam juntos há décadas ficaram extremamente felizes por poderem realizar uma cerimônia de casamento completa, muitas vezes presenciada por filhos orgulhosos. O que poderia ser mais normal, até mesmo admirável? Esses casos contrastavam com os exemplos negativos, casais semelhantes que ainda não podiam visitar-se em hospitais ou ter alguma liberdade quanto a esses importantes eventos da vida. Os efeitos positivos do casamento entre pessoas de mesmo sexo e o impacto negativo de sua ausência combinaram-se para constituir uma poderosa bateria moral. Os vilões nesse caso foram minimizados em favor de vítimas simpáticas, com os arcaicos preconceitos bíblicos como fonte de injustiça.

Há alguma tensão entre a demonização de determinadas pessoas como responsáveis por problemas sociais e ideologias mais abstratas que imputam problemas a sistemas impessoais como o capitalismo. Mas a melhor retórica combina as duas coisas. Sem exemplos pessoais as ideologias são maçantes, e vilões individuais são inexplicáveis sem uma teoria do motivo pelo qual fazem coisas ruins. A mente humana é atraída por exemplos eloquentes, e indivíduos e grupos são o melhor tipo, em parte pelas emoções que sentimos a respeito deles. Precisávamos do surpreendente criminoso Bernie Madoff para simbolizar a quebra do sistema financeiro em 2008, destruído por indivíduos gananciosos e arrogantes situados no topo da pirâmide. Ali estava alguém para desprezarmos. Só então, quando temos esses símbolos eloquentes, é que acrescentamos nuances como mercados globais, regimes regulatórios (ou, nesse caso, "desregulatórios") e instrumentos financeiros derivativos.

Afirmei anteriormente que a ironia de uma democracia é que nossas expectativas de justiça são maiores, de modo que temos mais ocasiões de protestar. Nossos governos podem ser culpabilizados por quase toda calamidade, não necessariamente por a terem causado, mas porque não conseguiram prevê-la, advertir-nos ou proteger-nos, ou solucionar o problema. As políticas do Estado atingem quase todas as áreas de nossas vidas, das epidemias às consequências desastrosas da desigualdade econômica, com muitas promessas implícitas de que o governo vai cuidar de nós. Uma reivindicação fundamental do movimento Occupy era que o governo deveria intervir mais para ajustar os resultados do mercado; em vez disso, muitos governos reduziram – sob a bandeira da austeridade – até mesmo a moderada redistribuição que haviam conseguido produzir por meio de impostos e gastos. Os militantes do Occupy tentaram contestar a extensa propaganda empresarial segundo a qual os mercados são sistemas naturais com suas próprias leis, de modo que ninguém pode ser responsabilizado por seus resultados. Eles insistiam em que o 1% deve ser culpabilizado tanto por restringir o governo quanto por solapar a economia.

Ameaça

Os vilões chamam a nossa atenção justamente porque as emoções negativas nos atraem de modo mais imediato e urgente do que as positivas. Na maior parte do tempo, levamos nossas vidas por meio de rotinas confortáveis que exigem pouca atenção, e é sobretudo quando eventos dramáticos ou aterrorizantes quebram essas rotinas que prestamos atenção à política. Ameaças potenciais devem ser enfrentadas, motivo pelo qual amedrontam e nos provocam uma descarga de adrenalina e cortisol. Chamo isso de **poder do pensamento negativo**, embora envolva basicamente os sentimentos que orientam nossa atenção e ação. A demonização de vilões, a atribuição de culpa, a indignação pelas vítimas: tudo isso aumenta nosso senso de ameaça e urgência.

Mas a ameaça também pode transmitir um senso de perigo que nos impede de aderir a um movimento de protesto. Governos geralmente têm aversão a protestos e, se possível, quase sempre enviam a polícia para ameaçar ou agredir fisicamente os participantes. Em regimes repressivos, os riscos de danos corporais são o maior empecilho ao recrutamento. Se esses riscos forem suficientes, nem mesmo todas as redes sociais e caracterizações de personagem do mundo serão capazes de levar as pessoas às ruas. Exércitos e polícias são mais bem armados do que manifestantes, mesmo nos raros casos em que esses militantes começam a formar um exército revolucionário. Se as forças armadas estiverem dispostas a usar essas armas (um grande se), podem matar manifestantes até que não haja mais nenhum. O heroísmo daqueles dispostos a morrer por seus ideais é extraordinário, algo que devemos admirar, mas, pela mesma razão, precisamos reconhecer que é raro. Voltaremos a examinar a repressão no capítulo 7, especialmente para observar a dinâmica emocional na qual, em alguns casos, ela leva a uma mobilização maior e não menor. A tentativa de concretizar nossas visões morais indignadas por vezes se sobrepõe a ameaças aos nossos corpos.

Tal como o medo, de modo mais geral, o senso de ameaça pode paralisar-nos ou impelir-nos à ação, o que se conhecia como lutar ou fugir. Em face da repressão, muitas vezes sabemos que nossa ação vai desencadear ainda mais repressão, e até mesmo situações piores. Mas às vezes sentimos que nossa mobilização vai funcionar, e podemos resolver sair de nossa paralisia inicial. É isso que os organizadores tentam fazer, tornar a opção pela ação mais atraente, menos adversa. Nos choques morais, somos primeiro empurrados à inação pela perplexidade, e muitas vezes ficamos nisso, mas em alguns casos conseguimos ver uma saída pela ação. Muitas vezes sentimos uma forte tensão quando ameaçados, mas permanecemos inertes, e só uma ação vigorosa alivia essa tensão. Mesmo sendo a ação perigosa, é melhor que esperar que algo nos aconteça. É melhor ser ativo do que passivo.

As ameaças chegam de muitas formas capazes de inspirar o protesto: propostas de abrigos para grupos estigmatizados, como homossexuais, pessoas com aids ou crianças abandonadas; riscos tecnoambientais como depósitos de lixo inseguros, usinas nucleares ou incineradores; impactos econômicos como o desemprego, condições de trabalho inseguras ou adversas, ou falta de respeito para com empregados; doenças ou procedimentos médicos como aids, abortos ou implantes baratos de silicone nos seios; transgressões políticas a nossos direitos de reunião ou de voto.

Os movimentos de protesto nos ensinaram a suspeitar de especialistas e porta-vozes governamentais que tentam nos convencer sem apresentar todos os fatos. Muitas vezes eles mentem para evitar protestos (o "pânico", como equivocadamente o chamam, com base numa obsoleta teoria das multidões), mas sua falsidade é o que leva a um protesto ainda maior. Em casos como esses, as pessoas estão levando a vida normalmente até que uma empresa ou governo decide assumir um curso de ação ameaçador.

Embora certas ameaças tenham a ver com nosso bem-estar físico, como uma doença ou corte de salário, a maioria constitui-se de ataques a nossa dignidade. Mesmo movimentos que parecem tratar de condições materiais, como o movimento trabalhista, também têm a ver com a dignidade, de modo que o reconhecimento de um sindicato ou condições de trabalho razoáveis na verdade envolvem o respeito. Protestos econômicos como os motins do pão* colocam a culpa em decisões humanas; não são reações diretas ao preço do pão. Os protestos que ocorreram no Brasil em 2013 foram, em parte, uma reação ao aumento das tarifas dos ônibus

---

* Distúrbios promovidos no Sul dos Estados Unidos, durante a Guerra Civil, principalmente por mulheres, em função do aumento exorbitante no preço do pão. (N.T.)

urbanos – um preço que o governo controla e pelo qual pode ser responsabilizado. Os modernos motins do pão também são reações a decisões governamentais de aumentar ou desregulamentar preços. O preço das passagens de ônibus e do pão podem causar sofrimento, mas não tanto quanto o sentimento de ser traído pelo próprio governo.

Vemos aqui baterias morais. Temos medo e raiva em função de situações ou eventos negativos que nos ameaçam, e admiramos e temos a expectativa de soluções positivas que nos possam salvar. Como ocorre com as verdadeiras baterias, essa combinação separa as cargas positivas e negativas, dando-nos uma direção para nos movermos. Somos atraídos por imagens e sentimentos positivos. Baterias e choques morais abrem as pessoas para o recrutamento inicial de um movimento social.

EXAMINAMOS UMA SÉRIE de mecanismos que fazem as pessoas se envolverem em movimentos sociais. Novas ideias e causas são articuladas em pequenos grupos, por vezes levando a esforços de recrutamento. Esses esforços recorrem primeiro a redes sociais existentes, mas também tentam construir novas redes. Essas redes são úteis por portarem significados culturais: choques morais, baterias morais, enquadramentos de culpa e um senso de ameaça e urgência. As pessoas precisam reconhecer um problema social, acreditar que ele pode ser resolvido e sentir-se suficientemente indignadas para se envolverem. Também precisam confiar nos organizadores que lhes oferecem uma solução.

Como veremos no próximo capítulo, os mesmos tipos de mecanismos fornecem uma fonte constante de motivação dentro do movimento para fazer com que as pessoas retornem, às vezes por toda a vida. Mesmo quem já foi recrutado deve ter seu compromisso reforçado regularmente, uma vez que sempre há demandas competindo por seu tempo e dinheiro. Os mesmos processos emocionais responsáveis pelo engajamento inicial das pessoas podem fazer com que elas continuem retornando, mas fatores adicionais também contribuem. É excitante comparecer à primeira assembleia, mas por que há pessoas que vão à centésima?

5. Sustentar

Não exatamente humanos: os direitos dos dalits

A "intocabilidade" baseia-se no desprezo: o corpo de outra pessoa é tão sujo que tocá-lo vai lhe fazer mal, assim como usar os mesmos pratos ou lençóis, beber água do mesmo poço, respirar o mesmo ar. Até mesmo a sombra de um intocável pode ameaçar sua pureza. Essa é uma forma terrível de opressão, em especial por ser frequentemente associada a outra forma, a escravidão. As castas intocáveis na Índia e nações vizinhas têm sido tradicionalmente limitadas a ocupações que seus "superiores" não poderiam desempenhar sem um senso de poluição: curtimento de couro, abate de animais, limpeza de banheiros e coisas assim. A Índia assiste todo ano a milhares de ataques aos dalits (intocáveis), alguns deles fatais. Só nos últimos cem anos é que os dalits da Índia têm ousado promover seus direitos contra o hinduísmo bramânico dominante que os coloca nessa horrível condição.

Os 170 milhões de dalits da Índia e países vizinhos enfrentam uma versão extrema do **dilema da identidade estigmatizada**: você está se organizando para abolir identidades e estereótipos negativos, mas mobiliza um movimento baseado nessas mesmas identidades maculadas. Estas são tipicamente uma fonte de vergonha que você precisa transformar em orgulho, num senso de dignidade humana. Os afro-americanos, as comunidades LGBTQ, os doentes mentais e muitos grupos já enfrentaram o mesmo desafio. O primeiro passo é adotar novas denominações, menos ofensivas. Tal como os americanos "de cor" se tornaram pretos, afro-americanos, negros e africano-americanos, da mesma forma os intocáveis da Índia

Sustentar 135

se tornaram panchamas, castas catalogadas, harijan e dalits. Os Panteras Dalits foram criados em 1972 em reconhecimento ao fato de os Panteras Negras, nos Estados Unidos, terem promovido um enorme orgulho em ser negro, em parte por meio de exibições de força, portando armas. (Essa passagem da cordialidade à desobediência em termos táticos gera orgulho a um preço, ou seja, os ataques da parte de outros: dalits e Panteras Negras foram provavelmente muito mais atacados do que atacaram, mas o sofrimento nascido da violência é mais tolerável quando acompanhado do orgulho grupal.)

Programas de ação afirmativa demonstram o dilema da identidade estigmatizada: conferem benefícios reais, como emprego ou educação superior, mas acentuam e tornam permanentes categorias depreciativas. Muitas castas debateram a inclusão num esquema de ação afirmativa adotado na Índia na década de 1930 que relacionava aquelas a serem beneficiadas, donde a expressão "castas catalogadas". Esses programas também provocaram a reação dos que percebiam estar perdendo vantagens. Em 1990, duzentos estudantes indianos atearam fogo aos próprios corpos em protesto contra um novo sistema nacional de cotas que reservava um certo número de vagas para dalits em universidades. Outros manifestantes de castas superiores puseram fogo ao corpo, bloquearam trens e boicotaram aulas. A autoafirmação de um grupo por muito tempo oprimido enfurece os que tinham sua própria superioridade como favas contadas; parece um ataque à sua dignidade e à sua honra. Muitos dalits, confrontados pelo dilema da identidade estigmatizada, mudam-se para outras cidades, trocam seus sobrenomes (tipicamente relacionados à casta) e buscam o avanço individual, evitando quaisquer esforços, coletivos ou particulares, com base na identidade dalit.

Para os que escolhem o curso coletivo, o desafio é transformar a identidade comum de forma a estimular a participação política. Por vezes isso envolve encontrar novos públicos, inconscientes ou indiferentes ao estigma, ou talvez até solidários, como grupos internacionais de direitos humanos capazes de intervir. Mais importante ainda é alterar o conteúdo da identidade. Grupos considerados fracos encontram símbolos de força; grupos criticados como imorais buscam modos de afirmar sua dignidade e sua honra. Assim, o líder dos dalits no início do século XX era sempre chamado de *doutor* Ambedkar, tal como o *doutor* Martin Luther King Jr. Como a identidade de um grupo é sempre baseada numa história comum, as castas de dalits adotaram figuras míticas como fundadoras de sua casta, recolocando-se, nesse processo, numa posição mais elevada na hierarquia em virtude da suposta ocupação ou linhagem do fundador.

Não é fácil ser um dalit, assim como não é fácil protestar sendo dalit. Os organizadores que atuam pelos direitos dos dalits têm razões a oferecer para que as pessoas, uma vez recrutadas, continuem no movimento. Deve haver satisfações no caminho, assim como a consciência do prêmio final. Essas gratificações incluem o orgulho de uma nova identidade positiva e a satisfação imediata de protestar em grandes grupos. As organizações e seus líderes devem ter em mente tais incentivos se quiserem obter algum resultado.

Os prazeres do protesto

As pessoas voltam muitas vezes aos eventos de protesto sobretudo porque isso as satisfaz. Elas podem apreciar a satisfação incomparável de ser boas pessoas, fazer a coisa certa por uma causa em que acreditam plenamente. Também esperam ver velhos conhecidos, novos companheiros. A política é parte de suas vidas, um hábito sobre o qual raramente têm de pensar.

Mas os protestos podem ser apenas divertidos. Marchar, cantar e gritar coletivamente pode ser estimulante, mesmo quando isso acarreta algum risco ou temor. Grandes encontros ajudam a aliviar o tédio de atividades rotineiras como escrever cartas, colar selos e telefonar – embora tudo isso também possa ser divertido, dependendo de com quem você o faça.

Reuniões e assembleias, qualquer lugar em que pessoas se juntem, podem gerar emoções.[1] Nossos corpos entram num mesmo ritmo e, além da consciência recíproca, focalizamos nossas atenções conjuntamente

Sustentar 137

no aspecto central do encontro – a pessoa que está falando, a música, os símbolos físicos – e ficamos excitados. A simples proximidade de outras pessoas desencadeia vários processos de sentir-pensar. O resultado é um pico de energia emocional que associamos ao encontro, ao grupo que o organizou e à causa pela qual estamos lutando. Estamos bem-dispostos, sensação que persiste por dias ou semanas após o fim dos eventos. Quando estes vão bem, gerando essa energia, os participantes passam a ansiar por eles. Voltarão.

As pessoas mantêm a boa disposição por mais tempo quando levam suvenires, objetos que podem mostrar a outros e que as fazem relembrar um evento especial. Hoje em dia os vídeos são lugar-comum, tal como o eram as fotos uma geração atrás. As camisetas são onipresentes: não apenas um suvenir, mas peças de propaganda e uma forma de incrementar a aparência e o sentimento de solidariedade entre as pessoas que formam a multidão no próprio evento. Um mar de amarelo ou vermelho comprova a solidariedade do grupo.

Festivais, em que multidões se reúnem fora das rotinas convencionais da vida cotidiana, naturalmente incitam as pessoas a uma disposição amigável. É feriado no mundo, um acampamento festivo. A Índia é conhecida por seus frequentes festivais, ou *melas*, de modo que os líderes do orgulho dalit criaram seus próprios *melas* ou se apropriaram de outros existentes. O mais antigo dos novos *melas* é o Ambedkar Jayanti, em Agra, que começou em 1957, o ano posterior à morte de Ambedkar, como uma comemoração que inclui banquetes, jogos e discursos, culminando numa parada de sete horas. Os participantes compram novas roupas, preparam refeições especiais e convidam parentes para participar. Teatro e pintura, debates e competições de textos ensaísticos, fogos de artifício e clínicas médicas gratuitas complementam os festivais. Celebrações como essa não são explicitamente políticas, pelo menos nem sempre, mas reforçam sentimentos favoráveis à identidade dalit.

Encontros desse tipo estimulam a boa disposição das pessoas, energizam-nas e as conectam entre si, processo que inspirou a teoria das multidões. Levados pelo medo das multidões de pessoas da classe trabalhadora, intelectuais da elite viram os efeitos destas como inevitavelmente negativos: raiva, medo e, então, violência. Ignoraram amplamente o entusiasmo, a solidariedade e a tranquila concentração de que as multidões também são capazes. Manifestantes vão para compartilhar as mesmas emoções porque estas são contagiosas: quando vemos alguém sorrindo, geralmente sorrimos também, e em resultado disso nos sentimos felizes. Podemos ficar com raiva em função do mesmo tipo de **contágio emocional**. Multidões com frequência compartilham emoções reflexas porque a polícia prende pessoas, agride muitas delas ou age de alguma forma diferente que desperta raiva. Em outras palavras, os membros de uma multidão interagem entre si, mas também com os de fora.

Nada é melhor para gerar uma boa disposição do que um senso de energia, o sentimento de que não podemos perder, de que tudo está indo do nosso jeito. Vitórias proporcionam essa confiança, especialmente após uma derrota ou duas. Até uma série de passeatas e assembleias cada vez maiores pode sugerir energia, uma espécie de vitória interna do recrutamento que certamente levará a vitórias externas contra opositores ou contra o governo. O maior senso de energia vem de uma narrativa histórica que tem um lugar especial para seu movimento como o anúncio da mudança social e da justiça por vir. A direita cristã, por exemplo, era sustentada pela certeza de que a eterna justiça divina acabaria triunfando. Uma narrativa como essa por vezes pode até ser um alívio para os reveses, as frustrações ou a falta de interesse: estes acabarão sendo revertidos. A sensação de estar **fazendo história** é tão satisfatória quanto a vida pode permitir. (Grandes narrativas históricas podem não funcionar como explicações teóricas, mas funcionam bem como retórica política.)

Eventos também podem dar errado. Podem ser interrompidos pela polícia, por vezes com violência. Ou, talvez pior, ser percebidos como rotineiros e enfadonhos. Se não conseguem prender a atenção, pequenos grupos começam a conversar entre si em vez de ouvir os oradores. Pessoas vão embora, reduzindo a energia das que permanecem. Ou talvez ninguém de fora preste atenção, não haja cobertura da mídia, ninguém

Sustentar 139

pense que o que estamos fazendo é importante. Nós mesmos começamos a nos preocupar com isso. Se a frequência é menor do que esperávamos, achamos que o movimento perdeu ímpeto e vai entrar em decadência.

Há outros tipos de encontros, com diferentes efeitos emocionais. Um pequeno encontro semanal ou mensal de rostos conhecidos, numa cozinha ou sala de estar, tem uma calorosa atmosfera familiar, o que é muito diferente de grandes eventos midiáticos, mais difíceis de planejar e realizar, e portanto menos frequentes, mas que têm o potencial de empolgação para influenciar o mundo. Os movimentos tendem a proporcionar esses dois tipos de momentos. Se só houvesse pequenos encontros, poderia parecer que o grupo é muito reduzido ou introvertido. Se só houvesse grandes eventos, voltados para fora, talvez não houvesse suficiente solidariedade interna para fazer as pessoas continuarem voltando. Os movimentos aprenderam alguma coisa com as religiões de sucesso, a maior parte das quais tem cultos diários ou semanais para a comunidade, assim como excitantes festivais anuais ou peregrinações para se fazer uma vez na vida. A mulher dalit de maior êxito na política atual, Mayawati, governou o estado de Uttar Pradesh intermitentemente por quase vinte anos e construiu centenas de estátuas gigantescas de ancestrais e líderes dalits em diversos lugares, incluindo muitas de si mesma, na esperança de que se tornassem locais de peregrinação.

Como vimos no capítulo 2, movimentar-se em conjunto, dançando ou marchando, é uma forma extrema do entretenimento mútuo proporcionado por encontros face a face, e a disposição resultante pode chegar ao nível de um prazer eufórico, o sentimento de que se é uma pequena parte de uma totalidade enorme. Os participantes podem ser estimulados a se sacrificar ou simplesmente sentir admiração e amor pelo grupo. Fadiga, sede e fome perdem importância, em processos muito semelhantes àqueles que as religiões empregam para criar estados de consciência alterados.

A maioria dos protestos, contudo, não é tão empolgante assim, e requer outros incentivos. O mais importante é um senso de pertencimento e obrigação para com o grupo.

Identidade coletiva

Um motivo fundamental para a participação num movimento é o sentimento de identificação com o grupo que ele afirma representar ou com o próprio movimento. Alguns movimentos nascem de uma **identidade coletiva** preexistente, tal como o movimento dos direitos civis nos Estados Unidos surgiu naturalmente a partir da população afro-americana ou o movimento pelos direitos de gays e lésbicas visa representar sua comunidade. Os líderes dos movimentos, nesses dois casos, não precisam criar novas identidades, mas reinterpretar as já existentes. Ser um membro pleno da comunidade LGBTQ significava sair em passeatas contra as políticas para a aids; significava participar de reuniões do ACT UP. Um grupo de sucesso consegue associar-se tão intimamente à identidade coletiva a ponto de atrair muitos membros para si.

Nem todas as identidades coletivas se baseiam em características preexistentes, como raça-etnicidade ou gênero. Os movimentos também formam suas próprias identidades. Essas **identidades de movimento** podem basear-se no corpo organizacional ou na adesão a táticas, ou ainda na solidariedade que nasce do senso inspirador de uma luta nacional ou internacional. Quando um indivíduo se identifica com um grupo, sua lealdade ajuda a mantê-lo envolvido. Como indica o dilema da inovação, costuma ser mais difícil criar uma nova identidade coletiva do que se apropriar de uma já existente, mas não é impossível. Líderes dalits estão tentando fazer exatamente isso: superar as identidades particulares de casta em favor de um rótulo dalit mais amplo, imposto no passado por estranhos (originalmente pelos brâmanes e mais recentemente por programas do governo).

Nenhum grupo consegue obter uma homogeneidade absoluta, e subgrupos frequentemente se queixam de que seus interesses e posições são ignorados. Tão logo surgiu o movimento feminista nos Estados Unidos no final da década de 1960, mulheres negras e latinas se queixaram de que ele não falava por elas; as lésbicas também se sentiram excluídas (não admira: Betty Friedan as chamou de "a ameaça lavanda" que traria descrédito ao movimento feminista). Identidades mais específicas, tais como lésbicas negras da classe trabalhadora, também parecem melhores para membros dessa categoria do que outras. Toda identidade coletiva é uma *ficção necessária*: é necessária para o recrutamento na maioria dos casos, assim como para apresentar demandas a autoridades em muitos deles, mas é sempre uma ficção, já que encobre muitas diferenças entre indivíduos.[2] Por esse motivo, vários grupos recentes têm evitado cuidadosamente qualquer afirmação de identidade, fazendo a opção oposta.

Identidades estigmatizadas, como vimos, representam uma variação do dilema da identidade. Os mesmos estereótipos de grupo que você tenta combater também ajudam a formar a identidade que você usa para recrutar. Você talvez preferisse viver num mundo em que ninguém se importasse muito com os antecedentes de casta de uma pessoa, mas teria dificuldade em constituir um movimento nesse mundo. Neste mundo, porém, você pode recrutar os que foram afrontados com nomes ofensivos, atacados com violência, desprezados pelos vizinhos e ignorados por colegas de trabalho; em outras palavras, pessoas com raiva e indignação.

As duas grandes identidades coletivas dos últimos duzentos anos, a nação e a classe, foram inicialmente promovidas por movimentos sociais. As *nações* são uma das identidades coletivas mais exitosas de todos os tempos, e as ferramentas culturais que já vimos foram usadas para criá-las: longas narrativas históricas, línguas impressas em comum, mercados para disseminar jornais e romances, pinturas sentimentais de camponeses e paisagens, canções folclóricas adaptadas – e, evidentemente, movimentos artísticos, políticos e militares que lutaram para fazer com que "o povo" e seu governo se alinhassem. O nacionalismo tem sido uma visão favorita de pessoas que carecem de uma nação propriamente dita, como os atuais palestinos, mas também já enviou milhões de pessoas à guerra para defender a honra de sua nação. E, como toda identidade coletiva, desqualificou diversas identidades alternativas: as mulheres foram, de modo geral, excluídas de versões militaristas, minorias étnico-raciais de narrativas biologicamente fundamentadas, imigrantes de narrativas históricas. Como indica o dilema da identidade, cada inclusão é também uma exclusão.

O dilema da identidade

A promoção de uma identidade coletiva acarreta tanto riscos quanto benefícios para um movimento social.[3] Ela estimula os que se entusiasmam com a identidade, os que a utilizam positivamente. Mas desagrada a outros que se sentem desconfortáveis com ela. (Estes ainda podem participar, mesmo que se sintam indiferentes ou cínicos em relação a ela, se imaginarem que essa participação possa ser útil do ponto de vista estratégico.) Em movimentos baseados em sólidas identidades coletivas, com frequência vemos uma fragmentação contínua, quando diferentes subgrupos decidem marchar sob bandeira própria. O movimento feminista fragmentou-se por raça-etnicidade e orientação sexual; o movimento de libertação das lésbicas dividiu-se nos movimentos LGBT; os movimentos *queer* surgiram na década de 1990 para questionar *todas* as identidades coletivas alegando que elas distorcem o senso de individualidade das pessoas, impondo-lhes uma "essência". Em resposta, muitos transexuais insistem em afirmar que *realmente* têm um eu interior que é distorcido pelos preconceitos da sociedade. O dilema continua. O desafio é encontrar símbolos e formulações que atraiam quem você deseja (não necessariamente o maior número, como nos sugere o dilema da expansão). Quando uma identidade é estigmatizada, um indivíduo pode considerar-se capaz de viver melhor distanciando-se dela – mediante a assimilação ou a dissimulação – e não a incorporando por meio da ação política.

A *classe* foi a outra grande identidade dos últimos duzentos anos, e a classe trabalhadora em particular foi uma ficção necessária que criou partidos socialistas e trabalhistas com enorme impacto sobre as políticas em muitos países. Tal como o nacionalismo, seu grande concorrente, o socialismo gerou uma ideologia complexa e uma riqueza de tradições culturais. Inúmeros movimentos têm afirmado representar a classe trabalhadora, da mesma forma que os nacionalistas diziam representar "o povo". (O *popu-*

Sustentar 143

O dilema dos irmãos de sangue

Para que um grupo ou movimento perdure, seus membros precisam sentir algum tipo de emoção de solidariedade: orgulho, confiança, amor, empolgação, respeito e assim por diante. Logo, movimentos e organizações tentam inspirar tais sentimentos por meio de símbolos e atividades. Mas essas lealdades afetivas nem sempre se conectam ao grupo *certo*. Em vez de se identificar com o movimento como um todo, indivíduos podem vir a amar os membros de seu grupo de afinidade ou pequena organização. Vínculos face a face podem desestabilizar o grupo maior, e, se houver conflito entre a identidade mais ampla e a mais restrita, esta última geralmente vence. Organizações separam-se de coalizões; grupos de afinidade transferem-se intactos para novos movimentos. O movimento dalit fez o possível para construir a solidariedade entre todas as castas inferiores, mas em vez disso frequentemente reforçou o orgulho de algumas delas, que o usaram para ascender na hierarquia de castas à custa de outros dalits.

---

lismo combina elementos de ambos, afirmando falar pelo povo em contraste com as elites abastadas, corruptas, parasitárias e alienadas.) Quando começou a I Guerra Mundial na Europa, em 1914, as identidades nacionais geralmente se mostraram mais atraentes do que as identidades de classe, e os líderes socialistas se surpreenderam ao ver tantos de seus membros se engajando entusiasticamente numa guerra capitalista e imperialista.

O **turismo militante**, antiga prática que recentemente recebeu uma nova denominação, depende de um senso de companheirismo com uma comunidade imaginada de colegas ativistas, de modo que as pessoas viajam para ver o que outros grupos estão fazendo. Uma geração atrás, um turista-militante alemão por vezes aparecia no escritório da Aliança Abalone, antinuclear, em São Francisco; nos últimos anos, a maioria dos ciclistas nos encontros da Massa Crítica de Nova York tem se constituído de pessoas de fora da cidade com a expectativa de vivenciar a excitação desse famoso passeio/protesto mensal. Cada visita depende de um movimento imaginado, contra a energia nuclear ou os automóveis, por exemplo, com suficientes valores comuns para fazer um visitante sentir-se bem recebido. E geralmente o é. Como inevitavelmente acontece com ideias de sucesso, as corporações adaptaram-na, de modo que você pode sair em "turnês militantes" por florestas tropicais ou países pobres, fazendo alguma pesquisa ecológica e conversando com as populações locais. Governos também se envolveram nessa atividade; o israelense, em particular, financiando peregrinações à "terra natal", ou peregrinações de "descoberta", a cerca de 10 a 20 mil jovens judeus da diáspora a cada ano, último remanescente do processo de construção de identidades nacionais ao estilo do século XIX.[4]

Grupos e organizações

Grupos e organizações criam e administram ativamente a maioria das técnicas que vimos para transmitir lealdade e entusiasmo, tais como redes, identidades e os prazeres do protesto. Os líderes sabem que seus grupos não poderão funcionar sem tal aparato, e, como vimos no capítulo 3, as organizações são a espinha dorsal básica da maioria dos movimentos de protesto. Elas são responsáveis por mantê-los em atividade.

As organizações nos ajudam a pensar e também nos dizem o que fazer. Permitem a tomada de decisões em algumas áreas, mas a desestimulam em outras, deixando muitas escolhas em termos de possibilidades estratégicas fora dos limites. Isso é útil, na verdade inevitável, já que nem tudo pode ser posto sobre a mesa sem levar a uma discussão em tempo integral, como quase aconteceu nas cansativas assembleias gerais do Occupy. Tendemos a aceitar como de bom senso aquelas práticas ou decisões que não estão abertas ao debate: é exatamente assim que as coisas são. Em seus primeiros meses de existência, os grupos de protesto criam uma série de regras que depois podem ser consideradas naturais, isentas de revisão em futuros encontros.[5] As organizações produzem declarações de missão e argumentos explícitos, mas também transmitem mensagens por meio de suas estruturas. Uma

Sustentar 145

estrutura participativa indica que a democracia é um objetivo importante e, em última instância, adequado, mesmo em tempos difíceis.

Muitos estudiosos falam sobre **culturas organizacionais**, sugerindo formas particulares de pensar e sentir que todos os membros, ou a maioria deles, compartilham. Como as organizações também podem, com muita facilidade, transformar-se em arenas beligerantes, não tenho certeza se deveríamos enfatizar o que elas têm em comum. Qualquer reunião de indivíduos, não importa o entusiasmo que sintam pelo grupo, irá compartilhar muitas crenças e sentimentos, mas discordar de outros. O equilíbrio entre acordo e desacordo muda de modo constante e inesperado.

Isso não impede os líderes organizacionais de *tentarem* criar a homogeneidade em seus grupos. Aqueles que discordam em voz alta (sobretudo dos líderes) ou causam outros tipos de problemas podem ser excluídos, o que é possível fazer de modo amigável ou nem tanto. Há também pressões sutis pela conformidade do grupo; nunca é bom ser a única voz dissonante num grupo pelo qual você tem sentimentos positivos. Surge aqui o arranjo dos irmãos de sangue: é mais fácil questionar a linha oficial quando se faz parte de um pequeno grupo discordante, e muito mais difícil quando se está totalmente só em seu desacordo. Grupos e organizações que perduram geralmente conseguem formar uma visão até certo ponto comum, ou não iriam sobreviver. Tal como as identidades coletivas, esse acordo é uma ficção necessária.

Dois tipos de sentimentos contribuem para a solidariedade do grupo. Um deles, obviamente, consiste nas **emoções recíprocas** que os membros sentem: respeito, amor, admiração, confiança e outras – ao lado de sentimentos perversos como inveja ou traição. Mas a solidariedade também é afetada pelas **emoções comuns** que os membros do grupo sentem por pessoas de fora, eventos e assim por diante. Compartilhar um sentimento – todos no grupo odeiam a energia nuclear ou a hierarquia de castas – também os faz sentir-se melhor em relação aos outros: essas pessoas também odeiam as castas, de modo que devem ser altruístas, sensíveis, admiráveis. Emoções comuns geralmente nascem de experiências comuns, como quando um grupo de afinidade é atacado com spray de pimenta, preso e passa algum tempo junto na cadeia. Mesmo experiências desagradáveis podem construir solidariedade. Dalits, LGBTs ou grupos étnico-raciais angariam solidariedade, infelizmente, pelo fato de serem tratados de formas ultrajantes. Vimos essas mesmas duas fontes de sentimentos nas multidões, em que membros interagem entre si (formando emoções recíprocas) e também com atores de fora como a polícia (formando emoções comuns).

Os grupos fazem o possível para estimular a lealdade de seus membros, de modo que estes tenham prazer em pertencer ao grupo, que a qualidade de membro faça parte de sua identidade, que amem os outros membros ou pelo menos gostem deles, que tenham orgulho do que o grupo faz, que confiem nele para tomar a decisão correta e que adotem as táticas adequadas. Numa palavra, eles têm uma identidade organizacional coletiva. Sempre é possível que uma coisa seja boa demais, evidentemente, e grupos podem transformar-se em seitas, fechadas para o mundo, quando essa solidariedade supera outros objetivos. Eles podem confrontar-se com o dilema de Jano. Mas uma forte solidariedade de grupo não precisa voltar-se para dentro; também pode estimular esforços heroicos no engajamento em batalhas externas contra os adversários do grupo.

Os grupos ou, mais especificamente, seus líderes têm uma série de técnicas para criar esse tipo de lealdade.[6] Sistemas de crença instilam um senso de propósito e significado maiores, um sentimento de eficácia coletiva e de esperança no futuro. Os grupos oferecem algo para se fazer, organizando as vidas dos membros, proporcionando um sentimento de segurança no grupo, propiciando um senso de realização e também – quando os grupos são muito abrangentes – a possibilidade de satisfazer diariamente necessidades pessoais, ao mesmo tempo provendo um senso de justiça no interior do grupo. Um grupo forte proporciona um senso de pertencimento e camaradagem; os membros são, uns para os outros, modelos de comportamento social e desenvolvem o sentimento de fazerem parte de uma coisa maior. Os membros sentem-se renovados, renascidos. Como sempre, esses benefícios podem atingir o nível extremamente pernicioso do dogmatismo farisaico, com visões de mundo totalizantes fechadas

Sustentar

a novas evidências, vidas desequilibradas, ansiedade e culpa por não se estar fazendo o suficiente e – em última instância – exaustão.

Outro risco da lealdade a um grupo forte é que os objetivos dos membros e dos líderes começam a divergir, de modo que estes tentam usar o comprometimento dos membros para forçá-los a fazer coisas que nunca desejaram nem pretenderam.

Líderes

Líderes surgem em quase todo ambiente social, quer uma organização esteja ou não estruturada para lhes oferecer posições oficiais. Não é necessariamente que falem mais, mas as pessoas respeitam o que dizem. Eles chegam com boas ideias e as fazem funcionar. Líderes aparecem até mesmo em grupos em que há um rodízio na ocupação de posições, que dão voz igualmente a todos e que tomam outras medidas destinadas a evitar que apareçam. Ainda assim eles surgem. A palavra "liderança" tem uma espécie de aura em algumas sociedades, especialmente nos Estados Unidos, graças à literatura militar e empresarial que sugere que devemos idolatrar e obedecer às poucas pessoas carismáticas capazes de "fazer as coisas acontecerem". Não precisamos chegar a esse nível místico para reconhecer que certas pessoas assumem encargos (podem não ser aquelas que esperávamos).

Vamos chamar essas pessoas de **líderes decisivos**, os quais ocupam posições oficiais ou gozam do respeito informal que lhes permite mobilizar recursos, exigir a atenção dos outros e falar em nome da organização. Suas escolhas e seus argumentos têm mais influência sobre outras pessoas. Para entender como se desenrola um protesto específico, precisaríamos saber alguma coisa sobre os objetivos de seus líderes decisivos, seu conhecimento e sua experiência, sua interpretação do mundo em geral e da situação imediata em particular, seus sentimentos sobre diferentes opções táticas, seus padrões de confiança e desconfiança em relação a outros líderes e dezenas de fatores mais sutis que interferem em suas decisões. Tão sutis que os próprios líderes decisivos talvez nunca articulem todas as suas razões, pois sua experiência lhes deu um senso intuitivo do que vai funcionar em determinado momento, de como equilibrar objetivos de curto e longo prazo, de como lidar com dezenas de dilemas estratégicos, muitos dos quais frequentemente interligados e simultâneos. Um líder eficaz percebe seu caminho por entre muitas decisões, ainda que obtenha a informação de outros, apresenta seus melhores motivos e defende suas ações a partir de então.

Os líderes desempenham um segundo papel como símbolos de um grupo, movimento ou visão moral. Com esses **líderes simbólicos**, suas próprias decisões podem não ser importantes. Eles podem tornar-se ou continuar sendo líderes simbólicos mesmo depois de mortos, e incapazes de fazer escolhas mundanas, porque são outras pessoas, na verdade, que fazem a maior parte do trabalho de construir suas reputações, interpretar suas ações e intenções e geralmente usar um indivíduo da mesma forma que usariam qualquer outro símbolo ou imagem.[7] Com frequência, é a mídia jornalística que cria líderes simbólicos, tornando-os conhecidos a novos públicos e interpretando (muitas vezes distorcendo, aos olhos do movimento) o que eles dizem. Podem ser símbolos para os membros do movimento, para públicos externos ou para ambos. Os líderes simbólicos encarnam o motivo da luta do movimento e o modo como este a conduz. Gandhi foi um poderoso símbolo da resistência não violenta ao imperialismo, encarnando em suas roupas, sua postura e sua pequena estatura um lutador ao mesmo tempo frágil e duro, um destituído que iria resistir. Como disse o romancista John Dos Passos sobre o líder socialista Eugene Debs, ele "os fez desejar o mundo que ele desejava".

Nem todo símbolo humano representa um movimento; alguns encarnam o problema social que o movimento está tentando solucionar. Vítimas de abuso doméstico, por exemplo, podem ser símbolos clamorosos que expressem urgência, mas seu caráter de vítimas impede que sejam líderes simbólicos. Também há casos intermediários: Rosa Parks foi uma vítima que ajudou a inspirar um movimento quando um dia optou por fazer algo diferente. Ela simbolizou a esperança sem ser representada como um líder decisivo do movimento dos direitos civis (embora estivesse na verdade mais envolvida na tomada de decisões do que implica o mito da vítima simbólica).

Sustentar

Como sugere o caso de Rosa Parks, há uma série de possíveis tensões entre os papéis de líder decisivo e líder simbólico. A maioria dos líderes é as duas coisas, mas suas performances em ambos os papéis podem interferir, e poucos desempenham os dois com a mesma eficiência. Em alguns casos, isso reflete o dilema de Jano, visto que um líder pode ser um bom administrador interno, mas inadequado como a face externa do movimento. Em outros casos, seu próprio sucesso como responsável pela tomada de decisões o torna um símbolo inadequado, por exemplo quando adota meios desagradáveis, talvez a violência, inadmissíveis para a maioria dos outros públicos e atores. Alguns dos líderes mais exitosos são famosos por morrerem bem: justamente no momento em que deixam de ser líderes decisivos, fazem alguma coisa que os tornará melhores como líderes simbólicos. Esse é o poder simbólico dos mártires, que morrem pela causa, embora nem todos tenham sido indivíduos decisivos antes de morrerem. Alguns só se tornam simbolicamente conhecidos em função de sua morte.

Líderes podem funcionar como símbolos muito depois de mortos. Figuras religiosas como Maomé ou Buda são exemplos óbvios, mas os macedônios ainda têm orgulho de Alexandre, o Grande, e os holandeses, de Guilherme, o Silencioso. Eles são fundamentais nos mitos fundadores de grupos e nações. B.R. Ambedkar, afetuosamente conhecido como Babasaheb, liderou o movimento pelos direitos dos dalits da década de 1920 até sua morte em 1956. Sua principal estratégia era a conversão em massa ao budismo, que não reconhece as castas, mas ele só teve êxito com uma diminuta proporção dos dalits. Quando políticos desejam agradar ou atrair os eleitores dalits, dão a uma universidade ou aeroporto o nome de Ambedkar, chegando até a lhe outorgar, em 1990, o título de Bharat Ratna, a maior honraria civil da Índia. As histórias sobre ele e os memoriais em sua honra são fundamentais nos programas voltados a criar o orgulho dalit. Ele foi deificado.

Carisma é o termo frequentemente usado para apreender o suposto mistério da liderança, e se refere a um tipo especial de líder simbólico que é um símbolo poderoso para os membros de seu próprio movimento. Eles confiam em que ele vá tomar as decisões corretas, ter boas intenções, ver coisas que outras pessoas não conseguem ver. Eles vão segui-lo na batalha, em termos, se não literais, pelo menos figurativos, na crença de que vá protegê-los e levá-los à vitória por meio de seus poderes especiais. Os de fora podem não compartilhar essa visão do líder carismático, embora as reputações interna e externa costumem interagir. Eles geralmente apoiam uns aos outros, mas nem sempre. Em termos de personagem, os de dentro e os de fora têm mais probabilidade de concordar quanto à força ou fraqueza de um líder do que sobre se ele é bom ou mau. Costuma-se dizer que o carisma resulta de uma interação entre um indivíduo e a situação que o conduz a uma posição de destaque, por vezes a despeito de sua relutância inicial, mas não devemos esquecer que as qualidades pessoais continuam tendo importância. Nem todo indivíduo tem sucesso quando se empenha no enfrentamento de uma situação difícil.

Durante as interações de grupo que geram emoções, tais como festivais, algumas pessoas estão no centro e outras na periferia. As que estão no centro da cerimônia granjeiam carisma porque os membros do grupo as associam à excitação e à energia que estão sentindo. Os líderes carismáticos, empolgados pela atenção, também vivenciam mais fortemente essas emoções, muitas vezes sentindo-se como que possuídos por um poder maior que si mesmos.

Quer chamemos esse processo de carisma ou não, o que acontece quando o membro de um grupo passa a ver seu líder como a encarnação de seus mais elevados objetivos e visão moral? O líder proporciona a esse membro um senso de propósito, de pertencimento a uma comunidade, uma sensação de segurança, porque o líder sabe o que está fazendo. O membro pode simplesmente estar intrigado com o líder, um tanto distante e misterioso, e este pode fazê-lo sentir-se especial, um dos poucos escolhidos. Sentimentos como esses, infelizmente, podem proporcionar ao líder maior abertura para quebrar as regras e dar vazão a impulsos autocráticos. O líder, como encarnação do grupo, deve ser defendido a todo custo. Como se pode questionar um líder considerado perfeito e especial, inovador e singular?

Um risco é que os líderes substituam os objetivos e interesses do grupo pelos seus interesses pessoais. Quanto mais fortes são os líderes – ou suas or-

Sustentar 151

ganizações –, mais eles cultivam objetivos próprios, produzindo uma série de dilemas estratégicos. Mas a corrupção pessoal flagrante nem sempre prejudica a reputação de um líder perante seus seguidores. Mayawati, a líder carismática transformada em política, foi muitas vezes investigada por corrupção com base na imensa disparidade entre sua renda conhecida e a riqueza que acumulou. Jornalistas e políticos indianos não gostavam dela, mas os inquéritos sobre corrupção (que jamais resultaram em acusações formais) não incomodavam seus seguidores. Sem dúvida alguma, muitos dalits se orgulhavam de que finalmente um dos seus estivesse se dando bem. Os gastos extravagantes de Mayawati com estátuas de si mesma, doadas a inúmeras aldeias em torno de Uttar Pradesh, tiveram o mesmo efeito. Ela também repartia a riqueza, usando os incentivos disponíveis a uma máquina partidária ao estilo antigo: empregos, bicicletas gratuitas, casas financiadas com dinheiro público e eletricidade barata, que chegava a muitas aldeias pela primeira vez.

Declínio do movimento

Já vimos uma série de formas pelas quais os movimentos recrutam novos membros e mantêm os antigos, mas chega um momento para cada um deles em que nada disso funciona mais. Um movimento pode decair rapidamente, em função da repressão ou às vezes por ter obtido uma grande vitória, ou lentamente, de forma depressiva, quando as pessoas, pouco a pouco, vão deixando de comparecer aos eventos. Os prazeres do protesto começam a parecer tediosos; identidades coletivas fragmentam-se ou perdem o encanto; organizações petrificam-se; líderes tornam-se autocratas ou desistem. Todos os mecanismos que sustentam o protesto entram em reversão.

Os desacordos sobre dilemas estratégicos começam a se acumular, deixando sentimentos amargos entre as facções. Inversamente, uma amarga atmosfera de decadência faz com que cada opção estratégica pareça mais importante, algo por que vale a pena lutar, como se essa escolha pudesse salvar o movimento. O movimento dos posseiros ilegais de Amsterdã, em seus estágios finais, foi atraído inexoravelmente pelo dilema da desobediência ou cordialidade, colocando os que desejavam confrontar o Estado com violência contra os que viam isso como uma estratégia desastrosa.[8] Surgiu uma previsível divisão de gênero, os homens desejando lutar e as mulheres querendo proteger os lares que haviam construído, e um lado culpando o outro pelos fracassos. O lado desobediente tentou enfrentar seus medos por meio da ação radical; o lado cordial retornou à solidariedade interna do grupo e tentou fazê-lo recuar do confronto público.

Movimentos raramente desaparecem por completo. Alguns deixam atrás de si grupos de interesse que subsistem mediante contribuições de antigos entusiastas. Outros persistem como uma pequena seita. O Partido Nacional das Mulheres sobreviveu por décadas, entre uma onda do movimento feminista e a seguinte, fechando-se sobre si mesmo.[9] Seu punhado de membros era devotado a sua líder carismática, ligado por fortes vínculos emocionais e, em alguns casos, românticos. O grupo era mais um culto que um partido, apesar do nome, e sua estrutura hierárquica excludente na verdade o ajudou a perdurar, ainda que não o tenha ajudado a recrutar novos membros. Ele foi forçado a seguir uma estratégia radical em face do dilema de Jano, mas isso funcionou.

Todos os tipos de motivo fazem um movimento ir em frente: a excitação de multidões e festivais coordenados, o orgulho de pertencer a um grupo bom ou forte, o prazer de rever velhos amigos e fazer novas amizades. Grupos e organizações criam as ações que provocam esses sentimentos em nós e por vezes se tornam uma nova fonte de orgulho coletivo. Os líderes devotam o máximo de suas energias a esses esforços, em parte porque deles também obtêm o máximo. Quando se tornam mais poderosos, podem ajudar enormemente o grupo – ou em vez disso ajudar a si mesmos. Mas todas essas formas de solidariedade e empolgação podem se tornar amargas, e, quando isso acontece, o movimento está em dificuldade.

Reunir e manter uma equipe é essencial para um grupo ou movimento, mas a equipe também tem de decidir o que vai fazer. Há muitas formas diferentes de fazer escolhas. E nenhuma delas garante que as decisões sejam sempre boas.

6. Decidir

Distúrbios e fóruns: o movimento por justiça global

Antes do Occupy havia o movimento por justiça global, uma rede de grupos confrontando o capitalismo ao estilo americano, também conhecido como neoliberalismo em função de seu entusiasmo pelo "livre mercado". Com raízes nos debates sobre o Tratado Norte-Americano de Livre Comércio (Nafta, na sigla em inglês) entre Estados Unidos, México e Canadá, e inspirado pelos zapatistas mexicanos que se organizaram para se opor ao Nafta no primeiro dia de 1994, o movimento por justiça global cristalizou-se em 1999, quando grandes protestos obstruíram as ruas de Seattle e – por consequência – o encontro da Organização Mundial do Comércio. A cobertura midiática foi enorme, em parte porque isso aconteceu nos Estados Unidos (tinha havido protestos anteriores contra políticas neoliberais na América Latina e outras partes do mundo), e em parte porque algumas vitrines foram quebradas (em reação ao uso pela polícia de spray de pimenta, gás lacrimogêneo e bombas de efeito moral). A polícia de Seattle ampliou o debate ao afirmar, falsamente, que manifestantes tinham lançado coquetéis molotov sobre policiais. Táticas de desobediência – fossem ruas interditadas ou janelas quebradas – foram registradas.

O movimento por justiça global concentrou-se em duas principais táticas: dificultar a realização de reuniões de cúpula da área econômica, como a de Seattle, e promover, em contrapartida, seus próprios fóruns. A partir do primeiro Fórum Social Mundial, realizado na cidade brasileira de Porto Alegre, em 2001, houve uma proliferação de fóruns sociais no nível de continentes, nações e cidades. Inspirados em parte pela teoria social sobre a boa comunicação, sem distorções, e em reação às reuniões de elite dos Fóruns Econômicos Mundiais, os Fóruns Sociais Mundiais têm reunido milhares de grupos que se opõem ao capitalismo corporativo e sobretudo aos esforços do governo americano em impô-lo a outras nações. Eles continuam atualmente.

Depois de Seattle, os manifestantes anticúpula debateram ativamente sobre o uso de táticas violentas como lutar com a polícia e quebrar vitrines. Como não havia uma forma de restringir os que acreditavam na produção de danos à propriedade, os grupos organizadores acabaram concordando em ceder espaço para que diferentes tipos de grupos utilizassem suas próprias táticas, elaborassem suas próprias versões da oposição ao capitalismo agressivo e coordenassem suas ações sem a necessidade de concordar em relação a princípios.[1] Em contraste, os fóruns tratavam de comunicação, acordo e tomada de decisões. Transformaram-se num laboratório da evolução democrática.

No princípio, os fóruns declararam que procederiam por consenso a partir da não violência e do tipo de democracia participativa que se supunha prefigurar a sociedade ideal do futuro. Logo surgiram discordâncias entre marxistas, cuja teoria histórica lhes dizia o que as decisões mais efetivas deveriam envolver (apropriar-se do Estado, atacar o poder econômico), e os que acreditavam que o *processo* de tomada de decisões era mais importante, quaisquer que fossem as deliberações subsequentes. Este último grupo adotou a identidade de "horizontalistas" a fim de criticar os verticalistas dos partidos comunistas e dos sindicatos. Esses grupos da "velha esquerda" eram aliados poderosos do movimento, apesar dos dilemas que representavam. Os verticalistas assinalavam que dedicar demasiada atenção ao processo interno deixaria menos tempo para confrontos externos com os poderosos. (Vimos o mesmo dilema de Jano ao abordarmos o Occupy.)

Também surgiram discordâncias sobre o significado de consenso.[2] Muitos presumiam significar que as diferenças deveriam ser resolvidas para que se chegasse a opiniões e decisões unânimes. Com tempo e boa vontade suficientes, a unanimidade seria possível; desse processo surgiria

Decidir 155

uma nova identidade para o grupo. Outros apontavam que esse nível de concordância era simplesmente impossível em diversos momentos e que conclamações ao consenso apenas encobririam discordâncias fundamentais. Indivíduos e até pequenos grupos iriam sentir-se pressionados a aceitar o "consenso". Esse é o mesmo problema que vimos com as identidades coletivas: elas são ficções necessárias e nunca vão se ajustar perfeitamente a todos. Na nova visão, consenso significava cooperar apesar da diferença, reconhecendo que a vida social sempre contém conflito e divergência. O único acordo entre todos os participantes era a oposição ao capitalismo global, como se refletia no slogan "um não, muitos sins".

Graças à política de identidade da geração anterior de ativistas, os organizadores dos fóruns estavam bastante conscientes de que certos grupos demográficos – com base em raça-etnicidade, classe, gênero e orientação sexual – podem precisar de um estímulo especial para participar. Mas ter um número suficiente de diferentes grupos não era o bastante: eles preci-

---

O dilema dos aliados poderosos

Atores estratégicos muitas vezes se aliam a outros, dotados de recursos, conexões políticas, know-how e acesso a públicos. Por meio dessas fontes de poder, é possível que você promova os interesses de seu movimento. Mas, evidentemente, esses aliados também têm objetivos próprios, que nunca coincidem exatamente com os seus. Eles podem usar o poder de que dispõem para desviar seu movimento a fim de que atenda às suas próprias necessidades tão facilmente quanto podem usá-lo para favorecê-lo. Um político pode assumir uma causa, por exemplo, mas no processo reinterpretá-la de modo que ela pareça apoiar sua proposta favorita. Partidos e políticos tradicionais costumam ter um efeito moderador sobre as demandas de um movimento. Celebridades, sindicatos, fundações e a mídia também são potenciais aliados que evidenciam esse dilema. (O dilema da mídia está intimamente relacionado.)

savam da confiança e das habilidades para contribuir plenamente, como uma linguagem persuasiva a ser usada em discursos para grandes públicos. Num experimento democrático semelhante, tradutores por vezes intervinham para insistir em que certas vozes fossem ouvidas mais plenamente, fazendo com que os procedimentos sofressem uma interrupção temporária a fim de concentrar a atenção em determinado assunto.[3]

Os grupos de protesto têm mecanismos maravilhosamente diversificados para decidir o que fazer, que vão de montar pirâmides nos locais em que um pequeno círculo de líderes toma todas as decisões até grupos ultraparticipativos que acolhem qualquer um em suas assembleias – mesmo estranhos que estejam passando pela rua, como no caso do Occupy Wall Street. Visto de fora, um grupo ou organização de protesto pode parecer um ator unificado dotado de um plano, de uma tática, de um programa, mas quando olhamos de dentro vemos sempre que ele é também uma arena em que pode haver um enorme conflito entre os indivíduos e as facções que o constituem. Todos os atores estratégicos têm essas características: são ao mesmo tempo atores e arenas.

Rotinas e criatividade

Vimos que os manifestantes normalmente se baseiam num pequeno repertório de táticas comuns, fazendo as mesmas coisas repetidas vezes, visto que seus significados são entendidos pelos participantes e pelos públicos externos. Para Charles Tilly, que desenvolveu essa ideia, os repertórios eram inicialmente um conceito estrutural, destinado a mostrar que os manifestantes precisavam adaptar-se às arenas políticas disponíveis se quisessem ter sucesso. Com o tempo, ele reconheceu vários outros determinantes culturais dos repertórios: manifestantes escolhem táticas que lhes parecem moralmente louváveis; baseiam-se em seu próprio know-how, com frequência derivado da experiência de indivíduos em outros movimentos. Manifestantes mudam seus repertórios por meio de interações com outros atores, prevendo os movimentos dos outros, tentando surpreendê-los e inovando quando obstruídos.[4]

Decidir

Uma inovação de qualquer tipo é difícil de entender, mas certamente nunca o conseguimos a partir de uma orientação estrutural: as estruturas não têm motivo para mudar, exceto por um choque ocasional, imprevisível, vindo de fora. Mas as arenas políticas estão em constante mudança. Para compreender isso precisamos assimilar os pontos de vista das próprias pessoas, vendo seus objetivos de modo a perceber o que elas estão dispostas a ceder quando as coisas não vão bem. Mesmo quando um grupo parece – a observadores de fora – estar fracassando, os membros podem insistir em que o sucesso está bem ali na esquina, ainda que o número de adeptos esteja se reduzindo, a atmosfera seja pesada e o resto do mundo tenha deixado de prestar atenção. Não há padrões claros para avaliar o grau de sucesso de um grupo, de modo que ele pode acreditar que está tendo um impacto mesmo quando não há muitas evidências objetivas nesse sentido.

Um motivo pelo qual os grupos se atêm às mesmas escolhas do ponto de vista tático é que nossas táticas nunca são uma questão neutra sobre o que vai funcionar; toda tática tem implicações morais de algum tipo. Grupos não violentos não adotariam a violência mesmo se isso garantisse a vitória; grupos da classe trabalhadora sentem-se mais confortáveis marchando juntos num piquete do que fazendo lobby, um a um, com seus parlamentares; um grupo de advogados vai concentrar-se em procedimentos jurídicos e evitar infringir a lei. Diferentes pessoas têm diferentes **inclinações táticas**, favorecendo algumas em detrimento de outras em quase todas as circunstâncias. Elas podem aferrar-se a suas atividades favoritas mesmo que estas não estejam funcionando. As inclinações táticas ajudam a explicar por que é rara a inovação; elas reforçam os repertórios existentes.

Algumas inovações vêm de novas variações sobre táticas já existentes. O teórico da não violência Gene Sharp[5] computou as táticas disponíveis aos manifestantes, descobrindo algumas centenas de ações e variações distintas – e estamos falando apenas das táticas não violentas. Por exemplo, no que se refere a intervenções psicológicas (Sharp estabelece uma distinção entre intervenções e não cooperação), ele menciona a auto-exposição aos elementos, o jejum, os tribunais reversos (submeter os poderosos a julgamentos simulados) e o assédio não violento; quanto às intervenções físicas – formas de ocupação –, cita vários tipos de ocupação pacífica: sit-ins, stand-ins, ride-ins, wade-ins, mil-ins e pray-ins.* Algumas delas raramente são usadas, devido às inclinações táticas atuais ou a sua falta de impacto, mas outras simplesmente foram esquecidas. Grupos criativos podem revivê-las, pegando seus oponentes desprevenidos e atraindo jornalistas sempre em busca de novidade.

Algumas inovações ocorrem quando manifestantes constatam que podem enfrentar um dilema de maneira diferente. Muitas vezes eles nem percebiam que *havia* um problema. Um dos grandes momentos do protesto moderno aconteceu em 30 de abril de 1977, quando catorze mulheres cujos filhos tinham sido "desaparecidos" pelo regime militar argentino perceberam que obedecer às leis, solicitando pacientemente informações às autoridades, não era a única opção que tinham. Elas resolveram se sentar na Plaza de Mayo, em Buenos Aires, numa mudança de cordialidade para desobediência que significou uma súbita alteração de rumo para essas donas de casa apolíticas que sentiam uma dor tão desesperadora que nada mais tinham a perder. (A desobediência se deu apenas no sentido de que seu governo repressivo a desaprovava; em muitos países, isso seria aceito como uma tática convencional.)

O dilema da inovação que vimos com os significados culturais também se aplica às táticas. Fazer algo novo pode surpreender os opositores e a mídia, mas também perturbar sua própria equipe, que carece de experiência e habilidades para pôr em prática a nova tática. Se isso não for bem feito, o resultado pode ser pior do que se não fizessem nada. Os efeitos prováveis se polarizam entre muito bom e muito ruim. Adotar uma nova tática é como entrar numa nova arena, sempre uma opção arriscada. Toda tática ou arena nova carrega incertezas, já que nenhum ator tem controle total sobre o modo como as coisas vão acontecer. E se as coisas forem suficientemente mal numa nova empreitada, o ator que deu início a tudo pode terminar em situação pior do que antes.

A burocratização restringe a inovação porque consiste em rotinas repetidas, dirigindo recursos e pessoal para operações habituais e com resultados previsíveis. Essa previsibilidade é a força da burocracia, mas a

---

*Formas de ocupação de espaços públicos, como bares, restaurantes, fábricas e praias. (N.T.)

criatividade e a surpresa são suas vítimas. Como as organizações formais raramente são boas em matéria de inovação, é mais provável elas morrerem do que se ajustarem à mudança de circunstâncias. Às vezes os líderes podem transformar suas organizações; uma definição de carisma é que o líder pode impor novas formas de fazer as coisas, livrando-se da rigidez burocrática. As novas táticas podem ser revolucionárias ou desastrosas, mas pelo menos são novas. Esse é uma vez mais o dilema da organização: as regras tornam as ações previsíveis, mas também inflexíveis.

As tecnologias têm uma qualidade muito semelhante à das burocracias: são planejadas para fazer bem uma coisa, sem muito debate. Os altofalantes amplificam nossas vozes, o gás lacrimogêneo irrita nossos olhos. Determinado impulso deve levar a um resultado previsível. E no entanto as burocracias, da mesma forma que as tecnologias, também podem ser, por vezes, adaptadas a novos usos.

Democracia interna

Se o dilema da burocracia diz respeito ao número de regras formais que se deve ter, o dilema da pirâmide se refere ao tamanho da hierarquia. Pode-se estabelecer regras destinadas a favorecer a horizontalidade ou a hierarquia. A hierarquia, por sua vez, pode nascer em organizações com muitas ou muito poucas regras. Ironicamente, pirâmides muito íngremes com frequência subvertem as regras formais, quando líderes que ficaram poderosos usam essas regras em proveito próprio.

Desde a década de 1960, a maioria dos grupos de protesto de tendência esquerdista tem preferido as pirâmides planas, ou seja, a democracia interna em suas tomadas de decisões. Isso é frequentemente chamado de democracia participativa, para distingui-la da democracia representativa, na qual votamos em outros que tomarão decisões em nosso nome. Em muitos casos, a preocupação com a democracia interna se torna um objetivo tão importante quanto a eficácia externa. É vista como **prefigurativa**, uma versão do tipo de mundo igualitário e democrático que os manifestantes esperam criar.[6] O processo de tomada de decisões, com todo o respeito ao conjunto dos participantes, torna-se mais importante do que as decisões ou ações dele resultantes. Esse dilema de Jano levou a uma clivagem no movimento por justiça global entre os que fizeram do processo uma prioridade e os que (principalmente de partidos e sindicatos de esquerda, também conhecidos como a "esquerda dura") se preocupavam mais com a execução das decisões tomadas.[7] Para os críticos da esquerda dura, as assembleias gerais pareciam autocomplacentes.

A democracia participativa toma muito tempo ou, como disse um manifestante na década de 1960, "a liberdade é uma reunião interminável".[8] O movimento por justiça global foi estruturado, em parte, pelos fóruns sociais mundiais, regionais e nacionais, todos os quais exigiram uma imensa preparação e muito tempo de viagem, além dos dias gastos nos próprios eventos. Para cada fórum havia dezenas ou centenas de encontros preparatórios.

Dessa vez, o comprometimento tem lados positivos e negativos. Debater os assuntos do dia é empolgante para muitos, sobretudo para os recém-chegados ao protesto que antes disso não haviam necessariamente pensado sobre essas questões. É assim que transformamos nossos sentimentos intuitivos em ideologias articuladas, um processo empolgante. Mas, para aqueles que já estiveram em muitos grupos de protesto, as longas discussões podem parecer tediosas, principalmente quando duplicadas em sua totalidade pelo microfone do povo (embora repetir as palavras, todos em uníssono, possa fazer-nos sentir bem). Algumas decisões – como levar a roupa suja para a lavanderia – são menos complicadas do que outras, mas podem tomar o mesmo tempo.

Fóruns e assembleias são pequenos (ou nem tanto) experimentos em comunicação. A moda atual é desestimular o surgimento de líderes que possam dominar as discussões, e as únicas posições formais são as de facilitadores e outros auxiliares. Mas isso não impede a emergência, ou a supremacia, de líderes informais.[9] Retoricamente, alguns oradores têm mais credibilidade do que outros. Isso pode se dever a sua experiência e conhecimento, como no caso de especialistas técnicos ou jurídicos ou dos

Decidir 161

participantes de longa data, ou ser explicado por características pessoais, como gênero ou raça. O movimento por justiça global, da mesma forma que outros movimentos igualitários recentes, teve dificuldades em estabelecer uma distinção entre bases de credibilidade razoáveis e irracionais, sobretudo porque muitos participantes rejeitam o conhecimento especializado como parte do problema da autoridade em vez de enxergá-lo como parte da solução democrática.[10]

As reuniões são divertidas? Às vezes. Quando abordam questões morais profundas sobre as quais você se preocupa, podem ser uma experiência moral profundamente satisfatória. Também podem estimular a curiosidade, porque você não sabe quais serão os resultados e pode satisfazer-se observando as idas e vindas da discussão. Como todas as arenas, as reuniões estão sujeitas a regras e expectativas estabelecidas antecipadamente, mas ainda assim os resultados nunca são totalmente previsíveis. É possível que você apenas aprecie um bom jogo de palavras, uma apresentação melodramática ou uma piada maliciosa. Muita coisa acontece também nos encontros fora do palco. Pode-se paquerar, flertar, seduzir ou sair de lá com uma namorada. Se as reuniões sempre fossem tediosas, não haveria movimentos sociais. As reuniões são a forma como o trabalho é realizado e tarefas individuais são atribuídas. Ao comentar o rascunho deste livro, Naomi Gerstel escreveu à margem: "Você sabe que foi a uma reunião quando sai com mais trabalho para fazer."

Só os menores grupos de protesto podem permanecer como pirâmides verdadeiramente planas, e mesmo assim é mais provável fingirem (e desejarem) não ter líderes nem hierarquia do que realmente conseguirem isso. Mas tão logo se tornam grandes demais para que todos os membros se reúnam numa sala e se envolvam uns com os outros, passam a precisar de uma estrutura para agregar preferências, tomar decisões e tocar o trabalho. Isso é especialmente verdadeiro se um grupo tenta abranger diferentes locais, já que nem todos podem viajar para participar de uma grande conferência. O Fórum Social Mundial pode ter atraído dezenas de milhares de ativistas (chegando a cerca de 150 mil em 2005), mas ainda assim centenas de milhares tiveram de permanecer em seus locais de origem.

Especialistas

Uma ameaça ao consenso democrático é o fato de algumas pessoas saberem mais do que outras. Há especialistas em qualquer tática ou tipo de conhecimento, que os outros podem (ou não) aceitar. Podem ser profissionais legalmente reconhecidos com muito treinamento, participantes versados e experientes ou peritos em alguma tecnologia. Os especialistas normalmente acabam esperando alguma deferência, ou pelo menos credibilidade, com base em seu conhecimento. Desnecessário dizer que conhecimento especializado e processos democráticos frequentemente se chocam, com base em diferentes fontes de autoridade.[11]

Ao definirem os problemas que esperam resolver, os movimentos obviamente se baseiam naqueles que são dotados de conhecimento sobre áreas especializadas. Os movimentos antinucleares das décadas de 1970 e 1980 enviavam engenheiros a audiências públicas para mostrar os perigos da energia nuclear. Psicólogos descreveram as patologias dos agressores de mulheres a fim de questionar as políticas policiais e estimular a construção de abrigos para esposas agredidas. O movimento por justiça global tinha economistas capazes de demonstrar o impacto das políticas neoliberais sobre o crescimento e a desigualdade, além de sociólogos capazes de descrever seu impacto sobre as crianças e os pobres. Esses especialistas faziam muitas vezes o trabalho de culpabilizar: demonstrar que os mercados podiam ser controlados, que a escolha de políticas afetava os resultados.

Há também especialistas em táticas, e algumas destas só podem ser usadas por eles. Grande parte do sistema jurídico só está aberta a quem esteja familiarizado com as regras cabalísticas dos procedimentos legais, ou seja, os advogados. Os **advogados da causa** usam a lei para promover os objetivos de um movimento social, seja litigando em favor de um grupo ou buscando decisões jurídicas capazes de mudar as leis atuais.[12] Nos Estados Unidos, muitas vezes se imagina que as decisões da Suprema Corte possam estimular a mudança social, embora seus principais efeitos sejam geralmente simbólicos, como inspirar uma reação e a controvérsia pública. Em

Decidir 163

muitos casos, manifestantes tentam mostrar que a lei promete muito mais justiça do que produz, e com frequência usam os tribunais como arenas públicas para demonstrá-lo. Esse também é o propósito central da maior parte da desobediência civil, quer leve ou não a prisões e julgamentos.

Numa longa tradição de sabotagem, realizada secretamente por indivíduos ou pequenos grupos, o **hacktivismo** só está disponível a quem tem enormes habilidades computacionais. Hackers já paralisaram ou desaceleraram sites de corporações e governos, incluindo a CIA e o Vaticano, e a polícia reagiu com uma série de prisões. Jeremy Hammond e seu grupo, o Hack this Site, também hackearam os computadores de pelo menos um grupo de direita, planejando usar informações dos cartões de crédito de seus seguidores a fim de contribuir para grupos de esquerda. Hammond, um hacker bem conhecido, já foi preso por outros tipos de protesto, incluindo queimar bandeiras, bloquear o tráfego e realizar "reuniões ilegais". O Hack this Site é dedicado ao livre acesso e à democracia, mas a participação exige habilidades especiais.

O Greenpeace, venerável gigante ambientalista, também se concentra em especialistas, com base em seu equipamento dispendioso, especialmente navios, usado para interferir em embarcações nucleares, operações envolvendo baleias e pesca ilegal, além de performances públicas como colocar grandes cartazes em frente a usinas nucleares e prédios de corporações. Seus ativistas são virtuosos morais que o resto de nós só pode aplaudir e admirar. Podemos também contribuir: não é por acaso que o Greenpeace está estruturado para solicitar contribuições de um grande número de pessoas a fim de apoiar um pequeno grupo de especialistas belicosos.

Vemos aqui uma sequência que vai de indivíduos solitários e altamente capacitados agindo por conta própria até equipes complexas, como um escritório de direito ou um navio do Greenpeace, que necessitam de amplo suporte financeiro.

Facções

Todo grupo vivencia desavenças de tempos em tempos. Às vezes é uma forma saudável de o grupo explorar alternativas, obrigando-o a pensar mais cuidadosamente sobre suas opções, articular seus objetivos e defender suas posições. Em outros casos o conflito destrói o grupo. Em outros ainda, o grupo continua junto, mas se formam facções frequentemente discordantes, muitas vezes alimentando a desconfiança e a antipatia, até mesmo o ódio, entre os membros.

Tendemos a gostar de pessoas que concordam conosco e a concordar com pessoas de que gostamos. Consequentemente, agrupamentos de pessoas com ideias semelhantes aparecem em todas as arenas de tomada de decisões. Essas facções, em sistemas eleitorais, podem transformar-se em partidos políticos, mas os movimentos sociais raramente são tão duradouros a ponto de apresentarem divisões formais como essa. Certamente têm, contudo, divisões informais. Facções formam-se em torno de discordâncias ideológicas ou estratégicas, embora também surjam a partir de vínculos emocionais, alguns dos quais podem ter existido antes mesmo da constituição do grupo. Sentimo-nos mais confortáveis com pessoas de alguma forma parecidas conosco, e certamente com pessoas que já conhecemos e das quais gostamos. Amigos e conhecidos geralmente se agrupam, do mesmo modo que pessoas com antecedentes semelhantes em termos de classe ou raça/etnia, que têm formas diferentes de falar politicamente.[13] O gênero parece ter uma influência especialmente forte, uma vez que mulheres e homens são socializados de forma a terem diferentes sensibilidades, e até hoje passam grande parte de seu tempo em atividades segregadas por sexo.

As facções não apenas adotam objetivos ou meios conflitantes, mas também acabam por simbolizá-los. Escolhas sobre o que fazer tornam-se escolhas sobre "quem somos nós". No movimento americano dos direitos civis, o consenso e a democracia participativa acabaram associados aos participantes brancos, sobretudo universitários que chegaram para o Verão da Liberdade, em 1964, e permaneceram.[14] Defender uma estrutura mais rígida e posicionar-se contra o consenso foi uma forma de ativistas negros,

Decidir

em âmbito local, excluírem os brancos de sua organização. No movimento por justiça global, o horizontalismo foi similarmente percebido como uma crítica à "esquerda organizada" dos partidos e sindicatos. Os participantes preocupavam-se com as táticas, mas também com as pessoas a elas associadas. Facções verticalistas por vezes reagiram à democracia participativa no movimento por justiça global preparando seus oradores e elaborando suas posições antecipadamente, e também montando a lista de oradores – o que ficava mais fácil pelo fato de os verticalistas já concordarem em matéria de táticas e ideologia.

As disputas entre facções surgem, em parte, do problema da expansão: ampliar seu movimento para incluir muitas perspectivas diferentes faz com que ele aumente em tamanho, mas também em diversidade, provocando o risco de disputas internas capazes de interferir em seus programas de ação externos. Dilemas estratégicos impõem escolhas em torno das quais frequentemente surge o conflito. Diferentes lados desejam buscar diferentes soluções para o dilema, dependendo, em parte, de suas preferências táticas. As disputas e a desconfiança entre os horizontalistas e a esquerda organizada, no movimento por justiça global, veio à tona em várias decisões consecutivas.

As *gerações* também são a base de muitas discordâncias. Não me refiro necessariamente a pais e filhos, com uma diferença de idade de vinte ou trinta anos, embora isso, quase inevitavelmente, também provoque discordâncias. As gerações num grupo de protesto podem ser muito mais aproximadas, já que uma diferença de apenas um ou dois anos quando alguém entra para o grupo pode afetar suas preferências táticas, sua identidade coletiva e seus objetivos políticos. Na maioria dos casos, um evento muda a disposição, as esperanças e as táticas dos recrutas: os que aderiram ao justiça global após Seattle, em 1999, tinham uma visão diferente, com frequência mais desafiadora, do movimento (e para o movimento) do que aqueles que haviam aderido a ele antes disso.

Em ambos os tipos de clivagens geracionais, os recrutas mais jovens com frequência estão reagindo a duas coisas: o problema do mundo real que é o foco do movimento e a maneira como a geração mais antiga de manifestantes tem tentado enfrentá-lo. Muitas vezes, ambas os incomodam. Um grupo mais novo pode ter preferências mais radicais em matéria de táticas e irritar-se com os repertórios mais cuidadosos dos atuais líderes do movimento. Podem ter tanta raiva dos líderes do protesto – por traição, talvez – quanto do alvo do movimento. Como os engajamentos políticos evoluem rapidamente, os recrutas deste ano podem ver a situação de forma muito diferente dos recrutas do ano anterior.[15]

São dinâmicas como essas, em que facções de manifestantes reagem entre si, assim como a atores externos, que por vezes levam à constituição de **flancos radicais**, blocos que se orgulham de promover táticas mais agressivas que outros grupos do movimento. Alas radicais podem ter uma variedade de impactos, bons e maus, sobre um movimento.[16] Elas tendem a ser suficientemente ameaçadoras ou vibrantes para atrair a atenção da mídia, mas aumentam os riscos do dilema da mídia, pelo fato de que esta não retrata necessariamente o movimento como este deseja ser apresentado. Os jornalistas focalizam os malucos radicais e não as questões que estes levantam. Não são apenas os repórteres que reagem aos radicais: seus oponentes tentam desacreditá-los com uma caracterização de personagem destinada a apresentar o movimento inteiro como demasiadamente radical, perigoso ou confuso.

Por definição, os radicais empurram o dilema da desobediência ou cordialidade na direção da primeira. Um flanco radical pode assustar as autoridades, forçando-as a fazer concessões ou a reconhecer os moderados como parceiros de negociação aceitáveis (ou ao menos preferíveis). Como ocorre com qualquer tática agressiva, impopular, há grande chance de repressão. Os riscos aumentam. Os flancos radicais também produzem efeitos internos: os que admiram táticas audaciosas são revigorados, enquanto os que não gostam delas são alienados.

As facções muitas vezes resolvem suas diferenças ou concordam em discordar, mas às vezes se dividem em dois grupos. *Cismas* desse tipo nem sempre são destrutivos; permitem que uma variedade de grupos diferentes trabalhe, com maior ou menor independência, com vistas aos

Decidir 167

mesmos objetivos ou a objetivos correlatos. Por empregarem diferentes táticas, é provável que encontrem algumas que obtenham sucesso. Muitos dilemas estratégicos são resolvidos dessa maneira. Por exemplo, o dilema da mídia: quando radicais atraem a atenção dos jornalistas, grupos mais moderados podem articular questões de uma forma aceitável para o consumo de massa.[17]

Dependendo, contudo, do grau de hostilidade da luta, antigos aliados podem dedicar mais tempo a criticar um ao outro do que a enfrentar inimigos comuns, tendência especialmente presente nas facções marxistas, que tiveram uma paródia soberba em *A vida de Brian*, do grupo Monty Python, em que a Frente do Povo da Judeia ridiculariza a correlata Frente Popular da Judeia. Essas divisões internas nem sempre são uma piada: na Alemanha da década de 1930, comunistas atacaram socialistas nas ruas ao mesmo tempo que os nazistas ganhavam força para chegar ao poder e colocar os dois grupos na ilegalidade.

Com o tempo, alguns grupos e até mesmo movimentos inteiros tornam-se mais radicais, outros menos. Com organizações formais e fontes de renda estáveis, os grupos tendem a ficar mais complacentes e moderados. Por esse motivo, iniciantes muitas vezes rejeitam os grupos existentes e criam outros, mais radicais. Novos recrutas podem trazer diferentes preferências em termos de táticas, mas também podem orgulhar-se de uma identidade "radical", diferente dos grupos anteriores de manifestantes. Alguns participantes do Occupy, por exemplo, eram críticos em relação ao movimento por justiça global pelo que viam como sua ênfase na conversação em vez da ação direta. Grupos de protesto também podem radicalizar-se em função de suas próprias experiências, sobretudo quando os canais de escoamento das queixas são bloqueados ou quando as autoridades os repudiam. Eles desenvolvem, então, objeções a procedimentos, que podem ser especialmente perturbadoras porque significam que a democracia fracassou.

Dilemas e decisões estratégicos

Todo ator estratégico é confrontado por escolhas e dilemas, e suas visões emocionais e cognitivas mostram por que ele ignora alguns, enquanto enfrenta outros obstinadamente. Certas escolhas são ignoradas simplesmente porque não há uma opção disponível: um pequeno grupo que não tenha expectativa de expansão não precisa enfrentar os dilemas da expansão ou da organização. A história de um grupo também pode isentá-lo de certos dilemas: se em seu seio travou-se uma luta amarga a respeito de expansão, ele pode evitar esse tema por um longo período, ou o embate talvez tenha levado os que estavam de um lado do dilema a se separar e formar seu próprio grupo. Em outros casos, preferências táticas evitam a discussão de muitas alternativas, e sempre há situações em que um grupo simplesmente não imagina fazer qualquer coisa diferente em função de seus antolhos culturais. A maioria das escolhas não chega a trilhar o caminho que leva à consciência para se tornarem reconhecidas como dilemas.

Uma série de dilemas implica a assunção de riscos, como o da desobediência ou cordialidade e o da inovação, opondo opções seguras a arriscadas. Outros dizem respeito a escolhas entre objetivos de curto e longo prazo. O dilema da organização é um destes: para criar uma organização, investe-se tempo e esforço agora na esperança de que isso venha a compensar mais tarde graças à burocracia duradoura que se construiu. Mas pode ser no curto prazo que ocorram os maiores ganhos: a greve selvagem, o distúrbio, a tática inesperada e espontânea. E para muitos movimentos simplesmente não existem vitórias de longo prazo sem as de curto prazo. De maneira mais geral, objetivos de curto e de longo prazo mostram-se conflitantes em função das limitações de tempo e energia.

As decisões sobre estruturas e rotinas organizacionais também são decisões sobre táticas, já que os envolvidos e aquilo que fazem estão sempre interligados. A cientista política Jane Mansbridge[18] oferece um exemplo do movimento pela Emenda da Igualdade de Direitos nos Estados Unidos, cujo objetivo era conseguir que dois terços das assembleias estaduais ratificassem a emenda proposta. O movimento, com

Decidir

uma pequena estrutura de coordenação e um número reduzido de regras, baseava-se fundamentalmente numa equipe de voluntárias e defensoras autosselecionadas, sobretudo professoras de direito feministas frequentemente demasiado radicais para a época. Não havia um controle central sobre o que essas porta-vozes diziam em entrevistas ou textos opinativos (os blogs ainda não tinham sido inventados). Na visão delas, a emenda permitiria às mulheres serem soldados combatentes, e algumas até insistiam em que isso implicava sanitários mistos – exatamente as implicações que os opositores da emenda estavam usando contra ela. Aqui, o flanco radical voluntário estava conduzindo o espetáculo, e, no caso que Mansbridge estudou – o do fundamental estado de Illinois –, isso provocou a derrota da emenda.

Em função das teorias da escolha racional, estudiosos tendem a pensar no processo de tomada de decisões como uma questão de cálculo racional, em que todos se sentam numa sala e debatem as melhores opções. De fato eles se reúnem e discutem, mas levam consigo suas emoções. É mais provável que concordem com pessoas de que gostam e em que confiam, e que rejeitem o que é dito por alguém que os desagrade. Se estiverem com boa disposição, é maior a probabilidade de que aprovem táticas expansivas, assumam maiores riscos e tenham a expectativa de que as coisas funcionem. Podem sentir um influxo de repulsa em relação a certas táticas ou, em vez disso, um acesso de orgulho pelo poder moral de outras que incorporam seus ideais. Podem cultivar o rancor pelo fato de suas propostas terem sido rejeitadas da última vez e recusar apoio a qualquer outra coisa. E, evidentemente, nesses ambientes os líderes evocam sentimentos de admiração, amor, inveja, amargura e outros.

Há muitas maneiras de tomar decisões. Certos indivíduos ou comissões são encarregados de apresentar propostas; esse papel pode caber exclusivamente aos líderes de um grupo. Pode haver reuniões livres para gerar ideias ou pelo menos fazer os membros sentirem que o grupo está aberto às sugestões de todos. Pode haver uma série de reuniões de planejamento a fim de estabelecer as regras para encontros mais formais. Uma vez geradas, as ideias podem ser discutidas – ou não. E a escolha final pode ser tomada pelo voto de todos os envolvidos, por um pequeno grupo ou por um único líder, ou mediante esforços em busca de um consenso.Para muitos grupos recentes, o voto é sinal de um fracasso em alcançar o consenso exigido de uma verdadeira democracia.

O modo como um grupo lida com uma escolha depende dos indivíduos reunidos, do que sabem, de como se sentem e dos recursos de que dispõem. Antecedentes diversos podem muitas vezes ajudar gerando questões diversas.[19] Os indivíduos aprendem quando passam de um grupo para outro, de uma situação para a seguinte. Em qualquer situação dada, eles pensam em experiências do passado em ambientes similares, prevendo, não necessariamente de forma explícita, mas muitas vezes de maneira implícita, intuitiva, o que pode acontecer, o que outros atores podem sentir e fazer. O que parece uma intuição misteriosa é, na verdade, a habilidade bastante exercitada de pensar com rapidez, inconscientemente.

Acima de tudo, a ação estratégica consiste em reagir àquilo que outros atores fazem, quer estes sejam amigos ou adversários, ou ainda seus próprios colegas de militância. Como em geral há muitos atores, e é impossível prever ao certo o que irão fazer, apresentar planos raramente funciona. A polícia se concentra numa rua, os manifestantes se dirigem a outra. Os repórteres estão perdendo o interesse? Faça alguma coisa que nunca tenham visto. Frequentemente as inovações nascem do inevitável improviso das batalhas estratégicas.

EXAMINAMOS NESTE CAPÍTULO os movimentos sociais como arenas, olhando dentro deles para ver como tomam ou, em alguns casos, evitam decisões. Vimos vários fatores que moldam esses processos. Certos grupos tendem a confiar em mecanismos burocráticos, enquanto outros tentam manter a flexibilidade e a criatividade. Alguns são mais leais à democracia interna, vendo-a não apenas como um fim em si mesmo, mas também como uma forma de preservar uma abertura flexível a possibilidades estratégicas. Em contraste, algumas atividades exigem habilidades especiais que dão considerável autoridade a um número reduzido de pessoas. As

Decidir 171

facções que inevitavelmente se formam podem destruir um movimento, dividi-lo em várias partes ou empurrá-lo em direções mais radicais. Todos esses processos giram em torno de escolhas estratégicas, algumas das quais são assumidas como dilemas explícitos da tomada de decisões.

Um pequeno número de grupos de protesto toma consistentemente boas decisões, outros, decisões ruins. Obviamente, as boas decisões são mais propensas a promover a causa do movimento. Mas mesmo as melhores decisões não garantem a vitória. Afinal, os oponentes estão tomando suas próprias decisões, empregando suas próprias estratégias, monitorando o que o movimento faz e tentando obstruí-lo. Na maioria dos casos, possuem maiores recursos e acesso especial às arenas de tomada de decisões. Manifestantes podem às vezes superar suas desvantagens com estratégias inteligentes, mas nem sempre. Compromissos estratégicos sempre envolvem incerteza.

7. Envolver outros atores

A revolução egípcia

Ninguém esperava o levante de janeiro de 2011 no Egito. Tinha havido, durante décadas, repulsa, frustração e passividade em relação ao regime arrogante de Mubarak, e os esforços de mobilização em torno de dois terríveis assassinatos cometidos pela polícia de Alexandria em 2010 haviam fracassado, apesar da ampla utilização do Facebook. As pessoas ficaram chocadas, mas continuaram cínicas – embora milhões logo passassem a adotar Khaled Said, uma das vítimas de Alexandria, como símbolo da violência do regime. O grupo do Facebook "Somos todos Khaled Said" atingiu meio milhão de membros.

Então um vendedor de frutas chamado Mohamed Bouazizi ateou fogo ao próprio corpo na Tunísia, em dezembro de 2010, e depois de um mês de protestos – em 14 de janeiro – o ditador daquele país entrou em pânico e fugiu. Subitamente, havia a esperança de que o Egito apoiasse a indignação, uma bateria moral. O que podia acontecer na Tunísia podia acontecer no Egito.

As manifestações contra a brutalidade policial, realizadas ironicamente no Dia Nacional da Polícia, 25 de janeiro de 2011, atraíram dezenas de milhares de manifestantes da cidade do Cairo, que conseguiram coordenar suas passeatas, em parte, pelos celulares e pela mídia social. De início eles pretendiam impor limites ao presidente, não sua renúncia. Vários dias depois, o governo bloqueou o acesso aos celulares e à internet para a maioria dos egípcios, mas as velhas redes face a face preencheram o espaço; o dia 28 era uma sexta-feira, dia em que as mesquitas ficam repletas de fiéis. Estimuladas pelo sentimento de solidariedade instigado pelos rituais religiosos, pelo sentimento de que Deus estava do seu lado, centenas de milhares de pessoas tomaram as ruas após as orações. Seguiram-se duas semanas de ansiedade: algumas concessões de Mubarak, ataques a manifestantes por bandidos armados e a crucial decisão do exército de não intervir. Os protestos contra a violência policial, recebidos com brutal intransigência, subiram de nível, transformando-se em demandas pelo fim do regime. Um movimento de protesto virou um movimento revolucionário.

O acampamento gigante na praça Tahrir foi crescendo aos poucos. Apesar dos perigos, as pessoas sentiam-se num feriado, com a esperança de grandes mudanças e portanto numa atmosfera positiva, outro acampamento festivo. Cada vitória, pequena ou grande, ampliava a energia emocional dessa atmosfera. A praça Tahrir era um mar de cartazes, alguns exigindo a saída de Mubarak ("Não queremos saber de você até o dia do julgamento") ou simplesmente expressando sentimentos ("O povo o odeia"). Alguns se desculpavam por não terem agido antes ("Perdoai-me, Senhor, eu estava temeroso e calado"). Quatro irmãos, que haviam tido seus outros dois irmãos mortos, estavam em grupo cobrindo as bocas com fita adesiva ("Sem conversa até que ele saia").[1]

Tendo como pano de fundo a euforia da praça Tahrir, cada agressão – física ou verbal – da parte dos bandidos e porta-vozes de Mubarak provocava mais indignação do que medo. Ou melhor, a indignação era uma boa maneira de transformar a disposição negativa da ansiedade numa disposição positiva. A praça Tahrir se transformou num parque de diversões, um momento de loucura, uma espécie de sonho. Por toda a cidade as pessoas conversavam com seus vizinhos, formavam grupos de vigilância em seus bairros, ajudavam estranhos atacados com gás lacrimogêneo. A indignação atingiu o pico no dia 10 de fevereiro, quando Mubarak foi para a televisão e – em vez da esperada renúncia – fez um discurso ambíguo, mas desafiador. No dia seguinte, outra sexta-feira, as multidões incharam enormemente. Mubarak renunciou naquela noite.

A derrubada de um ditador é o fim de uma história, mas o início de outra, um deslocamento da arena das ruas para várias outras, frequentemente ocultas. A maioria das revoluções reúne uma ampla coalizão que compartilha unicamente a indignação contra o antigo regime (um não, muitos sins, para tomar emprestado o slogan do movimento por justiça global), mas, uma vez removido esse para-raios para o ódio e o desafio, a coalizão se fragmenta em seus atores constituintes e competidores entre si.

Uma junta militar assumiu após a renúncia de Mubarak, prometendo sair depois de um referendo constitucional seguido de eleições. Os protestos continuaram em função de algumas decisões do Conselho Supremo, e grupos invadiram os escritórios da polícia secreta em busca de suas fichas, revelando, sem surpresa alguma, evidências da vigilância em massa promovida no governo de Mubarak. Depois de aprovada a nova Constituição, o Conselho mostrou sua disposição de deter e processar antigos funcionários de Mubarak, mas também impôs multas pesadas sobre atividades de protesto, inspirando assim mais protestos. Por meses, manifestantes voltaram às ruas, especialmente às sextas-feiras, chegando a centenas de milhares. Muitas vezes se chocavam com a polícia, e dezenas foram mortos.

Em novembro de 2011, com o crescimento dos protestos, o Conselho desculpou-se pela morte de manifestantes e nomeou um primeiro-ministro civil, em parte por pressão do governo americano. Em abril de 2012, depois das eleições parlamentares, mas antes da presidencial, uma Suprema Corte Administrativa entrou em ação, dissolvendo a nova assembleia encarregada de redigir a nova Constituição. Em junho, a Suprema Corte do Egito declarou inválidas as eleições parlamentares e as forças armadas reassumiram o controle. A revolução fracassara.

As amplas redes da Irmandade Muçulmana foram facilmente transformadas num partido político, e seu candidato, Mohamed Morsi, foi eleito presidente em 24 de junho de 2012. Inicialmente ele mostrou habilidade estratégica, restaurando o parlamento que as cortes haviam destituído e promovendo, inteligentemente, os dois principais líderes do Conselho como seus assessores pessoais, e distanciando-os (assim como vários outros) do ator-chave, o exército.

Em novembro, Morsi deu outro passo, com o objetivo de proteger o trabalho da assembleia constitucional, mas atribuindo a si mesmo todos

Envolver outros atores 175

os poderes de que necessitava para proteger a revolução – sua revolução. Manifestantes retornaram às ruas, sobretudo os de viés secularista, que temiam a Irmandade Muçulmana. Morsi pode ter se atrapalhado diante do dilema da inovação, promovendo mudanças demais muito rapidamente – mas também implementando leis que lhe davam poderes muito além dos necessários para proteger a revolução. Não conseguiu fazer alianças com os partidos liberais, aprofundando a desconfiança destes em vez de canalizá-la em outra direção. Começou a parecer forte demais, assim como incompetente na administração da economia.

Milhões de pessoas tomaram as ruas em 30 de junho de 2013, com uma variedade de reivindicações econômicas e políticas, mas também desejando aproveitar o festival, naquela que pode ter sido a maior manifestação de todos os tempos. Elas receberam com satisfação o golpe militar que destituiu Morsi do poder no dia 3 de julho. O exército prendeu centenas de líderes da Irmandade e excluiu o partido de quaisquer posições no novo governo. O governo Obama protestou retendo os jatos militares que havia prometido, mas logo aceitou a nova situação, recusando-se a condená-la como um golpe. Em vários incidentes, centenas de manifestantes pró-Irmandade foram feridos e mortos.

A revolução do Egito desenrolou-se durante anos, uma disputa entre partidos, políticos, exército, juízes das cortes superiores, sindicatos, e também entre movimentos de protesto islâmicos e não islâmicos (que tinham sido aliados revolucionários). Na nova e nas antigas arenas, atores lutavam por poder, inclusive o de estruturar as arenas. Como disse um porta-voz da Irmandade em junho de 2012: "É um tabuleiro de xadrez. Eles fizeram uma jogada e nós fizemos outra." E houve muitas outras jogadas. No início de 2014, porém, o exército havia apertado o controle, a ponto de declarar a Irmandade Muçulmana como grupo terrorista.

Uma **revolução** é um tipo especial de resultado, no qual se estabelece um novo regime que modifica a estrutura de governo e não apenas altera – como ocorre com eleições normais – os partidos no poder. Muitos movimentos revolucionários não conseguem chegar a uma revolução. As revoluções são raras, mas nós as estudamos e por vezes admiramos por sua importância na história mundial. Os novos regimes, especialmente de início, são em geral melhoramentos daqueles que substituíram. Como as revoluções inspiram as pessoas, deixam atrás de si novos ideais e visões morais, assim como novas burocracias governamentais.

Os estudos das revoluções e de outros movimentos sociais têm estado estranhamente distantes há muitos anos, em parte porque as revoluções são cadeias com muitas fases e processos distintos, envolvendo em cada fase diferentes conjuntos de atores. Mas elas são exemplares por um motivo: mostram que a política é a interação de muitos atores, espalhando-se por muitas arenas durante longos períodos. Especificar esses atores, essas arenas e essas interações é a chave para explicar tanto o protesto quanto as revoluções.

Em última análise, os manifestantes desejam mudar o mundo à sua volta, e seu relativo sucesso depende de sua capacidade de coagir, persuadir ou subornar outros atores, os quais podem ser simpáticos, hostis ou neutros, mas com táticas e objetivos próprios. Podemos observá-los através das mesmas lentes interpretativas que temos usado para os grupos de protesto: perguntando o que desejam, como veem o mundo, que dilemas enfrentam, em que recursos e rotinas se baseiam, quais são seus aliados e rivais. Só então podemos entender como interagem com manifestantes para produzir ganhos, perdas e outros impactos de um protesto.

As forças da ordem

Entre os muitos atores que constituem o Estado, os manifestantes interagem mais regularmente com a *política* e "forças da ordem" correlatas, como soldados, agressores pagos, polícia de choque, agentes de trânsito, espiões e serviços de segurança privada, como guardas de embaixadas ou a Agência de Detetives Pinkerton.* Em todas as nações, as forças policiais

---

* Agência de investigação e segurança privada, fundada em 1850, que ficou famosa por impedir uma tentativa de assassinato do presidente Abraham Lincoln. (N.T.)

Envolver outros atores

monitoram e vigiam os grupos de protesto, por vezes muito ampla-mente. (No auge do Pânico Vermelho nos Estados Unidos, na década de 1950, estima-se que um terço dos membros do Partido Comunista eram agentes do FBI, que também parece ter constituído a espinha dorsal da Ku Klux Klan no pós-guerra.) No Cairo, centenas de policiais foram dispostos em cada um dos pontos de encontro divulgados no Facebook para o dia 25 de janeiro de 2011, impedindo muitas passeatas, e a mais exitosa delas teve início num ponto intencionalmente secreto que não foi mencionado na rede social.

A polícia enfrenta suas próprias escolhas em termos de desobediên-cia ou cordialidade, e os países diferem enormemente no modo como a polícia lida com manifestações. Nas nações mais tolerantes do mundo, os organizadores dos protestos têm a expectativa de negociar com a polícia, antecipadamente, uma série de questões, tais como onde farão passeatas, quantos serão presos e que outras atividades serão permitidas. Em países menos tolerantes, a expectativa é de serem molestados, espancados e por vezes mortos em função de suas atividades.

Houve época em que a polícia tinha liberdade de ação em toda parte, e tortura e execuções eram instrumentos comuns. A dor intensa supera outros objetivos, assim como quaisquer planos para o futuro, de modo que a vítima muitas vezes fará qualquer coisa para que ela pare, inclusive revelar informações secretas sobre companheiros e atividades clandesti-nas. As vítimas com ideologias e identidades coletivas mais fortes parecem suportar a dor por mais tempo, tão profundas são suas lealdades para com outros, tão rijo é seu senso de propósito.

Além da tortura, regimes repressivos têm outros meios de intimidação: no Egito, veículos blindados passavam em alta velocidade pelas ruas, por vezes atingindo pedestres; centenas de policiais marchavam ou corriam numa ameaçadora cadência militar e – de maneira mais desesperada – atiravam nas multidões que constantemente os cercavam. Tanto no go-verno de Mubarak quanto no de Morsi, a polícia lançava jatos de água nos manifestantes, espancava-os, atingia-os com gás lacrimogêneo e às vezes atirava neles. Acima de tudo, os comandantes tentaram garantir que, em todos os momentos, a polícia superasse em número os manifestantes, lição aplicada naquela época tanto em Nova York quanto no Cairo. Quando se sentem fortes, as forças de segurança por vezes mostram uma face humana, falando com manifestantes, sorrindo, até cantando com eles. A polícia se revela humana, como ativistas às vezes comentam. Sentindo-se ameaçada, contudo, a polícia ainda recorre à violência.

No Cairo, em 2011, os números mudaram em favor dos manifestantes. Em vez de um grande grupo de policiais cercando ativistas, estes foram chegando em ondas, vindos de vários bairros, e cercaram os policiais, os quais se sentiram horrorizados por se verem em menor número. E corretamente: carros da polícia foram bloqueados e virados, policiais com mangueiras de incêndio foram puxados de seus caminhões; capacetes pretos da polícia de choque cruzavam o ar durante conflitos. Policiais podem ter ficado feridos, mas não foram mortos, já que eles, e não os manifestantes, é que tinham as armas. Em contraste com a polícia, o pessoal do exército estava em tanques, de modo que não era provável que fosse ameaçado. Isso ajudou a mantê-los calmos, esperando as decisões estratégicas tomadas por seus comandantes, que por sua vez interagiam com outros atores, como seus patronos financeiros em Washington.

Até a década de 1970, a polícia na maioria das democracias ocidentais tratava a maior parte dos manifestantes da mesma forma, como criminosos que precisavam ser subjugados, e empregava cada vez mais a força até que as multidões fossem dispersadas ou presas. Mas a polícia aprendeu – de forma lenta e incompleta – que a brutalidade tende a deixar os manifestantes mais furiosos, de modo que a violência aumenta. As atitudes dos policiais em relação aos manifestantes tornaram-se mais simpáticas e a polícia se ajustou, especialmente quando celulares equipados com câmeras de vídeo aumentaram muito a chance de um ato de brutalidade aparecer no noticiário noturno ou se tornar viral na internet. A polícia ficou mais profissional, tolerando um número maior de atividades de protesto, negociando antecipadamente com os líderes, evitando as infrações e a violência em vez de esperar por elas, tentando prevenir ferimentos de ambos os lados e cumprindo a lei em vez de se considerar acima dela.[2]

Envolver outros atores 179

Mas depois dos protestos de Seattle em 1999, e sobretudo com o pânico generalizado que se seguiu ao 11 de Setembro, a polícia voltou a ficar mais agressiva. Começou a cercar áreas restritas, fazer prisões preventivas de líderes de protestos e concentrar manifestantes em calçadas estreitas e desconfortáveis e em espaços confinados por barricadas. Com a cobertura da nova legislação antiterror, e poderes tecnológicos cada vez maiores, as forças policiais americanas aumentaram a vigilância dos manifestantes. Elas fizeram sua própria e implausível caracterização de personagens para descrever uma variedade de manifestantes pacíficos como terroristas, "vilões" perigosos, em vez de atores políticos legítimos, cujo enfrentamento exigia um grande volume de verbas do governo.

Ao confrontar o dilema da desobediência ou cordialidade, a polícia responde em parte aos desejos dos políticos e burocratas que controlam seus orçamentos. Alguns políticos querem parecer progressistas e tolerantes em relação ao protesto. Outros desejam provar que são duros e dão mais liberdade à polícia no enfrentamento. Nesses casos a polícia cerca os manifestantes, trata-os com dureza, prende grande número deles e processa os que são presos. (Também tenta influenciar as preferências dos políticos para que estes não interfiram em seu trabalho.) Policiais são atores estratégicos como quaisquer outros.

Os *exércitos* têm objetivos diferentes dos da polícia. Os soldados são treinados no uso de armas pesadas destinadas a travar guerras contra outros exércitos, não para desmobilizar protestos em suas próprias nações, algo que a maioria deles não gosta de fazer. Além disso, alguns exércitos contêm recrutas que podem se mostrar simpáticos a um movimento. Mesmo em exércitos estritamente profissionais, há uma grande distância entre os comandantes, lá em cima, e seus subordinados, lá embaixo, com diferentes perspectivas e percepções do mundo, de modo que podem surgir fraturas.

O exército egípcio recebeu milhões de dólares de ajuda, assim como treinamento, dos Estados Unidos, que portanto tinham alguma influência em suas decisões. Diferentemente de presidentes anteriores, que haviam apoiado uma longa série de ditadores cruéis em diversas partes do mundo, o governo Obama manifestou apoio aos manifestantes da praça Tahrir. O exército também se distanciara de Mubarak, que, embora tivesse sido general, havia se concentrado cada vez mais no enriquecimento de sua família e não no exército. As escolhas do exército egípcio foram cruciais para a evolução dos resultados durante todo o processo.

Como tanto soldados quanto policiais por vezes simpatizam com um protesto moral, ditadores geralmente formam *unidades especiais* de guardas ou polícia secreta, com privilégios extras ou vínculos étnicos com o líder. Sua tarefa é proteger o ditador a qualquer custo. Normalmente, eles são os últimos a abandonar o barco numa revolução. Muitos regimes corruptos também contratam secretamente *criminosos* para realizar as tarefas mais desprezíveis, que policiais ou militares profissionais não realizariam, um tipo de flanco radical constituído de indivíduos que podem agredir manifestantes, mas não usam uniformes. O regime também pode negar qualquer conexão, chegando a declarar que se trata de cidadãos indignados agindo por conta própria. (Em alguns casos, podem ser mesmo justiceiros sem vínculo com o governo, mas os manifestantes têm interesse em apresentá-los como bandidos remunerados em vez de cidadãos indignados com suas próprias, e opostas, visões morais.) Há também forças policiais privadas, em geral operando fora da lei. A notória Agência de Detetives Pinkerton empregava espiões e *agentes provocadores*, formando ao mesmo tempo pequenos exércitos que em muitos casos atiravam em grevistas desarmados, causando sérios danos ao movimento trabalhista americano em suas primeiras décadas. (A agência ainda existe.)

A polícia, pública ou privada, envia espiões e provocadores para secretamente sabotar organizações de protesto. Eles tentam fazer com que membros do grupo desconfiem uns dos outros, por exemplo enviando cartas anônimas acusando-os de corrupção ou de estarem espionando para a polícia. Enviam informações e acusações aos empregadores de manifestantes ou, se são estudantes, a suas escolas e universidades. Fornecem informações embaraçosas, muitas vezes fraudulentas, a jornalistas e tentam fazer com que diferentes grupos desconfiem uns dos outros. Procuram fazer os grupos de protesto parecerem mais radicais – ou simplesmente mais

Envolver outros atores

bizarros – do que realmente são, como o homem na assembleia do Occupy com um cartaz que dizia "Google: Sionistas Controlam Wall Street". (Os militantes do Occupy reagiram seguindo-o pelo parque Zuccotti com seus próprios cartazes, que diziam: "Quem paga esse cara? Ele não fala em meu nome nem no do OWS.")

Arenas jurídicas

Ser preso coloca os manifestantes num outro conjunto de arenas, os tribunais. Estes são agora universais, embora com variado grau de independência em relação ao resto do Estado – de orgulhosamente autônomos, como na África do Sul, a desprezivelmente servis, como ocorre na maioria das ditaduras. As leis são feitas para definir e aplicar as normas referentes à ação política legítima e ilegítima, para incorporar os significados e os padrões morais de uma unidade territorial, e assim são alvos constantes dos manifestantes e também instrumentos para os seus oponentes.

Alguns julgamentos se tornam símbolos de uma causa perante um grande público que acompanha os processos atentamente. **Julgamentos simbólicos** podem surgir acidentalmente, ou o governo pode pretender usar julgamentos para demonstrar os limites de sua tolerância. Em alguns casos os próprios manifestantes têm a expectativa de que um grande julgamento seja uma nova arena por meio da qual possam transmitir suas mensagens a novos públicos ou provar suas posições sobre os impulsos repressivos do Estado. Com ações coletivas, os queixosos esperam mudar políticas e consciências, como no caso Dukes versus Walmart, que propôs representar nada menos que 1,6 milhão de mulheres que haviam trabalhado para esse gigante do varejo. Isso é muito mais que simbólico.

Os tribunais oferecem dramas com personagens eloquentes, reduzindo a contestação a um punhado de atores e tentando tomar decisões claras sobre vítimas e vilões. Um manifestante que infringiu a lei é um herói, como creem seus companheiros, um vilão ou apenas um criminoso comum?

Os tribunais envolvem muitos atores oficiais. Em alguns países, presume-se que *juízes* presidam arenas (oficialmente) neutras em que promotores ou queixosos enfrentam os réus, enquanto em outras nações os juízes são o braço investigativo do Estado. Defender a lei segundo procedimentos adequados é a principal mensagem profissional que os *advogados* recebem em seu treinamento, embora os juízes dos níveis mais elevados também assumam a responsabilidade por interpretar a lei. (Na verdade, todas as leis são aplicadas mediante interpretação, mas isso nem sempre é admitido.) Os *promotores públicos* precisam decidir se devem trazer um manifestante a julgamento, divididos entre o objetivo de reprimir atividades ilegais e o medo de que o tribunal simplesmente traga mais publicidade e simpatia para a causa.

Nos sistemas consuetudinários, os *jurados* são outro ator; podem ter mais simpatia pelos manifestantes do que os promotores percebam, impondo dilemas a estes. Os júris frequentemente se recusam a dar os duros veredictos que os promotores solicitam. Nos últimos anos, júris britânicos têm inocentado ativistas que, declarando a "necessidade" de se defenderem diante de ameaças imediatas, destruíram plantações de vegetais geneticamente modificados, escritórios de compradores de armamentos e usinas de energia movidas a carvão.[3]

Tribunais superiores como a Suprema Corte americana são mais atores do que arenas no que se refere a resolver quais decisões e políticas devem avaliar. No Egito, tribunais superiores chegaram a várias decisões na primavera de 2012 que afetaram o curso da revolução: suspenderam a assembleia constitucional em abril, derrubaram uma lei que impedia políticos ligados a Mubarak de participarem de eleições em junho, dissolveram o novo parlamento e ainda revogaram um decreto que dava à polícia militar o direito de prender civis. A maioria dessas ações enfraqueceu a revolução, levando a maior parte do público a ver o tribunal como um ator político (reacionário) e não como uma arena neutra, mas a revogação do decreto pró-militar restaurou um pouco da credibilidade da corte. Os nomeados para o tribunal superior mantinham alguma lealdade a Mubarak que os advogados comuns – muitos haviam participado dos protestos em 2011 – não compartilhavam.

Envolver outros atores

Políticos e jornalistas

Os *partidos políticos* e os *parlamentares* a eles vinculados são o principal alvo de muitos movimentos sociais, a fonte de novas leis e políticas que podem concretizar os objetivos dos manifestantes. Acima de tudo, os políticos desejam reeleger-se e os partidos também querem fazer com que seus membros consigam cargos eletivos e neles permaneçam. A opinião pública obviamente orienta suas escolhas, mas eles dedicam especial atenção a seus próprios colaboradores (sobretudo os colaboradores financeiros) e aos eleitores situados à margem entre dois partidos, os quais podem ser conquistados com políticas adequadas, mas perdidos quando elas são equivocadas.

As políticas não são tudo, e os políticos produzem mais declarações do que leis. As palavras têm importância, e com frequência é quase sempre gratificante para um movimento social ser levado suficientemente a sério para ser reconhecido em algum momento. Tal como outros atores estratégicos, os políticos muitas vezes transmitem mensagens distintas a diferentes públicos: uma retórica populista, anticorporação, pode angariar votos, ainda que o mesmo político trabalhe por baixo dos panos para proteger os interesses destas, fazendo escolhas secretas que só são percebidas por lobistas profissionais. Mas quando manifestantes recebem uma declaração de apoio, podem por vezes transformá-la em votos.

Os *jornalistas* também são atores fundamentais nos conflitos contemporâneos, como já vimos, não apenas por moldarem a opinião pública, mas também porque influenciam a percepção de manifestantes e políticos sobre suas *próprias* situações. Embora os manifestantes tenham suas críticas à tendenciosidade da mídia, e os grandes movimentos tenham suas mídias alternativas, os movimentos muitas vezes recorrem à mídia convencional para avaliar as intenções dos governantes e o ânimo geral da população. Os políticos são influenciados pelas representações jornalísticas da opinião pública; eles hesitam em se afastar muito do senso comum em assuntos relevantes.

Os que criam as notícias, seja em sites, jornais, rádio ou televisão, têm seus próprios objetivos e métodos. Os jornalistas em geral são pagos para cobrir determinados temas, tipicamente estruturados em torno de arenas como tribunais ou parlamentos; devem cumprir prazos e agradar editores e proprietários. Eles tentam apresentar matérias capazes de atrair o público, o que com frequência significa relatos de indivíduos, com algum suspense, sobre ações e não sobre a situação do momento, e especialmente formas de ação incomuns e fotogênicas. Apenas alguns protestos são considerados "midiáticos".[4] E somente alguns manifestantes: enquanto as autoridades governamentais têm quase sempre garantido o status de fontes legítimas de notícias a serem entrevistadas, manifestantes raramente desfrutam dessa condição. Eles recebem cobertura mais por suas ações que por suas opiniões, sobretudo quando essas ações ameaçam infringir a lei. Os editores muitas vezes apresentam os protestos como caso de polícia, mostrando os manifestantes como potenciais infratores.

Os grupos de protesto fazem o possível para romper essa **barreira da mídia**, realizando entrevistas uns com os outros, escrevendo releases engenhosos, criando slogans e materiais gráficos de qualidade. Ironicamente, os jornalistas muitas vezes desprezam tais atividades como "truques jornalísticos" espúrios quando os manifestantes parecem estar se esforçando demais para atraí-los.[5] Como toda boa performance, as manifestações devem parecer espontâneas; a melhor representação é a que não parece sê-la. (O sociólogo Arlie Hochschild distingue a *representação superficial*, quando você apresenta os gestos e expressões corretos, da *representação profunda*, em que você realmente sente o que se supõe que esteja expressando.) Não é bom dar a impressão de que você ensaiou sua performance.

Apesar das normas profissionais relativas à objetividade, difíceis de seguir nas melhores circunstâncias, jornalistas às vezes se tornam atores mais ativos. Isso pode não ser nada mais do que atrair a atenção para um problema social mediante reportagens e editoriais, geralmente problemas que a classe média pode condenar, como a obesidade, o fumo ou, em alguns casos, a remuneração excessiva de executivos de corporações. Alguns jornalistas são forçados a tomar partido, em especial quando funcionários do governo ou a polícia os atacam por – aos olhos dos próprios jornalistas – fazerem seu trabalho. Autoridades do governo Mubarak

Envolver outros atores 185

acusaram jornalistas estrangeiros de serem agentes israelenses e prenderam alguns repórteres da Al Jazeera. Bandidos pró-Mubarak atacaram o escritório da Al Jazeera no Cairo. A emissora retribuiu o favor apontando as mentiras perpetradas pela televisão oficial, o que reforçou a posição da rede junto aos manifestantes, que, em certo momento, no dia 6 de fevereiro de 2011, cantaram "Vida longa à Al Jazeera!".

A internet tem descentralizado o fluxo de informações pelas redes globais, e as pessoas recebem notícias umas das outras, assim como de jornalistas. Alguns regimes ainda tentam controlar essas fontes, já que elas são os pontos centrais dessa rede global, provedores de serviços cujos escritórios podem ser fechados e ter a energia elétrica cortada. Isso não é tão fácil quanto simplesmente desligar uma tomada. O regime de Mubarak tentou fazê-lo nos primeiros dias da revolução egípcia de 2011. Primeiro bloquearam as mensagens de texto. Depois solicitaram aos quatro maiores provedores de serviços de internet que desligassem os roteadores. Dois dias depois pediram a outro provedor, o Noor Data Services, que interrompesse seus serviços, mesmo que em resultado disso fossem suspensas as transações na bolsa de valores do Cairo. O blecaute não foi total, já que pequenos provedores, sobretudo em universidades, continuaram a operar, e alguns egípcios ainda tinham máquinas de fax e modems com acesso à internet.[6]

Hackers e ativistas de todo o mundo reagiram ao bloqueio reconfigurando seus próprios sistemas a fim de canalizar informações para dentro e para fora do Egito. O Twitter logo desenvolveu novos processos para converter mensagens de voz em tuítes, assim como novas hashtags para distribuí-los. Hackers da Telecomix descobriram uma forma de converter mensagens de voz em textos e enviá-los a todas as máquinas de fax em operação no Egito. Linhas telefônicas antiquadas substituíram a internet dessa e de outras maneiras. (O breve bloqueio da internet custou à economia egípcia quase 1 milhões de dólares.)

Aliados potenciais

Os *intelectuais*, incluindo acadêmicos, escritores, artistas e outros que pensam e criam para viver e encontraram um público para seus produtos, frequentemente veem suas atividades como uma forma de política e por vezes também se tornam – como todo mundo – parte de um movimento social. Quando se unem a um movimento, ou pelo menos são simpáticos a ele, podem concentrar-se em apresentar sua ideologia e suas esperanças, em contraste com os jornalistas, que têm muitos outros objetivos. Vimos que livros, músicas e outros produtos criativos podem inspirar e "legitimar" um movimento social para os próprios membros e também para os de fora. Um tipo especial de *intelectual orgânico* cresce no movimento, elaborando os argumentos, panfletos e revistas que o ajudam a articular seus valores e debater suas táticas. Seu público é geralmente o próprio movimento, embora eles possam ser recrutados como porta-vozes da mídia e de outros públicos.

As *celebridades* se assemelham aos intelectuais por terem seu próprio público, que segue o que elas fazem, dizem e usam. Com frequência são atraídas para movimentos sociais, manifestando-se sobre algum assunto, levantando verbas por meio de shows e apresentações e emprestando sua imagem para peças publicitárias. Até as celebridades e intelectuais públicos mais bem-intencionados submetem o movimento ao dilema dos aliados poderosos (o que não acontece com os intelectuais orgânicos): têm uma definição própria da causa, suas próprias reputações a cuidar e suas próprias paixões.

Os *espectadores* são uma categoria vaga de pessoas que observam a ação numa arena política sem no entanto participar. Alguns espectadores têm o potencial de se transformar em atores, tal como políticos que ainda não se definiram a respeito de algum assunto controverso. Outros podem ter um efeito indireto, como indivíduos levados a escrever a seus parlamentares sobre determinado assunto. Os políticos tendem a acompanhar a opinião pública e raramente assumem posições muito impopulares, ou pelo menos impopulares entre seus eleitores. Mesmo quando os espectadores não

Envolver outros atores

tendem a influenciar a opinião pública ou a se tornar atores, é sempre gratificante angariá-los para sua causa, já que isso lhe garante que você está do lado da justiça. Em muitos casos, imaginamos o que os espectadores podem estar pensando ou sentindo sem realmente o verificarmos. Eles são um símbolo de públicos mais amplos.

Outros grupos de protesto, do mesmo movimento ou de movimentos correlatos, podem ser concorrentes, aliados ou as duas coisas ao mesmo tempo. Pode-se compartilhar um objetivo com eles, como destituir Mubarak, mas ao mesmo tempo discordar tanto deles no que diz respeito a táticas que o trabalho em conjunto torna-se impossível. Ou pode-se competir com eles por atenção, membros, verbas e controle sobre a definição e os resultados da causa. Os jovens manifestantes liberais que pertenciam ao "Somos todos Khaled Said" estavam de novo nas ruas cantando coisas sobre Morsi semelhantes às que haviam dito sobre Mubarak, em conflito com os islamitas, outrora seus aliados.

A linha que separa os espectadores de outros grupos de protesto frequentemente é tênue, e é uma boa estratégia tentar alterá-la. No Egito, muitos protestos incluíram torcedores de futebol, acostumados a caminhar em bloco e entoar suas canções e gritos de guerra favoritos. Movidos pela repressão policial, eles deram um ar festivo a muitas passeatas e assembleias. Mas também não tinham medo de se misturar com a polícia, algo em que já tinham experiência. Ali estava o recrutamento em bloco em sua melhor forma.

Quando a cooperação é possível, *coalizões* permitem que grupos trabalhem juntos, embora conservando suas identidades próprias – e sempre mantendo o direito de sair caso a coalizão caminhe numa direção contrária à identidade fundamental do grupo. As coalizões podem ser formais ou informais, permanentes ou organizadas temporariamente para um propósito específico. Nada é automático nas alianças: elas exigem uma ampla dose de persuasão e trabalho emocional, normalmente por parte dos líderes dos grupos envolvidos.

Os *doadores* são um tipo especial de aliado, fornecendo recursos úteis – principalmente dinheiro, mas também conselhos, escritórios, locais para assembleias e outros elementos convenientes. As *fundações*, lideradas pela Fundação Ford na década de 1960, tornaram-se fontes importantes de capital inicial para grupos jovens, ironicamente usando dinheiro dos lucros de grandes corporações para desfazer prejuízos causados por práticas dessas empresas. As pessoas que distribuem as verbas das fundações têm visões morais e padrões profissionais próprios, mas também devem agradar seus patrões e conselhos diretores – de modo muito semelhante ao que ocorre com os jornalistas, que também sofrem pressões de cima. A maioria dos radicais trata os funcionários responsáveis pelas verbas com suspeita, em parte porque as fundações tendem a favorecer métodos de ação cautelosos e legais. Os reguladores podem muito bem fechá-las se não agirem assim, já que existem leis minuciosas normatizando suas atividades.

Doadores internacionais acarretam um risco especial, já que possuem recursos de países ricos que são muito sedutores para manifestantes de países pobres, os quais, em resultado disso, frequentemente se dispõem a alterar seu caráter e sua identidade a fim de adequá-los às ideias preferidas dos doadores a respeito das vítimas merecedoras de ajuda.[7] Quando a revolução egípcia já durava um ano, o governo interino, ainda dominado pelos militares, começou a perseguir grupos com base nos Estados Unidos que promoviam reformas e participação democráticas, talvez por terem dúvidas de que uma participação ampliada estivesse de acordo com os interesses dos militares a longo prazo (provavelmente não estavam).

Os manifestantes desejam e precisam de coisas distintas de diferentes atores, ajustando seus pedidos a cada um destes. Esses outros atores interagem simultaneamente entre si, muitas vezes para obstruir as ações dos movimentos sociais. Uma miríade de diferentes atores observa constantemente um ao outro, prevê ações e desenvolve seus próprios planos de ataque. Ganhar ou perder depende, para os manifestantes, dessa efervescente interação que se espalha por diversas arenas.

Envolver outros atores

Arenas de conflito

Variadas combinações desses atores envolvem-se umas com as outras numa série de arenas, cada qual com suas próprias regras, posições e recursos. Os manifestantes promovem seus objetivos em diversas arenas, e com frequência trocam de arena quando veem oportunidades de progresso. Devem monitorar e interpretar constantemente o que todos os atores estão fazendo nas arenas relevantes (mesmo que potencialmente). Quando obtêm muito sucesso, os movimentos na verdade alteram as regras das arenas ou aceitam posições dentro delas, o que torna mais fácil para eles influenciar os avanços futuros.

Além dos tribunais e das batalhas legislativas, as arenas comuns incluem: *manifestações* públicas voltadas para influenciar participantes, passantes, mídia e governos; *eleições* cujos resultados os manifestantes esperam influenciar; *debates* sobre temas de interesse público realizados por meio de livros, artigos, blogs e outros veículos; *audiências* públicas em que representantes de grupos de protesto dão seus testemunhos; *paredes* de prédios que os manifestantes cobrem com grafites ou cartazes; *eventos de mídia* como convenções políticas, coroações ou cerimônias de posse nas quais os manifestantes podem ganhar alguma atenção se agitarem o ambiente. Manifestantes também podem ocupar fábricas ou boicotar lojas, bancos, fornecedores e eleições – transformando quase todo tipo de lugar ou atividade numa arena para a contestação.

As táticas *jurídicas* estão abertas aos manifestantes que desejam permanecer dentro da lei, participando de rotinas institucionalizadas como escrever para políticos, abrir processos ou reunir-se pacificamente em espaços públicos. Em muitas dessas atividades, o protesto se assemelha a qualquer outro tipo de política, mas, quando passa para o lado de fora, ocupando ruas e praças, torna-se um movimento social clássico. Embora isso costumasse ser chamado de política "não institucional", por não envolver partidos nem parlamentos, já vimos que esse tipo de protesto é bastante institucionalizado em algumas nações. Em regimes mais opressivos, existem – por definição – mais restrições. Inicialmente, os manifestantes egípcios mantinham entre si uma distância de um metro e meio, em silêncio, seguindo as regras que proibiam reuniões públicas.

Uma ação considerada legal num país pode ser proibida em outro, incluindo atividades aparentemente elementares como passeatas e assembleias. Táticas *ilegais* muitas vezes desafiam as leis que as definem desse modo, como vimos no caso da agitação liderada por Wilkes, no capítulo 3. A **desobediência civil** combina coerção com persuasão. Ser preso é um símbolo de comprometimento consciente, acarretando um tempo considerável, talvez multas, e o risco de algo mais sério como lesão corporal ou, em alguns regimes, até mesmo a morte. Também é algo que atinge o noticiário.

Outras atividades ilegais podem ser direcionadas não a questões jurídicas ou à persuasão, mas como ataque ou retribuição direta a oponentes, como queimar o celeiro de um latifundiário perverso ou sabotar máquinas de uma fábrica. Isso envolve mais a coerção do que a persuasão, e pode prejudicar tanto propriedades quanto pessoas.

Defendendo a primeira opção no dilema da desobediência ou cordialidade, Francis Fox Piven e Richard Cloward[8] afirmaram enfaticamente que os pobres, diante de leis complexas destinadas a controlá-los, só defendem seus direitos e interesses quando *perturbam* atividades que a elite valoriza. O exemplo mais famoso são as greves de sit-in da década de 1930, quando operários ocuparam linhas de montagem fundamentais para a produção de automóveis da General Motors. Os operários tinham a chave dos rendimentos e dos lucros da GM, e após seis semanas a maior corporação do mundo reconheceu o United Auto Workers [sindicato dos trabalhadores do setor automotivo] como o único agente de barganha de seus operários. (Estes exigiam esse simples reconhecimento, nada mais.) Distúrbios, greves e outros tipos de ocupação também são exemplos de perturbação que atrai a atenção imediata, da mesma forma que boicotes. Para os que têm poucos recursos, essa abordagem pode funcionar melhor.

Em sua formulação complementar do dilema da organização, Piven e Cloward afirmam que quando os pobres criam organizações, tais como sindicatos, para promover seus interesses, essas organizações os traem,

Envolver outros atores 191

pois os líderes ficam mais interessados em manter a organização do que em obter vitórias para seus membros. Líderes sindicais tornam-se apegados a seus altos salários e viagens, começam a jogar golfe com gerentes e a ver o controle e o poder do sindicato como sua preocupação básica. Piven e Cloward minimizam outro ângulo do dilema: as organizações às vezes propiciam benefícios. (Se as organizações sempre fossem deficientes, não haveria dilema, e poderíamos imaginar por que motivo militantes sempre foram iludidos a estabelecê-las.)

Até os grupos mais oprimidos, na maior parte do tempo, evitam confrontos diretos. Assim, o que os ajuda a derrotar os instrumentos do status quo e a perturbar as coisas? Em uma palavra, as emoções. A raiva e a indignação podem alcançar um ponto em que as pessoas se disponham a correr grandes riscos pelo bem comum. Frequentemente um choque moral as impele a níveis mais elevados de atividade e confronto. Não se trata de uma reação automática; os líderes podem usar o choque para reforçar as lealdades e as emoções morais existentes, para instilar um senso de urgência – é agora ou nunca – e para elevar a prioridade dessas demandas acima das preocupações do dia a dia. Quando a polícia egípcia atacou manifestantes, isso foi interpretado contra um pano de fundo da esperança por mudança, a percepção de que se havia chegado a um ponto de inflexão. As multidões incharam em vez de murcharem.

Multidões podem coagir outras pessoas, intimidando-as com números e emoções. Podem infiltrar-se e interromper uma votação ou, como ocorreu na Flórida no ano 2000, uma recontagem de votos. Podem bloquear o acesso. Podem distrair funcionários e roubar documentos importantes, como fez um grupo de chineses em 2002, levando um documento que acreditavam provar a corrupção do governo local.[9] Números têm um poder coercitivo por si mesmos. Afinal, se a persuasão fosse o único mecanismo, uma pessoa poderia defender uma causa de modo mais efetivo do que mil. Multidões são ameaças e demonstrações de força mesmo quando não coagem ninguém. A polícia o reconhece, e fica intimidada; é por isso que com frequência responde da mesma forma, com suas próprias multidões de policiais.

Embora a longo prazo eles esperem mudar valores dos outros, a curto prazo os manifestantes por vezes desejam paralisar ou amedrontar outros atores por meio de ameaças. Isso continua sendo mais verdadeiro em relação a movimentos religiosos ou de direita, como o movimento antiaborto nos Estados Unidos, que tentou forçar os médicos abortistas a fecharem suas clínicas (com notável sucesso: 87% dos condados americanos não têm clínicas de aborto). A maioria dos movimentos de esquerda adota a democracia internacional e a persuasão externa como valores básicos. Mas ainda há casos, como o da revolução egípcia, em que os manifestantes reagem à violência. Persiste o dilema da desobediência ou cordialidade.

Os regimes mais torpes do mundo são frequentemente impermeáveis à persuasão, e o desespero leva à sabotagem e ao conflito armado. Nelson Mandela, líder do Congresso Nacional Africano e um herói global por sua luta de décadas contra o aparheid na África do Sul, foi cofundador e chefe da força de guerrilha do CNA, a Umkhonto we Sizwe (Lança da Nação). Esse grupo, criado em 1961, começou explodindo instalações e infraestruturas do governo. Mas a intransigência do regime africâner acabou por levá-lo da sabotagem a ataques a civis na década de 1980: ataques quase semanais a restaurantes, parques de diversões, vias urbanas congestionadas, assim como instalações militares e depósitos de combustíveis. Os distritos negros tornaram-se violentamente descontrolados, gerando imagens apavorantes no noticiário internacional. Só então os bancos globais começaram a negar empréstimos bancários; só então o regime começou a negociar com Mandela, libertando-o em 1990. Às vezes, só mãos sujas obtêm sucesso.

Os manifestantes sempre têm diversas arenas para escolher, e estas apresentam dilemas. Devem concentrar-se em construir suas redes e sua solidariedade internas ou envolver seus oponentes, num dilema de Jano? Devem adotar táticas agressivas e deploráveis que envolvam riscos maiores ou restringir-se a táticas conhecidas, juridicamente legítimas, ao estilo desobediência ou cordialidade? Grupos do Facebook, de amigos e semelhantes não derrubam regimes corruptos; ocupar praças do centro da cidade e

Envolver outros atores

assustar a polícia podem fazê-lo. Mas táticas cordiais são capazes de outras coisas, como reconfigurar a reputação de um grupo.

Há também o **dilema da cesta**: deve-se concentrar todo o tempo e atenção numa arena promissora ou realizar atividades em várias delas? Por exemplo, deve-se buscar a atenção da mídia, mas também trabalhar por baixo dos panos para negociar com políticos sensíveis? Deve-se boicotar uma eleição (como fizeram os opositores de Morsi em abril de 2013), mas também abrir processos para tentar impedi-la ou adiá-la? Pequenos grupos de protesto muitas vezes se concentram em uma tática, enquanto os maiores têm mais opções.

Boicotar uma eleição implica um dilema estratégico mais geral que eu denomino "**Estar Lá**": pode-se tentar deslegitimar uma arena recusando-se a participar dela, mas também evitando-se ter, pessoalmente, muito impacto sobre o que ocorre dentro dela. Esse é outro dilema que envolve risco: um boicote é uma aposta em que não se participando pode-se destruir a credibilidade ou a influência dessa arena.

A **troca de arenas** é mais comum quando um ator se viu bloqueado numa arena, mas também ocorre quando atores calculam ter melhores chances em algum outro ambiente. Você perde um processo e conclui que os tribunais não eram uma arena neutra, mas um ator com interesses próprios, contrários aos seus; pode então recorrer à mídia e aos parlamentos para mudar as leis que os tribunais usaram para rejeitar suas reivindicações. Algumas arenas estão intimamente vinculadas a uma hierarquia, com uma progressão reconhecida de uma a outra: você perde num tribunal e recorre a um tribunal superior. Outras têm vínculos mais frouxos: com a renúncia de Mubarak, os manifestantes voltaram sua atenção para as eleições subsequentes.

Mudanças estruturais nas regras das arenas são o objetivo final dos movimentos de protesto, que esperam facilitar suas ações futuras. Vimos isso claramente no movimento "Wilkes e Liberdade", que tentou estruturar liberdades civis básicas, mas a situação é igualmente clara no Egito, onde os manifestantes desejavam reformas radicais nas arenas do Estado. O movimento feminista dos Estados Unidos na década de 1960 lutava por leis que criassem arenas jurídicas em que as mulheres pudessem pleitear justiça econômica, já tendo obtido o direito de voto em 1920.

Algumas táticas são aplicadas em **arenas secretas**, e podem ou não resultar em revelações públicas. Assim, os espiões – com mais frequência empregados pela polícia, mas por vezes também enviados por movimentos de protesto – tentam trabalhar na clandestinidade; a exposição representa o fim de sua utilidade como espiões. Mas até espiões contratados por corporações que se infiltram em grupos de protesto podem, ocasionalmente, precisar se expor, apresentando à polícia provas suficientemente incriminatórias para provocar uma intervenção. Nos Estados Unidos, os espiões a soldo de corporações não estão sujeitos às mesmas restrições intricadas que a polícia, de modo que são conhecidos por ajudarem e encorajarem um indivíduo a planejar ou plantar bombas a fim de desacreditar o movimento de que afirmam fazer parte.[10]

As atividades secretas de manifestantes geralmente visam alguma **revelação** escandalosa, como os hackers do Anonymous que enviaram e-mails de empresas para o WikiLeaks. O movimento pelos direitos dos animais recebeu um grande reforço da parte de ladrões e delatores que forneceram

---

O dilema da segregação do público

Grupos de protesto (e outros atores) tentam passar diferentes mensagens a diferentes atores. Podem tentar parecer moralmente benignos para o público geral, mas ameaçadores para seus alvos empresariais. Podem garantir a seus membros que a vitória é iminente, mas ao mesmo tempo atrair novos recrutas mostrando que tudo é urgentemente alcançável. Muitos grupos discutem internamente objetivos radicais, ao mesmo tempo que apresentam publicamente demandas moderadas. Mas num mundo permeado pela mídia, para não falar de espiões, é difícil enviar mensagens diferentes a diferentes públicos. Uma linguagem codificada ajuda, e uma língua distinta ajuda ainda mais. Mas sempre existe o risco de que alguém grave sua fala, traduza suas palavras e o apresente como uma fraude.

Envolver outros atores

gravações em vídeo de horríveis experimentos de laboratório realizados com animais que jamais deveriam ser divulgados.

A melhor maneira de restringir uma mensagem a um público seleto é ter um código que outros não possam entender, mas isso é difícil na política moderna. Oradores polêmicos podem usar uma *linguagem codificada* que seus seguidores compreendem, mas os jornalistas não – ou pelo menos os significados mais controversos podem ser negados se necessário. Outro caso é o de grupos oprimidos que literalmente falam outra língua, como os povos indígenas da América Latina. Eles com frequência transmitem programas em suas próprias línguas que os falantes de espanhol não conseguem entender. Em resposta, o governo equatoriano tentou eliminar esses programas, com medo de mensagens subversivas ou no mínimo de atitudes de insubordinação. Mesmo esses radialistas correm o risco de que alguém traduza suas palavras para o espanhol, tornando-as acessíveis a públicos aos quais elas definitivamente não se destinavam.

Persuadir outras pessoas

Apesar de ocasionais envolvimentos com forças de segurança coercitivas ou de táticas violentas ou agressivas a que eles próprios recorrem, a principal atividade dos manifestantes consiste na persuasão: tentar estimular em outros atores, assim como em seus próprios membros, crenças, sentimentos e ações úteis.

O protesto complica a democracia, pelo menos a democracia que envolve o voto em candidatos e os referendos. Ele oferece outras maneiras de expressar opiniões urgentes que o voto não pode proporcionar. A mídia e os políticos estão bem conscientes dos custos das diferentes formas de vocalização, e as avaliam de acordo com isso. Assinar uma petição online pode levar apenas alguns segundos, enviar um e-mail a um parlamentar, alguns minutos; ir a uma assembleia pode ocupar muitas horas, enquanto ser preso pode durar muitos dias. Fundar, manter ou trabalhar para um grupo de protesto, ou uma série de grupos, pode levar uma vida – prova incontestável de um profundo compromisso moral.

Charles Tilly,[11] reconhecendo perto do fim de sua vida que a persuasão cultural é o cerne daquilo que fazem os movimentos sociais, sugeriu que os manifestantes se envolvem em **demonstrações de VUNC** para outras pessoas: tentam expor seu Valor moral, sua Unidade, o grande Número de membros que possuem e seu grande Compromisso com a causa. Essa sigla deselegante, porém adequada, pode ser, entre os conceitos de Tilly, o mais duradouro. Ela mostra a caracterização de personagem: o valor moral e o compromisso demonstram que os manifestantes são bons; a unanimidade e o número de membros atestam que eles são fortes (embora, num mundo que valoriza a democracia, esses números também mostrem que "as pessoas" apoiam a causa, reforçando também sua legitimidade moral). Se suas declarações morais não conseguem persuadir, eles se tornam vilões perigosos; se suas declarações de força não funcionam, eles parecem

Heróis são grandes, asseclas são minúsculos.
Imagem: Carlos Latuff, Wikimedia Commons.

Envolver outros atores

vítimas ou palhaços. Numa imagem, manifestantes egípcios fizeram de Khaled Said um herói gigante segurando um ridículo (e minúsculo) Mubarak. A caracterização de personagem, lembremos, é uma arena-chave, na qual os atores tentam apresentar-se sob uma luz favorável e mostrar seus oponentes de forma desfavorável.

Os espectadores que observam as manifestações – ou assistem a elas pela televisão – não são o único público, evidentemente. Todos os outros atores também estão observando, ainda que de forma indireta, mesmo quando estão a milhares de quilômetros de distância, como os grupo internacionais de direitos humanos (um tipo de organização não governamental internacional, ou Ongi), que fornecem atenção (e frequentemente verbas) a grupos locais. Como o capitalismo global produziu países ricos e países pobres, os doadores costumam ser de países ricos, e os que pedem verbas, de países pobres. Um grupo sabe que, se puder atrair a atenção de uma organização importante como a Anistia Internacional, também irá atrair a atenção da mídia, além de doações e apoio diplomático. Grupos como a Anistia são líderes de opinião para outros atores.

O cientista político Clifford Bob[12] estudou a forma como Ongis e rebeldes locais se "alinham" entre si. Os rebeldes podem forjar uma identidade de "o tipo certo" de pessoas para Ongis apoiarem, o que muitas vezes significa terem sido vítimas de uma corporação multinacional (sobretudo se esta tiver produzido uma catástrofe ambiental), sofrido repressão da parte de seu governo, mas também não terem cometido atos de violência como parte de seu próprio protesto. Devem ser vítimas puras, sem nenhum respingo de vilania. A caracterização de personagem feita pelos grupos de protesto para atrair uma Ongi limita, assim, as táticas que podem usar contra seus governos, empurrando-os na direção de uma rota cordial e não de uma rota de desobediência. Além da caracterização de personagem, os postulantes têm mais chance de atrair a atenção de uma Ongi se tiverem um líder carismático que escreva ou fale bem em inglês (ou qualquer que seja a língua usada pela Ongi), e se essa pessoa for uma celebridade ou viajar muito. Os contatos pessoais, a capacidade de sentar-se frente a frente, ajuda muito.

Da mesma forma que você tenta apresentar sua melhor face do ponto de vista moral, uma das melhores formas de minar seus adversários é levantar dúvidas sobre sua moral. Isso é válido tanto para governos como para manifestantes. As forças da ordem justificam suas ações apresentando os manifestantes como desordeiros, até mesmo criminosos em casos extremos. No Egito, essa caracterização de personagem não teve sucesso, de modo que o regime em situação de colapso deu mais um passo: tirou a polícia das ruas e esvaziou várias prisões de forma triste. Gangues de criminosos recém-libertos saquearam shoppings e queimaram carros. "Anarquia", gritaram os jornais do governo, tentando juntar manifestantes e criminosos. Esforços para apelar aos temores do cidadão médio frequentemente funcionam, mas o regime de Mubarak carecia de credibilidade ou tempo suficiente para ter sucesso nessa difícil empreitada.

Quando não estava retratando os manifestantes como imorais e perigosos, a outra estratégia de Mubarak era apresentá-los como fracos, ineficazes e destinados ao fracasso, uma visão que, em circunstâncias normais, poderia minar a confiança dos próprios manifestantes. Essa abordagem funciona melhor antes que seus opositores tenham ocupado grandes praças, incendiado prédios e realizado outras ações demonstrando sua força. É o mesmo trabalho de personagem que regimes de todo o mundo realizam para desprezar os manifestantes como risíveis – e uma das maneiras pelas quais as táticas desafiadoras podem ter um efeito positivo, afirmando a força de um movimento.

Outra forma de destruir a reputação moral de seus adversários é pegá-los numa mentira, pois nada é mais prejudicial à respeitabilidade de uma organização ou indivíduo. Quando tentou apresentar os manifestantes como impotentes, o regime de Mubarak logo foi desmentido: a emissora de televisão Al Jazeera mostrou que, próximo a uma rua tranquila apresentada na televisão estatal, havia um verdadeiro caos, com tiros e uma van da polícia pegando fogo. (Num caso semelhante, ativistas sírios observaram que o "homem na rua" que apareceu na televisão estatal louvando o regime de Assad parecia conhecido; conseguiram compilar um vídeo com vinte situações em que ele tinha sido escolhido "aleatoriamente" para

Envolver outros atores

representar a opinião pública!) Quando descobertas, as mentiras – e a manipulação desajeitada da mídia – são um dos piores equívocos, pois se perde não apenas a credibilidade, mas também uma reputação mais geral de boas intenções. Atores morais não mentem.

OS ATORES SE CONFRONTAM, numa complicada sequência de expectativas, ataques, contra-ataques, vetos, alianças, caracterização de personagem, criação de símbolos e outras coisas, espalhando-se por múltiplas arenas em que se pode tomar decisões ou formar opiniões. Esses jogos estratégicos misturam cálculos e emoções, seduções e ameaças, persuasão e coerção. Sempre são complicados. Mas determinam quais atores vão obter o que desejam, quais deles vão perder, quais serão totalmente eliminados, quais irão resistir até a próxima disputa. Esses confrontos constituem o cerne da política.

A maioria dos movimentos sociais não vence nem perde: não é esmagada nem punida, mas também não consegue realizar todas as políticas e mudanças estruturais desejadas. Se os movimentos têm primeiramente de persuadir, seu maior impacto, quando chegam a ter algum, é muitas vezes ampliar o número de pessoas que pensam e sentem. O próximo capítulo examina esse tipo de impacto, além de outros sucessos e fracassos.

8. Ganhar, perder e mais

Parte da família: os direitos dos animais

Antes do século XIX, os animais não eram nada mais que um recurso: para serem comidos, montados, vestidos ou destruídos para a diversão humana, como nas rinhas de galo ou nas brigas entre cães e touros. Alguns cães tiveram a felicidade de ser incorporados aos lares como parte da família, na maioria das vezes por aristocratas que os usavam para a caça (na Europa) ou como peças de decoração (na China).

Depois, nos países em fase de industrialização no século XIX, as classes médias em expansão adotaram um número crescente de animais (gatos e cachorros também) como parte da família, bichos de estimação a serem amados e mimados, não comidos. As sociedades protetoras dos animais surgiram na Grã-Bretanha como uma causa das classes mais elevadas, mas, por essa mesma razão, tiveram grande influência. Na década de 1860, elas se haviam espalhado pela Europa e os Estados Unidos, muitas vezes graças aos esforços de expatriados britânicos. A essas sociedades beneficentes, que tratavam de animais sem dono e investigavam queixas de crueldade em grandes cidades, juntaram-se mais tarde, nesse mesmo século, sociedades antibiotomia que produziam panfletos contra a realização de experimentos com animais vivos, novamente a partir da Grã-Bretanha.

Um século depois, na década de 1970 na Grã-Bretanha e na de 1980 nos Estados Unidos, surgiu um movimento mais radical pelos direitos dos animais, exigindo um leque muito mais amplo de proteção a espécies não humanas.[1] O núcleo inicial foi um pequeno grupo de filósofos que viviam ou estudavam na Grã-Bretanha. Parte do ímpeto veio de um me-

Ganhar, perder e mais

lhor conhecimento científico sobre as capacidades cognitivas de símios, golfinhos e outras espécies, que tornou mais fácil imaginar como lhes parecia a vida e quão privados deveriam sentir-se quando capturados, escravizados e torturados por seres humanos. Outro fator favorável foi a consciência ecológica de que o mundo não tinha sido criado para que os seres humanos se apropriassem daquilo que quisessem, mas consistia em habitats delicados, acomodando espécies vegetais e animais que estavam desaparecendo rapidamente.

As novas questões iam muito além dos abusos cometidos contra "o melhor amigo do homem" ou do chicoteamento de cavalos usados para transporte que haviam provocado os ativistas do século XIX, incluindo as caçadas, as horríveis condições das fazendas de gado, as tediosas rotinas dos animais em circos e zoológicos, o uso (frequentemente exigido por lei) de porquinhos-da-índia e outros roedores para testar novos cosméticos e substâncias tóxicas. A ciência havia sido um tema no século XIX, mas sua ampla expansão no século XX encontrou um número cada vez maior de usos para animais, em especial os mamíferos peludos que tão facilmente atraem a simpatia.

De todos os alvos do movimento pelos direitos dos animais, os cientistas eram os que se defendiam com mais veemência, talvez porque os laboratórios de pesquisa das universidades fossem alvos frequentes e vários vídeos comprometedores mostrando animais em sofrimento tenham sido roubados desses laboratórios por espiões ou ladrões no início da década de 1980. Os protecionistas superavam os argumentos de seus adversários. Se os animais podem sentir dor da mesma forma que nós, como se pode justificar que os forcemos a sofrer se não faríamos a mesma coisa com outros seres humanos? Pelo menos outros humanos podem consentir em serem submetidos à dor se acreditarem que isso pode resultar num bem maior. O melhor que os cientistas podiam fazer era organizar coletivas de imprensa com crianças encantadoras cujas vidas tinham sido salvas graças a técnicas desenvolvidas e testadas com outras espécies, embora os ativistas estivessem prontos a apontar que as mesmas técnicas poderiam – sob diferentes leis e normas científicas – ter sido desenvolvidas sem o uso de animais, ou pelo menos com menor quantidade deles. Se os cientistas se esforçavam para justificar o uso que faziam de animais, a indústria de peles e outras mal chegaram a tentar. Simplesmente doaram dinheiro a parlamentares para bloquear as propostas mais radicais.

A Grã-Bretanha aprovou uma série de leis de proteção aos animais na área da ciência, a partir de 1986 em relação aos mamíferos, depois incluindo os polvos (1993) e mais tarde peixes e anfíbios. Com a inclusão da proteção a animais de fazenda e leis gerais contra a crueldade, o Reino Unido tem as medidas de proteção mais estritas do planeta. Uma lei de 2004 restringiu severamente a caça à raposa. Na década de 1990, os Estados Unidos também viram uma nova série de leis federais e estaduais, assim como emendas a leis aprovadas em torno de 1900, além de uma ampla regulamentação do governo sobre fazendas e no campo da ciência, em grande parte baseada em pesquisas dos próprios cientistas sobre as aptidões dos animais, a vida na selva e a capacidade de sentir dor. Várias nações da Europa, logo seguidas pela União Europeia, impuseram, alguns anos depois, leis ainda mais rigorosas. O uso de animais não foi de todo abolido, mas seu sofrimento se reduziu consideravelmente. As pessoas, contudo, ainda comem carne, usam roupas de pele, visitam e compram cachorrinhos em "fábricas de filhotes".

Os movimentos sociais têm uma série de efeitos, a começar pelo fato de ganharem ou perderem. Um dos impactos mais duradouros é sobre a forma como as pessoas veem e se sentem em relação ao mundo, em outras palavras, a criação de uma nova sensibilidade moral.

Ganhar e perder

Nenhum movimento obtém tudo que deseja de sua lista (geralmente longa) de reivindicações e esperanças. Alguns atingem suas principais metas e outros realizam objetivos menos importantes. A maioria dos movimentos por cidadania tem obtido para seus membros – depois de lutas prolongadas – o

Ganhar, perder e mais

pacote de direitos, sobretudo o de voto, que pretendia. É difícil para sistemas que se intitulam democráticos continuar excluindo amplas categorias de seres humanos do processo político. Mas mesmo grupos que ganham o direito de voto enfrentam uma outra série de exclusões e estereótipos que inibem seu progresso. Na maioria das nações democráticas, as mulheres obtiveram o direito de voto um século atrás, mas precisaram organizar sucessivas ondas de protesto para serem levadas a sério em muitas outras arenas. Votar é uma coisa, tornar-se primeiro-ministro é outra.

Os movimentos pós-cidadania têm um histórico pior, pois a maioria deles está lutando para mudar comportamentos e atitudes profundamente arraigados. Para ter pleno sucesso, o movimento pelos direitos dos animais teria de persuadir todos nós a abrir mão não apenas de peles e zoológicos, mas também de comer carne. É uma indústria muito grande para se eliminar, seja qual for a lógica ou a simpatia dos argumentos. Muitas pessoas têm consciência das contradições presentes em seus estilos de vida, mas isso não basta para mudar hábitos enraizados.

É mais comum para um movimento ir mudando ligeiramente suas políticas numa direção favorável do que atingir metas explícitas. Leis e políticas surgem de uma complexa rede de arenas em que os movimentos de protesto costumam ser atores muito fracos em comparação com os partidos políticos, as corporações e a opinião pública tal como apresentada pela mídia. Partidos e movimentos interagem entre si de maneiras complexas: indivíduos agem, movimentos invadem ou criam partidos, partidos e movimentos formam alianças, partidos cooptam temas de movimentos dando-lhes crédito ou não. Em todo caso, políticos e burocratas devem ver alguma vantagem em acolher as demandas de um movimento, quer isso envolva mais votos, novas coalizões ou maiores verbas para suas instituições; ou precisam temer que este possa comprometer seus objetivos, como o de manter a ordem. Tal como outros atores, políticos podem ser persuadidos, comprados ou coagidos.

Como seus públicos são fragmentados, os manifestantes nem sempre sabem que efeito retórico estão tendo sobre algum deles. Isso é especialmente válido quando seu alvo são políticos, que por vezes adotam uma causa, mas também têm interesse em negar que táticas não institucionais influenciem as políticas. Apesar disso, a legislação e as decisões dos tribunais, por mais que sejam apresentadas como impermeáveis à influência de estranhos, às vezes mudam em direções favoráveis aos manifestantes. Os movimentos de idosos na década de 1930 estimularam o Congresso dos Estados Unidos a aprovar a Lei de Seguridade Social; os manifestantes contra a guerra na década de 1960 tiveram mais efeito sobre a Casa Branca do que eles próprios perceberam à época. Os políticos têm uma propensão a cooptar secretamente temas e sentimentos, embora o neguem.[2]

Grupos de protesto podem influenciar políticas em diferentes estágios: quando se estabelecem as pautas, quando se redige o conteúdo de uma nova lei, quando esta é votada e assinada ou quando é implementada.[3] Os movimentos de maior sucesso mudam as regras das arenas de modo a facilitar sua influência em decisões futuras, garantindo-lhes algum tipo de permanência. Isso muitas vezes assume a forma de uma nova agência do Estado que chega para "assumir" o problema social que o movimento

---

O dilema da articulação

Pode parecer que os movimentos precisam ser claros quanto a seus objetivos para chegar a alcançá-los algum dia. Muitas vezes eles se concentram em leis ou políticas que desejam ver implementadas ou abolidas. Um objetivo claro atrai quem concorda com ele. Mas há também um lado negativo na articulação clara: os que não compartilham essa meta específica podem evitar o movimento, mesmo que sustentem objetivos correlatos. E, uma vez alcançado esse objetivo limitado, o que o movimento deve fazer em seguida? Haverá metas correlatas para as quais deve redirecionar sua atenção? Será que ele consegue evitar a desmobilização que frequentemente se segue quando se atinge um objetivo declarado? Além disso, um objetivo claro pode estimular uma ação vigorosa por parte dos alvos visados ou de partidos políticos capazes de atrair os eleitores descontentes com esse objetivo.

Ganhar, perder e mais

divulgou: proteção ambiental, fraude ao consumidor, secretarias de mulheres, pensões, segurança no trabalho, proteção à infância e assim por diante. Em muitos casos, as próprias autoridades desejam reformas e podem usar a evidência do apoio popular para atingir seus objetivos, estimulando ou mesmo financiando organizações de protesto.

O protesto costuma ser uma parte da mudança social, refletindo, mas também aprofundando, novas sensibilidades, estimulado por atores do Estado, mas também os auxiliando. Alguns movimentos reivindicam coisas que aconteceriam de qualquer forma, mas podem ao mesmo tempo acelerar o processo, ajudando as pessoas a avaliarem o que desejam. Por outro lado, quando entram em arenas políticas, onde a regra é a competição entre partidos, demandas explícitas podem, em vez disso, estimular a oposição, retardando o processo de mudança. Seus opositores podem tentar bloquear suas propostas, mesmo que apenas para prejudicá-lo. É por isso que muitos movimentos causam impacto sobretudo fora das arenas políticas.

Tal como ocorre com indivíduos, os movimentos sociais têm muitos objetivos que gostariam de atingir. Alguns são declarados e outros não: alguns são esperanças de facções e indivíduos, enquanto outros são amplamente aprovados; diferentes objetivos se destacam quando parecem mais fáceis de alcançar e submergem quando parecem mais difíceis. Interações estratégicas são imprevisíveis, e muitas vezes acontece de os objetivos originais de um grupo não serem mais possíveis ou desejáveis. Ele pode preferir objetivos mais modestos ou, inversamente, tirar vantagem de aberturas para defender metas mais ambiciosas.

A revolução egípcia teve êxito porque pessoas muito diversas foram por ela atraídas, unidas somente pelo ódio a Mubarak e discordando totalmente em relação ao que deveria substituí-lo (um não, muitos sins). Os manifestantes da praça Tahrir estavam unidos mais por emoções que por ideologias, mas isso foi suficiente para derrubar um dos ditadores mais poderosos do mundo. O movimento Occupy também compartilhava uma disposição de indignação com respeito à desigualdade econômica, mas se recusou a expressar objetivos políticos. Declarações de missão, apresentadas ao mundo, não se desfazem facilmente, deixando de mãos atadas posteriores assembleias para a tomada de decisões. Esse é um dos motivos pelos quais o Occupy Wall Street se mostrou tão relutante em formular suas reivindicações, pois seus membros perceberam que estavam ali por muitas razões diferentes, mas também que as futuras assembleias gerais deveriam ter objetivos diferentes. Eles constataram que não poderiam decidir por elas. "Estamos aqui, somos ambíguos, acostume-se com isso."

Inspirar outras pessoas

Os movimentos sociais afetam uns aos outros. Os manifestantes de um movimento muitas vezes também estão envolvidos com outros; conhecem pessoas que fazem parte deles e empregam suas ideias, símbolos e táticas. Todo tipo de informação e emoção flui pelas redes de ativistas que atravessam os movimentos. Grupos de protesto também podem constituir alianças, compartilhando explicitamente suas visões e, em casos raros, seus recursos. Mas a principal forma pela qual um grupo afeta outros, ou um movimento influencia outros, é por meio da inspiração emocional. "Olhe para eles. Estão fazendo uma coisa maravilhosa. Deveríamos fazer o mesmo." Isso exige alguma admiração e identificação com esses outros.

A contrapartida negativa ocorre quando outro movimento faz alguma coisa audaciosa ou ameaçadora e você deve reagir. A direita cristã americana, como vimos, surgiu a partir de grupos e igrejas mais antigos em reação tanto ao feminismo como à militância LGBTQ.

Devido à grande importância dos atores do Estado, um grupo de protesto observa outros grupos em busca de sinais de como a polícia, os tribunais e outras agências tendem a reagir ao protesto. A repressão odiosa pode ter um efeito amplamente assustador. Mas, quando um governo aceita as reivindicações de um grupo, isso pode estimular outros a apresentar demandas semelhantes, tal como o movimento pelos direitos das mulheres veio à tona nos Estados Unidos durante os movimentos pelos direitos civis dos negros. Essa orientação está longe de ser perfeita, uma

Ganhar, perder e mais

vez que as forças da ordem podem tolerar ou até encorajar um movimento, mas agir duramente em relação a outros.

Como antigos movimentos inspiram os novos, os movimentos de protesto com frequência se agregam em **ondas de protesto**. Estudantes, trabalhadores, ecologistas, feministas, grupos étnico-raciais e outros tomaram as ruas no final da década de 1960 e início da seguinte numa variedade de nações, especialmente, mas não apenas, na Europa. Um grupo inspirava outros e indivíduos transitavam entre movimentos. Outra onda começou no final da década de 1990, tornando-se conhecida como movimento por justiça global. O Occupy e o Indignados, surgidos em 2011, constituíram outro agregado, bastante incomum, mas também podem ser vistos como parte da onda, mais extensa, da justiça global.

As teorias estruturais enxergam não apenas ondas, mas ciclos, em que cada estágio leva ao seguinte, repetidas vezes. O mecanismo é que o sistema político tem se enfraquecido, de modo geral, e os movimentos surgem para tirar vantagem das oportunidades, observando-se uns aos outros em busca de pistas sobre onde estão as aberturas; no final, o Estado se reagrupa e reprime o protesto; mais tarde o ciclo recomeça enquanto se desvanecem as memórias da repressão. Uma descrição mais racionalista dessas ondas enxerga os manifestantes como pessoas que avaliam cuidadosamente suas chances de sucesso e as possibilidades de repressão, com base no que acontece a outros movimentos quando vão às ruas. Numa abordagem mais cultural das ondas de protesto, um movimento inspira outros mediante uma visão moral atraente, emoções como esperança e empolgação, e geralmente uma estrutura e crenças comuns.

Devemos ter cautela ao falar de ondas de protesto, pois corremos o risco de adotar a perspectiva da mídia ou até da polícia sem o percebermos, já que elas são nossas fontes usuais de informação sobre o volume de protesto existente em determinado momento. Não queremos negligenciar toda a atividade que ocorre durante períodos mais calmos ou durante os quais a mídia perde o interesse.

Como pensamos

Os movimentos tentam mudar a forma como pensamos o mundo, ajudando-nos a vê-lo de novas maneiras e a enxergar coisas novas nele. Os participantes desenvolvem outras visões primeiro para si mesmos, mas depois as oferecem ao resto de nós. Às vezes o principal propósito de um movimento é dar nome a um problema social: persuadir as pessoas de que o sexismo, o assédio sexual, a crueldade com animais, o racismo e o racismo institucional, o abuso sexual de crianças, a injustiça global e outros problemas realmente existem. Com um rótulo, eles podem ser reconhecidos, mensurados e talvez monitorados. Depois que essa realidade é reconhecida, os manifestantes e seus aliados podem demonstrar o mal que eles fazem e a urgência de eliminá-los. Podem-se criar técnicas para enfrentá-los. Por meio de uma caracterização de personagem, movimentos sociais podem deixar como legado padrões de culpa, vilões e vítimas novos.

Movimentos sociais costumam nos ajudar a pensar sobre *nós mesmos* de outras maneiras, sobretudo como parte de uma nova identidade coletiva. Muitos movimentos tentam reexaminar identidades já existentes – afro-americanos, mulheres, gays e lésbicas, classe trabalhadora –, enquanto outros tentam criar novas identidades reconhecendo problemas sociais, como "mulheres agredidas" ou sobreviventes de abuso sexual. Movimentos ecológicos, pelos direitos dos animais e alguns outros buscam ampliar nosso círculo de preocupações morais para abranger a natureza não humana. Suas identidades coletivas são delimitadas com menor clareza, mas a implicação é que os seres humanos deveriam tornar-se "mais descentrados", vendo-se como uma pequena parte de um grande universo. Se é esse o objetivo, as táticas para alcançá-lo podem, não obstante, basear-se nas identidades do movimento: temos orgulho em lutar pelos animais, em ser solidários, porém politicamente rígidos. Desenvolvemos novas identidades como "ecologistas" ou "militantes pelos direitos dos animais".

Alguns movimentos chegam a alterar a *ciência* e a *tecnologia* básicas. Uma das preocupações centrais do ACT UP era acelerar a testagem de

Ganhar, perder e mais

drogas, e de fato ele transformou a maneira como drogas urgentemente necessárias são avaliadas nos Estados Unidos. Haveria pouco uso de reciclagem ou energia eólica no mundo hoje sem a pressão do movimento ambientalista. Os ativistas pelos direitos dos animais sacudiram as rotinas confortáveis dos cientistas, em especial dos que utilizavam testes como o de Draize, em que potenciais alergênicos são colocados nos olhos de animais conscientes em situação de confinamento – em sua maioria coelhos brancos – em busca de sinais de inflamação. Fotos desses animais, com os olhos sangrando, inflamados ou soltando um pus amarelo, foram armas de recrutamento poderosas para o movimento. Na controvérsia que surgiu, resultou que esses testes, realizados havia décadas, prosseguiam basicamente porque leis nacionais os exigiam para muitos tipos de substâncias. Alguns questionavam se os olhos de coelhos e seres humanos eram suficientemente semelhantes.

Dentro de uma década, desenvolveram-se testes alternativos usando células epiteliais e o próprio teste de Draize foi modificado, passando a utilizar formas diluídas de uma substância, a ser interrompido aos primeiros sinais de irritação e a começar com um único animal em lugar de vários deles. O Ministério do Interior britânico impôs uma série de restrições rígidas em 2006, incluindo a exigência de que outros testes fossem realizados primeiro; quaisquer exceções devem ser aprovadas pelo secretário de Estado. O sofrimento foi amplamente reduzido e a ciência da testagem avançou.

Como nos sentimos

Os movimentos também afetam nossos sentimentos, como os que provocam nossa indignação ou compaixão, ou nos deixam orgulhosos ou envergonhados. Certos aspectos de nossas emoções podem ser alterados, outros não. Os seres humanos têm capacidade biológica de produzir adrenalina, aumentar o ritmo cardíaco, enrubescer, flexionar os músculos etc. – os processos básicos de sentir-pensar que constituem as emoções. Estes não são por si mesmos produtos culturais. Mas já vimos que grande parte disso é culturalmente determinada: o que *desencadeia* essas ações, os *rótulos* que aplicamos a esses conjuntos de sentimentos e o modo como *mostramos* o que estamos sentindo.

Movimentos de protesto têm ajudado a mudar nossos próprios impulsos corporais, ou pelo menos suas expressões. Para alguns indivíduos, crianças podem continuar sendo objetos de desejo, mas movimentos de proteção aumentaram as penalidades de agir segundo esse impulso. Outros movimentos elevaram os custos do vício em certas substâncias. O movimento antitabaco teve um enorme sucesso nas duas últimas décadas, limitando a difusão do próprio impulso em vez de sua expressão. Comerciais contra o fumo ligam o tabaco a resultados apavorantes em termos de saúde, num esforço para torná-lo repulsivo. Os vegetarianos tentam fazer o mesmo em relação à carne.

Movimentos sociais também têm lutado para controlar os impulsos corporais associados à dor. Na política, nossos impulsos são por vezes usados contra nós, como nas técnicas de tortura que tiram vantagem não apenas da dor, mas de impulsos correlatos como a necessidade de dormir ou defecar. A eliminação da dor dos repertórios policiais tem sido um objetivo de todo movimento por centenas de anos, e o movimento de direitos humanos contemporâneo é um dos maiores empreendimentos de protesto – sinal de que, apesar de ter havido grande progresso, muito resta a ser feito na luta contra a tortura.

Movimentos sociais também têm afetado nossas emoções reflexas. O nojo, por exemplo, foi limitado. Ainda temos nojo de ovos podres ou secreções gosmentas, mas com menos frequência de categorias inteiras de pessoas. Na maioria dos países, as mulheres não são mais consideradas nojentas ao menstruarem, os judeus não são mais vistos como sujos e fedorentos, como os antissemitas costumavam percebê-los. A maioria das pessoas, na maior parte do tempo, tem uma visão mais ampla de quem é plenamente humano do que seus ancestrais, o que constitui um triunfo da civilização.

Até a raiva, que pode parecer uma emoção urgente e automática, é demonstrada de formas distintas em diferentes culturas. Ela tem sido reduzida em muitas situações: um homem que bate na mulher agora pode ser preso. Com o tempo, esses homens têm condições de aprender a se controlar. Nos 250 anos que se passaram desde que os seguidores de Wilkes marcharam por cidades da Inglaterra, os manifestantes também aprenderam a minimizar demonstrações públicas de raiva; na maioria das manifestações eles parecem calmos e controlados, ainda que estejam indignados com algum problema social ou decisão do governo.

Por outro lado, alguns grupos descobrem o poder e mesmo o prazer da raiva por meio do protesto, movendo-se na direção oposta no que se refere ao dilema da desobediência ou cordialidade. O movimento feminista teve

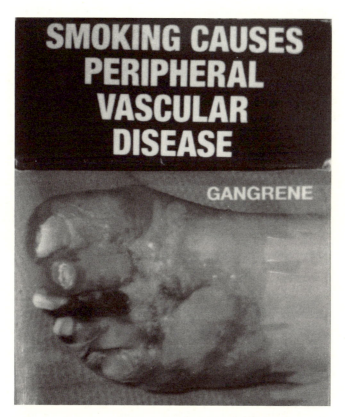

Novo pacote de cigarros australiano que visa nos ensinar a ter repulsa
(FUMAR CAUSA DOENÇA VASCULAR PERIFÉRICA. GANGRENA).
Imagem: Marco Nembrini.

de enfrentar as expectativas tradicionais de que mulheres não deveriam ter raiva, limitação que tornava difícil mobilizar as pessoas em seu favor. Grupos subordinados devem ser capazes de sentir e demonstrar algumas emoções agressivas para poderem avançar. Expressões emocionais de vários tipos são fundamentais na política.

Os movimentos sociais exercem um grande impacto sobre nossos compromissos afetivos duradouros. Observamos como eles criam para nós novas identidades, novos padrões de amor e ódio. O nacionalismo nem sempre é simpático, mas movimentos nacionalistas têm sido dos mais exitosos da história. Em muitos casos, como o dos LGBTQ e dos dalits, o primeiro objetivo de um movimento é transformar a vergonha do grupo em orgulho, num senso básico de dignidade humana. A vida dos grupos é fundamental para nossa humanidade, uma criação tanto emocional quanto cognitiva.

A arte é uma combinação eloquente de pensamento e sentimento, e uma série de movimentos deixou atrás de si grandes manifestações artísticas, incluindo música, pinturas, romances e poesia. Manifestantes e artistas compartilham o sentimento estimulante de estar criando um novo mundo, desenvolvendo uma nova imagética e uma nova linguagem para expressar uma visão que ainda não se cristalizou. Em conjunto, eles elaboram a nova sensibilidade. O protesto é, em si mesmo, artístico.[4]

O impacto moral

Em última instância, os movimentos ajudam seus membros – e outros – a articular e ampliar novas visões morais com base em novas maneiras de sentir e pensar. A **dignidade** básica de todas as pessoas, com uma variedade de direitos – civis, políticos, econômicos –, tem sido promovida por movimentos de protesto em todo o mundo, com participantes geralmente exigindo esses direitos para si mesmos, mas às vezes para outros (embora um componente central da dignidade seja reivindicar seus próprios direitos, se possível). Esses direitos são sempre fins em si mesmos, mas também meios para atingir outros objetivos, até mesmo outros direitos. Quando

Ganhar, perder e mais

mulheres e trabalhadores conquistaram o direito de voto, puderam chegar com mais facilidade a proteções e avanços na esfera econômica. O cerne da dignidade humana é ser capaz de controlar o mundo à sua volta em vez de ser controlado por outros ou castigado pelo destino.

A dignidade é tão importante para as pessoas que elas vão protestar como forma de conquistá-la, mesmo enfrentando contingências assustadoras.[5] Elas podem imaginar que não têm chance alguma de vencer, mas o simples fato de irem às ruas para afirmar sua expressão moral é algo que supera os riscos. Sua bravura, postando-se à frente de tanques e tropas armadas, cães policiais e canhões de água, é impressionante.

Os movimentos sociais afetam tanto os princípios e intuições morais, de um lado, quanto as emoções deles resultantes, de outro. Somos capazes de maior indignação quando incluímos mais grupos de pessoas – ou outras espécies – em nosso círculo de interesse moral, quando passamos a nos preocupar com elas como moralmente valiosas. Quando temos à disposição mais mecanismos para compensar injustiças, temos mais oportunidades de articular e agir com base em nossa indignação. O reino de Deus e da Natureza se encolhe, enquanto o reino da escolha humana – em que culpa, indignação e vingança são possíveis – se expande.

A **compaixão** – a habilidade empática de sentir alguma coisa que outra pessoa esteja sentindo – pode ser o mais evidente legado moral que gerações de ativistas nos deixaram. A proteção dos animais foi um grande passo à frente no século XIX, antecipando o sufrágio feminino e a liberdade dos escravos africanos, e mesmo emprestando seu modelo ao movimento de proteção às crianças. Na longa perspectiva da história, a ampliação da compaixão e a elaboração de nosso senso de justiça poderiam ter acontecido de qualquer jeito, mesmo sem movimentos sociais para promovê-las. Alguns historiadores acreditam que o capitalismo alterou nossas visões morais ao nos tornar conscientes do sofrimento distante e dos sistemas econômicos que conectam todos nós.[6] Mas os ativistas decerto ajudaram, já que alguém tinha de articular essas novas intuições, promover novas leis e desafiar práticas obsoletas.

Como agimos

Novas maneiras de pensar, sentir e avaliar muitas vezes conduzem a novas práticas, de uma agricultura mais humana à participação de grupos anteriormente considerados marginais. A ação estratégica consciente leva à criação de novos hábitos e rotinas burocráticas que, então, não precisam mais ser avaliados e debatidos explicitamente. Desaparecem no pano de fundo das favas contadas da vida. Mulheres votam. Pessoas decentes não espancam seus cachorros, ou filhos, ou parceiros.

Embora a maioria dos manifestantes possa adorar a ideia de mudar o modo como cada pessoa numa sociedade ou no mundo inteiro pensa, sente e age, o maior impacto de sua atividade se dá geralmente em suas vidas. As **consequências biográficas** da participação são permanentes. Pesquisadores observaram pessoas que militaram na década de 1960 e descobriram que elas continuam a acompanhar a política de perto, preocupam-se mais com aquilo que consomem e participam mais de movimentos atuais do que os membros de sua geração que não militaram. Os ativistas desenvolvem uma confiança, um pensamento crítico e um know-how político que nunca perdem, mesmo durante períodos tranquilos de suas vidas. Estão prontos a aderir a uma nova causa caso apareça uma que considerem simpática. Suas vidas mudaram para sempre.[7]

Esse impacto sobre os participantes é parte de um modo mais amplo pelo qual os movimentos afetam a ação: eles desenvolvem novos métodos de fazer política. A tática do protesto muda com cada movimento, e por vezes ainda mais rapidamente, à medida que os manifestantes aprendem novas maneiras de realizar suas próprias atividades. Gandhi misturou ideias jainistas e outras para forjar um movimento não violento que, em parte por causa do sucesso, inspirou muitos outros na segunda metade do século XX.[8] Ativistas não violentos desenvolveram a democracia participativa na década de 1960, seguida da tomada de decisões por consenso nas décadas de 1970 e 1980. Técnicas para agir e decidir ao mesmo tempo permanecendo fiel aos princípios morais básicos têm proliferado desde então, permitindo que floresçam os fóruns sociais e as assembleias gerais.

Ganhar, perder e mais

Como seria possível que movimentos que buscam a mudança social não tentassem mudar a si mesmos em primeiro lugar?

Essas novas formas de tomar decisões estão ligadas à compaixão. Deixando de lado o simples voto, o consenso e técnicas correlatas são esforços para obrigar as pessoas a ouvirem as outras, superando diferenças de formação, experiência, lugar social e até preferências políticas. Os outros devem ser levados a sério como atores a serem persuadidos, não coagidos, mas também como fontes de novas ideias e histórias. Não são bucha de canhão a serem manipulados e usados como recursos. São fins nobres em si mesmos.

Escrever a história

A arena final da maioria dos conflitos sociais é a batalha a respeito de como escrever a história do conflito. Os manifestantes buscam evidências de influência e progresso, dando esperança a mobilizações futuras e validando seu poderoso sentimento de estar "fazendo história". Como eles raramente obtêm tudo que desejam, podem também ter necessidade de criar uma história sobre o motivo de terem perdido, por vezes culpando oponentes maldosos muito bem estabelecidos, muito ricos e poderosos ou muito desonestos para serem derrotados – dessa vez. Aparecem artigos discutindo esses temas mesmo quando um movimento está em declínio; livros – muitos deles antigas teses de doutorado – surgem alguns anos depois. Conflitos importantes alimentam reflexões décadas mais tarde.

O destino de cada movimento é uma lição para movimentos futuros, contribuindo para uma narrativa da história, para nossa compreensão sobre política e mudança. Em retrospecto, certos eventos acabam sendo momentos importantes, para o bem ou para o mal, que precisam ser entendidos. Tentamos situá-los num contexto mais amplo das lutas e da história a fim de seguirmos adiante.

No caso de movimentos que não tiveram grande sucesso, antigos participantes por vezes encontram um lampejo de esperança ao redefinirem os objetivos originais: em lugar do reconhecimento total ou de políticas que reflitam os objetivos do movimento, passa-se a afirmar que este sempre teve como alvo a conscientização do público. Todo mundo pode ser herói. Convenientemente, compreensões culturais cambiantes são, de fato, o maior legado da maioria dos movimentos sociais.

Quando ativistas escrevem a história, costumam retratar a si mesmos como heróis e seus oponentes como vilões. Ser heroico é ter um impacto, e eles com frequência exageram suas próprias realizações. Os políticos tradicionais, por outro lado, tendem a subestimar a influência dos movimentos, naturalmente atribuindo a si mesmos a maior parte do crédito pela solução dos problemas da sociedade. Corporações e outros alvos frequentes dos protestos tendem a retratar os esforços *tanto* de manifestantes *quanto* de políticos como equivocados, fazendo mais mal do que bem. A mídia noticiosa tradicional geralmente assume a visão dos políticos, apoiando a reforma política a partir de dentro do sistema ao mesmo tempo que mostra os manifestantes radicais como excêntricos e/ou tresloucados.

Ironicamente, antigos manifestantes e observadores de visão tradicional por vezes convergem nas mesmas distorções do passado.[9] Velhos conflitos tendem a ser apresentados como parte do longo avanço na área dos direitos humanos, já que isso permite que os manifestantes afirmem sua influência e que os políticos louvem a capacidade do sistema de se reformar. Táticas violentas são frequentemente ignoradas, pois muitos manifestantes preferem apoiar a não violência; observadores de postura tradicional hesitam em lembrar às jovens gerações de ativistas que a violência é uma possibilidade e, muitas vezes, uma tática de sucesso. Antigos rebeldes – agora respeitáveis políticos, pais ou membros de suas comunidades – podem ter um interesse em apagar seu passado radical.

Os MOVIMENTOS SOCIAIS NUNCA foram a única força em atuação nas mudanças sociais. Eles interagem com a opinião pública, alterando sensibilidades, obras de arte, arenas políticas. Muitas vezes são ao mesmo tempo crias e parteiras das visões em transformação. Podem apontar as fontes da resistência à mudança, como as práticas obsoletas representadas pelo teste

Ganhar, perder e mais

de Draize. A persuasão caminha a passos curtos: uma pessoa é sensibilizada por um esquema, atraída por um ativista, envolvida por uma visão moral com seus padrões de esperança e indignação.

A mudança social também caminha, na maioria das vezes, a passos curtos. Quando acontece subitamente, em geral é implantada por meio da força e não da persuasão. Por vezes a violência obtém o resultado desejado a curto prazo. Mais frequentemente, porém, ela foge do controle. Os que têm poder, como o exército egípcio, não gostam de cedê-lo. Novas leis parecem trazer mudanças rápidas, mas resultam muitas vezes de transformações culturais mais profundas. Como declarações simbólicas, contribuem para a sensibilidade essencial, ao mesmo tempo que a refletem.

Muitas das rotinas que seguimos na vida diária refletem conflitos políticos do passado: quantas horas trabalhamos por dia, os alimentos que comemos e o que eles contêm, quem vai para a escola e o que se aprende nela, os remédios e tecnologias disponíveis quando adoecemos, o respeito que prestamos aos médicos, mas não às enfermeiras, os sistemas de transporte que nos levam de um lugar para outro, nossas sensibilidades espirituais, nossas fontes de eletricidade e calor, e assim por diante. Os manifestantes ganham tantas batalhas quanto perdem, e frequentemente combinam algumas vitórias e algumas derrotas, mas seus esforços têm criado os nossos mundos. Esse tipo de impacto é a definição de um herói.

Conclusão: Os seres humanos como heróis

No FINAL DE 2011, fui a Florença para a defesa de uma dissertação e um painel sobre protesto, mas também passei alguns dias visitando locais turísticos. Procurei a serena praça com arcos planejada pelo surpreendente Filippo Brunelleschi em 1419, um momento-chave na invenção dos espaços públicos durante a Renascença. Para minha satisfação, o Occupy Florence tinha erguido seu acampamento num canto da praça, em frente a um mercado de joias artesanais situado no canto oposto. Um flautista profissional fazia uma serenata para três ou quatro manifestantes, incluindo um rapaz que soprava seu apito de modo aleatório e desagradável. O protesto está em toda parte, do concreto brutal do parque Zuccotti às adoráveis praças da Toscana, local de nascimento do espaço público moderno. Está profundamente entranhado no tecido da democracia moderna, dos direitos humanos básicos e da cultura contemporânea. Ele protege, amplia e cria tudo isso.

A cultura nos ajuda a agir no mundo, assim como a entendê-lo. Nós nos relacionamos com nossos contextos sociais, psicológicos, físicos (e espirituais), em parte, imaginando nosso caminho em torno deles, usando como guias nossas emoções. Os movimentos sociais nos ajudam a desenvolver novas maneiras de fazê-lo, de tratarmos uns aos outros, de imaginarmos novos futuros, novas inspirações e esperanças, novos símbolos, personagens e outras sinalizações que podemos usar no caminho para o futuro. Até nos ajudam a desenvolver novas formas de estarmos em nossos corpos, de sermos humanos inclusive nesse nível básico.

A ação humana é cheia de dilemas e ajustes, de modo que estamos o tempo todo conciliando muitos objetivos, muitos meios e muitos pontos de vista diferentes. Só rara e temporariamente surgem grandes grupos

Conclusão 219

capazes de falar a uma só voz, como ocorre nos movimentos sociais. É uma grande realização humana, mas sempre frágil e fluida. E essa unidade nem sempre é uma coisa boa, já que nem todos os movimentos são bons: os nazistas e outros movimentos fascistas eram extremamente unificados.

Os manifestantes são seres humanos reais, com decisões a tomar, hábitos formados, desejos por vezes admiráveis e por vezes não. São capazes de ações heroicas, mas também frustrantes ou equivocadas. A maior parte das teorias do protesto tem oferecido figuras lineares, vivendo emoções previsíveis, misturando-se à multidão, levadas por uma única motivação. Não queremos ser retratados dessa forma, tampouco os manifestantes. Teorias são sempre simplificações, mas as teorias culturais são menos toscas do que a maioria, pois seu ponto de partida é o ponto de vista dos sujeitos, seus sentimentos, objetivos e ações, as escolhas que fazem ao tentarem seguir seu caminho. Outras teorias começam reduzindo-os a figuras lineares; as teorias culturais pelo menos tentam evitá-lo.

Minha primeira lealdade como autor é para com meus leitores, mas também devo alguma coisa aos manifestantes sobre os quais escrevo. Não lhes devo admiração e lealdade, pois não admiro nem concordo com todos eles. Na verdade, discordo profundamente de alguns movimentos. Mas devo aos participantes alguma compaixão como seres humanos complexos, o que significa o respeito por sua dignidade. Até Hitler era humano, e só podemos entender sua mente perturbada por meio de suas motivações e fraquezas humanas. Em outros livros, muitas vezes escrevi sobre ativistas como indivíduos, na esperança de respeitar plenamente sua complexidade, ainda que palavras numa página jamais possam expressar a totalidade da pessoa humana. Ainda mais que respeito, penso que lhes devo a verdade. Precisamos ser tão precisos quanto possível ao descrever os protestos, apreendendo ao máximo os detalhes. Temos de tentar constantemente fazê-lo de forma correta, enfrentando os preconceitos e a preguiça que nos são próprios.

Esse é o perigo das teorias da Grande História: elas já sabem o que os manifestantes desejam, ou deveriam desejar, qual deveria ser a função deste ou daquele movimento. A teoria evita observarmos e escutarmos, já que os próprios manifestantes avaliam o que desejam. Uma abordagem cultural, por outro lado, é o equivalente intelectual de um processo de consenso, em que se exige de cada um que ouça os outros. É um ideal solidário que talvez não consigamos jamais atingir; mas nunca devemos deixar de tentar.

Nós expressamos nosso descontentamento de diversas maneiras, e os movimentos sociais são na verdade raros se comparados com muitas outras formas. É difícil reuni-los e mantê-los, o que exige grande volume de tempo e atenção. Mas, quando acontecem, parecem ser o propósito mais elevado da humanidade, pelo menos neste mundo, um triunfo da cooperação, da visão moral e do companheirismo. Movimentos sociais são um grande laboratório para compreender como as pessoas se reúnem para colaborar, voluntariamente, para um propósito comum. Isso é muito raro, porém ainda mais raro quando as pessoas o fazem sem serem remuneradas. Essa ação coletiva é a essência da vida social: como as pessoas podem confiar umas nas outras, deixar de lado a coerção em favor da persuasão e colocar projetos coletivos acima de seus interesses pessoais e familiares? Esses projetos e visões são as mais eloquentes de todas as motivações humanas.

Embora seja reconfortante pensar que os movimentos sociais representam o progresso gradual rumo à justiça e à igualdade, as pessoas podem se reunir por qualquer tipo de objetivo, seja ele nefasto ou simpático. Mas, quando se obtém progresso, é sempre porque movimentos sociais se formaram e pressionaram o restante da sociedade, o restante do mundo, a seguir com eles. Eles são necessários para o progresso, mas não suficientes. A justiça social depende dos movimentos sociais. Os que estão em posições de privilégio raramente abrem mão de suas vantagens sem que haja luta.

Iniciamos este livro imaginando do que os manifestantes gostam, por que empreendem os projetos caros e arriscados que muitas vezes assumem. A resposta curta é: eles são exatamente como você e eu. Qualquer um de nós poderia acabar nas ruas, pois todos temos alguma coisa que prezamos tanto que ameaças a ela poderiam nos indignar. E com a combinação certa de contatos pessoais, organizações e recursos, símbolos e líderes inspiradores e tudo mais que examinamos neste livro, poderíamos nos encontrar no meio de um movimento social, até mesmo liderando um deles. Os manifestantes *são* você e eu.

Posfácio à edição brasileira

QUANDO EU FAZIA pós-graduação, no início da década de 1980, um sociólogo brasileiro chegou a Berkeley como professor visitante por um período. Como ouvinte, assisti a seu seminário sobre a teoria da dependência, um trabalho inteligente, convincente e um pouco na linha do marxismo ortodoxo. O Brasil era uma nação semiperiférica, disse ele, financeira e tecnologicamente dependente das nações centrais, ainda que fosse capaz de se industrializar. Na década de 1960, a teoria da dependência havia se desenvolvido com base numa crítica aguda da ideia de que todos os países deveriam seguir o mesmo caminho rumo à afluência e à industrialização, insistindo em vez disso em que diferentes regiões tinham seus próprios papéis adequados na economia mundial. Depois disso perdi contato com esse professor e fiquei surpreso ao tornar a ouvir seu nome no início da década de 1990: Fernando Henrique Cardoso.

Assim como Cardoso, na qualidade de acadêmico, apontava que diferentes regiões do mundo tinham relações inerentemente distintas com o capitalismo e a modernidade, elas também têm diferentes conexões com os movimentos sociais. Os pressupostos dos manifestantes não são os mesmos em todos os países, tampouco os sentimentos que os motivam, seus objetivos, suas expectativas em relação ao Estado e suas políticas, ou mesmo suas visões sobre o que sejam o protesto e os movimentos sociais. Ainda que o movimento mais expressivo das últimas décadas tenha sido o dos fóruns sociais "mundiais" e o movimento por justiça global do qual fazem parte, mesmo esse movimento consistia num diálogo de diferentes pontos de vista, e não num consenso ou numa síntese deles. Devemos sempre lembrar e respeitar as variações culturais e os contextos locais nos níveis nacional e regional.

Fernando Henrique Cardoso foi muito mais crítico do capitalismo internacional como sociólogo do que como presidente do Brasil, e bem mais marxista então do que o weberiano que se tornou como político. Embora um esquerdista moderado, como ministro da Economia e depois presidente ele se empenhou bastante no sentido de abrir a economia brasileira a ideias neoliberais e ao comércio internacional. Seu maior sucesso foi, como ministro, enfrentar a inflação, fazendo a taxa cair de 5.000% em 1994 para 21% um ano depois, por meio do Plano Real. Embora a plataforma presidencial de Cardoso incluísse a reforma agrária, ninguém esperava que ele a realizasse ou lhe desse prioridade. Os primeiros meses de seu governo confirmaram essa baixa expectativa.

Então veio o tipo de choque moral capaz de mobilizar grande número de pessoas. Em 9 de agosto de 1995, a polícia militar perpetrou um ataque a um acampamento de sem-terra em Corumbiara (Rondônia), no qual morreram nove ocupantes (incluindo uma jovem) e dois policiais. As mortes não foram acidentais, uma vez que vários ocupantes foram torturados e executados. Um massacre ainda maior ocorreu em abril do ano seguinte em Eldorado dos Carajás, no sudeste do Pará, região famosa pela violência dos conflitos de terra. Dessa vez a polícia abriu fogo e matou dezenove pessoas, além de deixar sessenta feridos. Tal como antes, alguns foram executados com tiros atrás da cabeça ou espancados até a morte com suas próprias ferramentas.

Como vimos ao longo deste livro, choques morais ocorrem quando acontece alguma coisa que desafia nossa percepção do mundo, algo tão fora de nossas expectativas morais que nos chama a atenção. Podemos ter choques morais pessoais, como a morte de um filho, ou públicos, como a morte de muitas crianças ou outras pessoas inocentes. Quando nossos governos, em particular, fazem coisas horríveis, o resultado costuma ser uma reação desse tipo. Não esperamos necessariamente que a polícia nos proteja e nos defenda, sobretudo no Brasil, mas ainda somos surpreendidos quando ela nos ataca ou a nossos concidadãos. Apesar de um passado terrível de ditadura militar e outros tipos de repressão, continuamos alimentando a esperança de que a história mude. Massacres sempre têm o potencial de nos enfurecer e indignar. Um repórter registrou parte dos

Posfácio à edição brasileira 223

assassinatos de Eldorado em vídeo, permitindo que a mídia escandalizasse o grande público – um prenúncio do tipo de transmissão que os telefones celulares logo possibilitariam na maioria dos protestos dos anos vindouros.

A depender das reações emocionais que assumimos na sua sequência, os choques morais podem causar angústia, resignação, talvez cinismo: "nada muda nunca". Mas em alguns casos eles podem nos energizar em termos políticos: se nos sentimos indignados, se podemos identificar os vilões a serem acusados e as vítimas a serem exaltadas, se podemos perceber que o resultado não era inevitável e sim provocado por escolhas humanas. Quando já existe um movimento social com potencial de mobilização, capaz de divulgar o incidente pela mídia e organizar manifestações, é mais provável que o choque moral leve à ação. O Movimento dos Trabalhadores Rurais Sem Terra (MST), no Brasil, era exatamente esse tipo de ator em meados da década de 1990, capaz de tirar vantagem da atenção da mídia e dos sentimentos de indignação após os dois massacres (ainda que os ocupantes de Corumbiara pertencessem a uma organização que havia rompido com o MST).

O governo Fernando Henrique Cardoso, sentindo a pressão tanto da cobertura midiática quanto das novas manifestações do MST (especialmente em julho de 1997), fez várias concessões. Depois de instituir um novo Ministério Extraordinário de Política Fundiária em 1996, acelerou os processos de expropriação fundiária, reformou a estrutura de taxação agrária e – principalmente – assentou 300 mil famílias. Os proprietários de terras reagiram em todas as arenas, sobretudo esvaziando as propostas de reforma tributária de FHC. Mas eles não constituíam um ator unificado, e os grandes proprietários foram capazes de se proteger melhor do que os pequenos (e possivelmente às custas destes). Em 1999, grandes manifestações realizadas em agosto refletiram mais as questões e aspirações eleitorais do Partido dos Trabalhadores (PT) do que a questão dos sem-terra em particular. No segundo mandato de Fernando Henrique (1999-2002), o orçamento para a reforma agrária foi cortado de maneira drástica e a atividade de expropriação declinou; quando a violência voltou a ocorrer no ano 2000, muitos políticos e até o público pareceram culpar o MST por provocá-la. As simpatias haviam mudado de lado.

Tenho trabalhado com esse exemplo porque ele nos diz muito sobre os protestos: os choques morais ajudam a concentrar a atenção do público; as redes sociais e a mídia trabalham em conjunto para exercer pressão sobre os políticos; os movimentos costumam obter uma gama de vitórias (e sofrer várias derrotas) numa multiplicidade de arenas em vez de obter uma grande vitória (ou perda) numa arena só; as agências governamentais não são apenas atores que podem ser acusados e considerados responsáveis, mas também arenas em que se tomam decisões; os estados raramente são atores unificados, e sim atores secundários muitas vezes em confronto; vários atores se mobilizam de ambos os lados e engajam uns aos outros, de modo que a luta continua. As bandeiras vermelhas do MST e os acampamentos que constituem sua marca registrada ficaram famosos em todo o mundo, e sua tática de ocupar determinados lugares ajudaria a inspirar uma onda global de movimentos em 2011.

O Movimento dos Sem-Terra é apenas um dos muitos protestos importantes que surgiram na história brasileira. Das revoltas pernambucanas (1817-24) e da Noite das Garrafadas (1831), dos movimentos de resistência aos regimes militares, das Comunidades Eclesiais de Base, inspiradas pela Teologia da Libertação, e dos Fóruns Sociais Mundiais, realizados em Porto Alegre, até a ascensão do PT, a política e a cultura brasileiras têm sido fortemente influenciadas por mobilizações nas ruas e organizações de resistência. Frequentemente, as ditaduras militares deixam poucas alternativas legais. O orçamento participativo, aplicado pela primeira vez em Porto Alegre em 1989 com um tipo de mobilização a partir de cima, foi uma das exportações mais exitosas do Brasil nas últimas décadas – e é agora usado em mais de mil cidades de todo o mundo. Os movimentos e mobilizações sociais do Brasil têm sido um modelo para todos nós. Em que outro lugar um marxista retornado do exílio se tornaria presidente por meio da política eleitoral?

Tabelas e informações complementares

Tabelas

1. Quatro orientações teóricas importantes (p.46)
2. Portadores figurativos de significado (p.73)
3. Personagens principais (e alguns secundários) (p.78)
4. Cinco tipos de sentimentos (p.88)

Informações complementares

O dilema de Jano (p.21)
O dilema das mãos sujas (p.45)
Dois dilemas da caracterização de personagens (p.81)
O dilema da inovação (p.82)
Técnicas de pesquisa (p.96)
O dilema da mídia (p.104)
O dilema da organização (p.108)
O dilema da expansão (p.125)
O dilema da desobediência ou cordialidade (p.127)
O dilema da identidade (p.142)
O dilema dos irmãos de sangue (p.143)
O dilema dos aliados poderosos (p.155)
O dilema da segregação do público (p.194)
O dilema da articulação (p.204)

Notas

Introdução: Fazer protesto (p.19-33)

1. Bernstein, Mary C. "Celebration and suppression". *American Journal of Sociology*, n.103, 1997, p.531-65.
2. Mansbridge, Jane. *Why We Lost the ERA*. Chicago: University of Chicago Press, 1986.
3. Gitlin, Todd. *Occupy Nation*. Nova York: It Books, 2012.
4. Zolberg, Aristide R. "Moments of madness", in *How Many Exceptionalisms?* Filadélfia: Temple University Press, 2008, p.30-31.

1. O que são os movimentos sociais? (p.35-60)

1. Tilly, Charles. *Popular Contention in Great Britain* (Cambridge: Harvard Univerity Press, 1995) e *Social Movements, 1768-2004* (Boulder: Paradigm, 2004).
2. Scott, James C. *Weapons of the Weak*. New Haven: Yale University Press, 1985.
3. Scott, James C. *Domination and the Arts of Resistance*. New Haven: Yale University Press, 1990.
4. Watts, Edward J. *Riot in Alexandria*. Berkeley: University of California Press, 2010.
5. Tilly, Charles. *The Contentious French* (Cambridge: Harvard University Press, 1986) e *Popular Contention in Great Britain* (Cambridge: Harvard Univerity Press, 1995).
6. Kriesi, Hanspeter, Ruud Koopmans, Jan Willem Duyvendak e Marco Giugni. *New Social Movements in Western Europe*. Minneapolis: University of Minnesota Press, 1995.
7. Young, Michael. *Bearing Witness Against Sin*. Chicago: University of Chicago Press, 2006.
8. Alexander, Jeffrey C. *Performative Revolutions in Egypt*. Londres: Bloomsbury Academic, 2011.
9. Klapp, Orrin E. *Collective Search for Identity*. Nova York: Holt, Rineheart, and Winston, 1969.
10. Olson, Mancur. *The Logic of Collective Action*. Cambridge: Harvard University Press, 1965.
11. McCarthy, John D. e Mayer N. Zald. "Resource mobilization and social movements: a partial theory". *American Journal of Sociology*, n.82, 1977, p.1212-41.
12. McAdam, Doug. *Political Process and the Development of Black Insurgency, 1890-1970*. Chicago: University of Chicago Press, 1982; Tarrow, Sidney. *Power in Movement*. Cambridge: Cambridge University Press, 1998.

Notas 227

13. McAdam, Doug, Sidney Tarrow e Charles Tilly. *Dynamics of Contention*. Cambridge: Cambridge University Press, 2001.
14. Opp, Karl-Dieter. *Theories of Political Protest and Social Movements*. Nova York: Routledge, 2009.
15. Touraine, Alain. *The Voice and the Eye*. Cambridge: Cambridge University Press, 1981.
16. Dabashi, Hamid. *The Arab Spring*. Londres: Zed Books, 2012.
17. Klandermans, Bert. *The Social Psychology of Protest*. Oxford: Blackwell, 1997; Pinard, Maurice. *Motivational Dimensions in Social Movements and Contentious Collective Action*. Montreal: McGill-Queen's University Press, 2011.

2. Significado (p.61-91)

1. Friedan, Betty. *The Feminine Mystique*. Nova York: W.W. Norton & Co., 1963.
2. Apud Evans, Sara. *Personal Politics*. Nova York: Knopf, 1979, p.198-99.
3. De Beauvoir, Simone. *The Second Sex*. Nova York: Knopf, 2010 (1949), p.267.
4. Rosen, Ruth. *The World Split Open*. Nova York: Viking, 2000, p.220.
5. Apud Reed, T.V. *The Art of Protest*. Minneapolis: University of Minnesota Press, 2005, p.93.
6. Coontz, Stephanie. *A Strange Stirring*. Nova York: Basic Books, 2011.
7. Meyer, David. S. e Deana A. Rohlinger. "Big books and social movements". *Social Problems*, n.59, 2012, p.136-53.
8. Eyerman, Ron e Andrew Jamison. *Social Movements: A Cognitive Approach*. University Park: Pennsylvania State University Press, 1991.
9. Rosenthal, Rob e Richard Flacks. *Playing for Change*. Boulder: Paradigm Publishers, 2012.
10. Snow, David A., E. Burke Rochford Jr., Steven K. Worden e Robert D. Benford. "Frame alignment processes, micromobilization, and movement participation". *American Sociological Review*, n.51, 1986, p.464-83; Benford, Robert D. "An insider's critique of the social movement framing perspective". *Sociological Inquiry*, n.67, 1997, p.409-30.
11. Poletta, Francesca. *It Was Like a Fever*. Chicago: University of Chicago Press, 2006.
12. Fine, Gary Alan. *Tiny Publics*. Nova York: Russell Sage Foundation, 2012, cap.5.
13. Fiske, Susan T. *Envy Up, Scorn Down*. Nova York: Russell Sage Foundation, 2012.
14. Whittier, Nancy. *The Politics of Child Sexual Abuse*. Nova York: Oxford University Press, 2011.
15. Fillieule, Olivier e Danielle Tartakowsky. *Demonstrations*. Winnipeg: Fernwood, 2013.
16. Collins, Randall. "Social movements and the focus of emotional attention", in Jeff Goodwin et al., *Passionate Politics* (Chicago: University of Chicago Press, 2001) e *Interactual Ritual Chains* (Princeton: Princeton University Press, 2004).

17. Taylor, Verta, Katrina Kimport, Nella Van Dyke e Ellen Ann Anderson. "Culture and mobilization|: tactical repertoires, same-sex weddings, and the impact on gay activism". *American Sociological Review*, n.74, 2009, p.865-90.
18. Klimova, Sveta. "Speech act theory and protest discourse", in Hank Johnston (org.), *Culture, Social Movements, and Protest*. Burlington: Ashgate, 2009.
19. Evans, Sara e Harry Boyte. *Free Spaces*. Nova York: Harper and Row, 1986.
20. Staggenborg, Suzanne, Donna Eder e Lori Sudderth. "Women's culture and social change". *Berkeley Journal of Sociology*, n.38, 1993, p.31-56.
21. Davis, Kathy. *The Making of Our Bodies, Ourselves*. Durham: Duke University Press, 2007.
22. Hebdige, Dick. *Subculture*. Nova York: Methuen, 1979.
23. Goodwin, Jeff. "The libidinal constitution of a high-risk social movement". *American Sociological Review*, n.62, 1997, p.53-69.

3. Infraestrutura (p.92-115)

1. Fetner, Tuna. *How the Religious Right Shaped Lesbian and Gay Activism*. Minneapolis: University of Minnesota Press, 2008.
2. Seidman, Gay W. *Beyond the Boycott*. Nova York: Russell Sage Foundation, 2007.
3. Jasper, James M. *The Art of Moral Protest*. Chicago: University of Chicago Press, 1997.
4. Earl, Jennifer e Katrina Kimport. *Digitally Enabled Social Change*. Cambridge: MIT Press, 2011.
5. Sobieraj, Sarah. *Soundbitten*. Nova York: New York University Press, 2011.
6. Bagdikian, Ben H. *The New Media Monopoly*. Boston: Beacon Press, 2004.
7. Marsden, George. *Fundamentalism and American Culture*, 2ª ed. Nova York: Oxford University Press, 2006.
8. Gamson, William A. e Gadi Wolfsfeld. "Movements and media as interacting systems". *Annals*, n.528, 1993, p.114-25.
9. Mische, Ann. "Cross-talk in movements", in Mario Diani e Doug McAdam (orgs.), *Social Movements and Networks*. Oxford: Oxford University Press, 2003.
10. McGirr, Lisa. *Suburban Warriors*. Princeton: Princeton University Press, 2001, p.223.
11. Fillieule, Olivier. "Some elements of an interactionist approach to political disengagement". *Social Movement Studies*, n.9, 2010, p.1-15.
12. Meyer, David S. e Sidney Tarrow (orgs.). *The Social Movement Society*. Lanham: Rowman and Littlefield, 1997.
13. McCarthy, John D. e Mayer N. Zald. "Resource mobilization and social movements: a partial theory". *American Journal of Sociology*, n.82, 1977, p.1212-41.
14. Thörn, Håkan. *Anti-Apartheid and the Emergence of a Global Civil Society*. Nova York: Palgrave Macmillan, 2006.
15. Bob, Clifford. *The Global Right Wing and the Clash of World Politics*. Cambridge: Cambridge University Press, 2012, p.51.
16. Silver, Beverly J. *Forces of Labor*. Cambridge: Cambridge University Press, 2003.

Notas

4. Recrutar (p.116-33)

1. Chauncey, George. *Gay New York*. Nova York: Basic Books, 1994; Katz, Jonathan Ned. *The Invention of Heterosexuality*. Chicago: University of Chicago Press, 1995.
2. Gould, Deborah. *Moving Politics*. Chicago: University of Chicago Press, 2009.
3. Goldfarb, Jeffrey C. *The Politics of Small Things*. Chicago: University of Chicago Press, 2006.
4. Snow, David A., Louis A. Zurcher Jr. e Sheldon Ekland-Olson. "Social networks and social movements". *American Sociological Review*, n.45, 1980, p.787-801.
5. Snow, David A., E. Burke Rochford Jr., Steven K. Worden e Robert D. Benford. "Frame alignment processes, micromobilization, and movement participation". *American Sociological Review*, n.51, 1986, p.464-83.
6. Munson, Ziad. *The Making of Pro-Life Activists*. Chicago: University of Chicago Press, 2009.
7. Warren, Mark E. *Fire in the Heart*. Nova York: Oxford University Press, 2010.
8. Jasper, James M. *The Art of Moral Protest*. Chicago: University of Chicago Press, 1997.
9. Marcus, George. *The Sentimental Citizen: Emotion in Democratic Politics*. University Park: Pennsylvania State University Press, 2002.
10. Gould, Deborah. *Moving Politics*. Chicago: University of Chicago Press, 2009, p.36.

5. Sustentar (p.134-52)

1. Collins, Randall. "Social movements and the focus of emotional attention", in Jeff Goodwin et al., *Passionate Politics* (Chicago: University of Chicago Press, 2001) e *Interactual Ritual Chains* (Princeton: Princeton University Press, 2004).
2. Gamson, Joshua. "Must identity movements self-destruct? A queer dilemma". *Social Problems*, n.42, 1995, p.390-407.
3. McGarry, Aidan e James M. Jasper (orgs.). *The Identity Dilemma*. Filadélfia: Temple University Press, 2015.
4. Kelner, Shaul. *Tours that Bind*. Nova York: New York University Press, 2010.
5. Blee, Kathleen M. *Democracy in the Making: How Activists Form Groups*. Nova York: Oxford University Press, 2012.
6. Lalich, Janjia. *Bounded Choice: The True Believers and Charismatic Cults*. Berkeley: University of California Press, 2004.
7. Fine, Gary Alan. *Difficult Reputations: Collective Memories of the Evil, Inept, and Controversial*. Chicago: University of Chicago Press, 2001.
8. Owens, Lynn. *Cracking under Pressure*. Amsterdã: Amsterdam University Press, 2009.
9. Rupp, Leila J. e Verta Taylor. *Survival in the Doldrums*. Nova York: Oxford University Press, 1987.

6. Decidir (p.153-71)

1. Della Porta, Donatella, Andretta Massimiliano, Lorenzo Mosca e Herbert Reiter (orgs.). *Globalization from Below: Transnational Activists and Protest Networks*. Minneapolis: University of Minnesota Press, 2006.
2. Maeckelberg, Marianne. *The Will of the Many*. Londres: Pluto Press, 2009.
3. Doerr, Nicole. "Translating democracy: how activists in the European Social Forum practice multilingual deliberation". *European Political Science Review*, n.4, 2012, p.361-84.
4. Krinsky, John e Colin Baker. "Movement strategizing as developmental learning", in Hank Johnston (org.), *Culture, Social Movements, and Protest*. Burlington: Ashgate, 2009.
5. Sharp, Gene. *From Dictatorship to Democracy*. Nova York: New Press, 2012.
6. Breines, Wini. *Community and Organization in the New Left, 1962-1968*. Nova York: Praeger, 1982.
7. Maeckelberg, Marianne. *The Will of the Many*. Londres: Pluto Press, 2009.
8. Poletta, Francesca. *Freedom Is an Endless Meeting*. Chicago: University of Chicago Press, 2002.
9. Freeman, Jo. "On the tiranny of structurelessness". *The Second Wave*, n.2, 1972, p.20.
10. Pleyers, Geoffrey. *Alter-Globalization*. Cambridge: Polity, 2010.
11. Idem.
12. Sarat, Austin e Stuart A. Scheingold (orgs.). *Cause Lawyering*. Oxford: Oxford University Press, 1998.
13. Leondar-Wright, Betsy. *Missing Class: How Seeing Class Cultures Can Strenghten Social Movement Groups*. Ithaca: Cornell University Press, 2014.
14. Poletta, Francesca. *Freedom Is an Endless Meeting*. Chicago: University of Chicago Press, 2002.
15. Whittier, Nancy. *Feminist Generations: The Persistence of the Radical Women's Movement*. Filadélfia: Temple University Press, 1995.
16. Haines, Herbert H. *Black Radicals and the Civil Rights Mainstream, 1954-1970*. Knoxville: University of Tennessee Press, 1988.
17. Gamson, William A. e Gadi Wolfsfeld. "Movements and media as interacting systems". *Annals*, n.528, 1993, p.121.
18. Mansbridge, Jane. *Why We Lost the ERA*. Chicago: University of Chicago Press, 1986.
19. Ganz, Marshall. "Resources and resourcefulness". *American Journal of Sociology*, n.105, 2000, p.1003-65.

7. Envolver outros atores (p.172-99)

1. Khalil, Karima (org.). *Messages from Tahrir*. Cairo: American University of Cairo Press, 2011.

Notas   231

2. Della Porta, Donatella e Herbert Reiter (orgs.). *Policing Protest*. Minneapolis: University of Minnesota Press, 1998.

3. Doherty, Brian e Graeme Hayes. "The courts: criminal trials as strategic arenas", in Jan Willem Duyvendak e James M. Jasper (orgs.), *Breaking Down the State*. Amsterdã: Amsterdam University Press, 2014.

4. Gitlin, Todd. *The Whole World Is Watching*. Berkeley: University of California Press, 1980.

5. Sobieraj, Sarah. *Soundbitten*. Nova York: New York University Press, 2011.

6. Castells, Manuel. *Networks of Outrage and Hope*. Cambridge: Polity, 2012.

7. Bob, Clifford. *The Making of Rebellion*. Cambridge: Cambridge University Press, 2005.

8. Piven, Frances Fox e Richard A. Cloward. *Poor People's Movements*. Nova York: Random House, 1977.

9. O'Brien, Kevin e Lianjiang Li. *Rightful Resistance in Rural China*. Cambridge: Cambridge University Press, 2006, p.86.

10. Jasper, James M. e Dorothy Nelkin. *The Animal Rights Crusade*. Nova York: Free Press, 1992, p.50.

11. Tilly, Charles. *Contentious Performances*. Cambridge: Cambridge University Press, 2008.

12. Bob, Clifford. *The Making of Rebellion*. Cambridge: Cambridge University Press, 2005.

8. Ganhar, perder e mais (p.200-17)

1. Jasper, James M. e Dorothy Nelkin. *The Animal Rights Crusade*. Nova York: Free Press, 1992.

2. Amenta, Edwin. *When Movements Matter*. Princeton: Princeton University Press, 2006.

3. Amenta, Edwin e Michael P. Young. "Making an impact", in Marco Giugni, Doug MacAdam e Charles Tilly (orgs.), *How Movements Matter*. Minneapolis: University of Minnesota Press, 1999.

4. Jasper, James M. *The Art of Moral Protest*. Chicago: University of Chicago Press, 1997.

5. Wood, Elisabeth Jean. *Insurgent Collective Action and Civil War in El Salvador*. Cambridge: Cambridge University Press, 2003.

6. Haskell, Thomas. "Capitalism and the origins of the humanitarian sensibility", partes 1 e 2. *American Historical Review*, n.90, 1985, p.339-61, 547-66.

7. McAdam, Doug. *Freedom Summer*. Nova York: Oxford University Press, 1988.

8. Nepstad, Sharon Erickson. *Nonviolent Revolutions*. Nova York: Oxford University Press, 2011.

9. Ross, Kristin. *May '68 and its Afterlives*. Chicago: University of Chicago Press, 2002.

Referências e sugestões de leitura (assinaladas com asterisco)

*Alexander, Jeffrey C. *Performative Revolutions in Egypt*. Londres: Bloomsbury Academic, 2011. *Um famoso teórico social examina a batalha por imagens e significados através das lentes da política como performance pública.*

Amenta, Edwin. *When Movements Matter*. Princeton: Princeton University Press, 2006.

Amenta, Edwin e Michael P. Young. "Making an impact", in Marco Giugni, Doug MacAdam e Charles Tilly (orgs.), *How Movements Matter*. Minneapolis: University of Minnesota Press, 1999.

Bagdikian, Ben H. *The New Media Monopoly*. Boston: Beacon Press, 2004.

Benford, Robert D. "An insider's critique of the social movement framing perspective". *Sociological Inquiry*, n.67, 1997, p.409-30.

Bernstein, Mary C. "Celebration and suppression". *American Journal of Sociology*, n.103, 1997, p.531-65.

Blee, Kathleen M. *Democracy in the Making: How Activists Form Groups*. Nova York: Oxford University Press, 2012.

*Bob, Clifford. *The Making of Rebellion*. Cambridge: Cambridge University Press, 2005. *Insurgentes apresentam-se a doadores internacionais por meio de líderes carismáticos e constroem o personagem certo como vítimas.*

_____. *The Global Right Wing and the Clash of World Politics*. Cambridge: Cambridge University Press, 2012.

Breines, Wini. *Community and Organization in the New Left, 1962-1968*. Nova York: Praeger, 1982.

*Castells, Manuel. *Communication Power*. Oxford: Oxford University Press, 1982. *As novas redes de comunicação e a mídia têm remodelado a política e o protesto.*

_____. *Networks of Outrage and Hope*. Cambridge: Polity, 2012. [Ed. bras.: *Redes de indignação e esperança*. Trad. Carlos Alberto Medeiros. Rio de Janeiro: Zahar, 2013.]

Chauncey, George. *Gay New York*. Nova York: Basic Books, 1994.

Collins, Randall. "Social movements and the focus of emotional attention", in Jeff Goodwin et al., *Passionate Politics*. Chicago: University of Chicago Press, 2001.

_____. *Interactual Ritual Chains*. Princeton: Princeton University Press, 2004.

Coontz, Stephanie. *A Strange Stirring*. Nova York: Basic Books, 2011.

Dabashi, Hamid. *The Arab Spring*. Londres: Zed Books, 2012.

Davis, Kathy. *The Making of Our Bodies, Ourselves*. Durham: Duke University Press, 2007.

De Beauvoir, Simone. *The Second Sex*. Nova York: Knopf, 2010 (1949).

Della Porta, Donatella, Andretta Massimiliano, Lorenzo Mosca e Herbert Reiter (orgs.). *Globalization from Below: Transnational Activists and Protest Networks*. Minneapolis: University of Minnesota Press, 2006.

Referências e sugestões de leitura

Della Porta, Donatella e Herbert Reiter (orgs.). *Policing Protest*. Minneapolis: University of Minnesota Press, 1998.

Doerr, Nicole. "Translating democracy: how activists in the European Social Forum practice multilingual deliberation". *European Political Science Review*, n.4, 2012, p.361-84.

Doherty, Brian e Graeme Hayes. "The courts: criminal trials as strategic arenas", in Jan Willem Duyvendak e James M. Jasper (orgs.), *Breaking Down the State*. Amsterdã: Amsterdam University Press, 2014.

*Duyvendak, Jan Willem e James M. Jasper (orgs.). *Players and Arenas* (Amsterdã: Amsterdam University Press, 2014) e *Breaking Down the State* (Amsterdã: Amsterdam University Press, 2015). *Esses dois volumes examinam a maioria dos outros atores com que os manifestantes interagem.*

Earl, Jennifer e Katrina Kimport. *Digitally Enabled Social Change*. Cambridge: MIT Press, 2011.

Evans, Sara. *Personal Politics*. Nova York: Knopf, 1979.

Evans, Sara e Harry Boyte. *Free Spaces*. Nova York: Harper and Row, 1986.

*Eyerman, Ron e Andrew Jamison. *Social Movements: A Cognitive Approach*. University Park: Pennsylvania State University Press, 1991. *Mostra como os movimentos geram novo conhecimento, até mesmo técnico e científico.*

_____. *Music and Social Movements*. Cambridge: Cambridge University Press, 1998.

Fetner, Tuna. *How the Religious Right Shaped Lesbian and Gay Activism*. Minneapolis: University of Minnesota Press, 2008.

Fillieule, Olivier. "Some elements of an interactionist approach to political disengagement". *Social Movement Studies*, n.9, 2010, p.1-15.

Fillieule, Olivier e Danielle Tartakowsky. *Demonstrations*. Winnipeg: Fernwood, 2013.

Fine, Gary Alan. *Difficult Reputations: Collective Memories of the Evil, Inept, and Controversial*. Chicago: University of Chicago Press, 2001.

_____. *Tiny Publics*. Nova York: Russell Sage Foundation, 2012.

Fiske, Susan T. *Envy Up, Scorn Down*. Nova York: Russell Sage Foundation, 2012.

Freeman, Jo. "On the tiranny of structurelessness". *The Second Wave*, n.2, 1972, p.20.

Friedan, Betty. *The Feminine Mystique*. Nova York: W.W. Norton & Co., 1963.

Gamson, Joshua. "Must identity movements self-destruct? A queer dilemma". *Social Problems*, n.42, 1995, p.390-407.

*Gamson, William A. *Talking Politics*. Cambridge: Cambridge University Press, 1992. *Usa grupos focais para mostrar como construímos significados políticos a partir de uma variedade de fontes.*

Gamson, William A. e Gadi Wolfsfeld. "Movements and media as interacting systems". *Annals*, n.528, 1993, p.114-25.

Ganz, Marshall. "Resources and resourcefulness". *American Journal of Sociology*, n.105, 2000, p.1003-65.

*Gitlin, Todd. *The Whole World Is Watching*. Berkeley: University of California Press, 1980. *Um líder do movimento estudantil Students for a Democratic Society examina a inte-*

ração complexa entre manifestantes e meios de comunicação, demonstrando especialmente o dilema da mídia.

_____. *Occupy Nation.* Nova York: It Books, 2012.

Goldfarb, Jeffrey C. *The Politics of Small Things.* Chicago: University of Chicago Press, 2006.

Goodwin, Jeff. "The libidinal constitution of a high-risk social movement". *American Sociological Review,* n.62, 1997, p.53-69.

_____. *No Other Way Out.* Cambridge: Cambridge University Press, 2001.

*Goodwin, Jeff e James M. Jasper (orgs.). *The Social Movement Reader,* 3ª ed. Oxford: Wiley, 2014. *Uma coletânea de textos básicos e definições de conceitos.*

*Goodwin, Jeff, James M. Jasper e Francesca Polletta (orgs.). *Passionate Politics.* Chicago: University of Chicago Press, 2001. *Ensaios sobre o papel das emoções nos movimentos sociais.*

*Gould, Deborah. *Moving Politics.* Chicago: University of Chicago Press, 2009. *Na empolgante história do ACT UP, Gould expõe as muitas emoções na ascensão e também na queda do grupo de protesto.*

Haines, Herbert H. *Black Radicals and the Civil Rights Mainstream, 1954-1970.* Knoxville: University of Tennessee Press, 1988.

Haskell, Thomas. "Capitalism and the origins of the humanitarian sensibility", partes 1 e 2. *American Historical Review,* n.90, 1985, p.339-61, 547-66.

Hebdige, Dick. *Subculture.* Nova York: Methuen, 1979.

*Jasper, James M. *The Art of Moral Protest.* Chicago: University of Chicago Press, 1997. *Mostra muitas formas pelas quais a cultura permeia o protesto, incluindo a moral, as emoções e a cognição.*

*_____. *Getting Your Way: Strategic Dilemmas in the Real World.* Chicago: University of Chicago Press, 2006. *Uma discussão mais detalhada dos dilemas estratégicos, aplicada a todos os tipos de atores, além dos manifestantes.*

Jasper, James M. e Dorothy Nelkin. *The Animal Rights Crusade.* Nova York: Free Press, 1992.

*Johnston, Hank e Bert Klandermans (orgs.). *Social Movements and Culture.* Minneapolis: University of Minnesota Press, 1995. *Um interessante volume introdutório que estimula uma abordagem cultural do protesto.*

Katz, Jonathan Ned. *The Invention of Heterosexuality.* Chicago: University of Chicago Press, 1995.

Kelner, Shaul. *Tours that Bind.* Nova York: New York University Press, 2010.

Khalil, Karima (org.). *Messages from Tahrir.* Cairo: American University of Cairo Press, 2011.

Klandermans, Bert. *The Social Psychology of Protest.* Oxford: Blackwell, 1997.

Klapp, Orrin E. *Collective Search for Identity.* Nova York: Holt, Rineheart, and Winston, 1969.

Klimova, Sveta. "Speech act theory and protest discourse", in Hank Johnston (org.), *Culture, Social Movements, and Protest.* Burlington: Ashgate, 2009.

Referências e sugestões de leitura 235

Kriesi, Hanspeter, Ruud Koopmans, Jan Willem Duyvendak e Marco Giugni. *New Social Movements in Western Europe*. Minneapolis: University of Minnesota Press, 1995.

Krinsky, John e Colin Baker. "Movement strategizing as developmental learning", in Hank Johnston (org.), *Culture, Social Movements, and Protest*. Burlington: Ashgate, 2009.

*Lalich, Janjia. *Bounded Choice: The True Believers and Charismatic Cults*. Berkeley: University of California Press, 2004. *Um estudo detalhado de como os líderes de dois grupos construíram uma lealdade profunda – e até suicida – entre seus membros.*

Leondar-Wright, Betsy. *Missing Class: How Seeing Class Cultures Can Strenghten Social Movement Groups*. Ithaca: Cornell University Press, 2014.

*Lichbach, Mark. *The Rebel's Dilemma*. Ann Arbor: University of Michigan Press, 1995. *Estendendo a abordagem da escolha racional, Lichbach fornece um catálogo dos dilemas que os movimentos enfrentam.*

*Luker, Kristin. *Abortion and the Politics of Motherhood*. Berkeley: University of California Press, 1984. *Embora sua descrição do movimento antiaborto esteja defasada, o contraste entre duas visões de mundo que se opõem entre si é um modelo de sociologia interpretativa.*

Maeckelberg, Marianne. *The Will of the Many*. Londres: Pluto Press, 2009.

*Mansbridge, Jane. *Why We Lost the ERA*. Chicago: University of Chicago Press, 1986. *Uma visão de dentro de alguns dilemas enfrentados por esse gigantesco movimento, especialmente no que se refere ao dilema de Jano.*

Marcus, George. *The Sentimental Citizen: Emotion in Democratic Politics*. University Park: Pennsylvania State University Press, 2002.

Marsden, George. *Fundamentalism and American Culture*, 2ª ed. Nova York: Oxford University Press, 2006.

McAdam, Doug. *Political Process and the Development of Black Insurgency, 1890-1970*. Chicago: University of Chicago Press, 1982.

_____. *Freedom Summer*. Nova York: Oxford University Press, 1988.

*McAdam, Doug, Sidney Tarrow e Charles Tilly. *Dynamics of Contention*. Cambridge: Cambridge University Press, 2001. *Uma crítica do estruturalismo pelos próprios estruturalistas.*

*McCarthy, John D. e Mayer N. Zald. "Resource mobilization and social movements: a partial theory". *American Journal of Sociology*, n.82, 1977, p.1212-41. *Embora os autores ignorem os processos culturais, esse é um artigo importante que definiu a mobilização de recursos.*

McGarry, Aidan e James M. Jasper (orgs.). *The Identity Dilemma*. Filadélfia: Temple University Press, 2015.

McGirr, Lisa. *Suburban Warriors*. Princeton: Princeton University Press, 2001.

*Melucci, Alberto. *Challenging Codes*. Cambridge: Cambridge University Press, 1996. *Dedica especial atenção ao papel das identidades coletivas em quase todos os aspectos da vida de um movimento.*

Meyer, David S. e Deana A. Rohlinger. "Big books and social movements". *Social Problems*, n.59, 2012, p.136-53.

Meyer, David S. e Sidney Tarrow (orgs.). *The Social Movement Society*. Lanham: Rowman and Littlefield, 1997.

Mische, Ann. "Cross-talk in movements", in Mario Diani e Doug McAdam (orgs.), *Social Movements and Networks*. Oxford: Oxford University Press, 2003.

*Morris, Aldon. *The Origins of Civil Rights Movement*. Nova York: Free Press, 1984. *Embora cubra muitos aspectos do início do movimento, é especialmente bom no aparato cultural – canções, referências bíblicas, orações – que era fornecido pelas igrejas negras.*

Munson, Ziad. *The Making of Pro-Life Activists*. Chicago: University of Chicago Press, 2009.

Nepstad, Sharon Erickson. *Nonviolent Revolutions*. Nova York: Oxford University Press, 2011.

O'Brien, Kevin e Lianjiang Li. *Rightful Resistance in Rural China*. Cambridge: Cambridge University Press, 2006.

Olson, Mancur. *The Logic of Collective Action*. Cambridge: Harvard University Press, 1965.

*Opp, Karl-Dieter. *Theories of Political Protest and Social Movements*. Nova York: Routledge, 2009. *Um esforço para incorporar conceitos culturais como o de identidade coletiva à teoria da escolha racional.*

Owens, Lynn. *Cracking under Pressure*. Amsterdã: Amsterdam University Press, 2009.

Pinard, Maurice. *Motivational Dimensions in Social Movements and Contentious Collective Action*. Montreal: McGill-Queen's University Press, 2011.

*Piven, Frances Fox e Richard A. Cloward. *Poor People's Movements*. Nova York: Random House, 1977. *A ruptura é a chave.*

Pleyers, Geoffrey. *Alter-Globalization*. Cambridge: Polity, 2010.

*Poletta, Francesca. *Freedom Is an Endless Meeting*. Chicago: University of Chicago Press, 2002. *Como manifestantes negociam diversos dilemas estratégicos ao tomarem decisões.*

*____. *It Was Like a Fever*. Chicago: University of Chicago Press, 2006. *O papel da narrativa no protesto.*

Reed, T.V. *The Art of Protest*. Minneapolis: University of Minnesota Press, 2005.

Rosen, Ruth. *The World Split Open*. Nova York: Viking, 2000.

*Rosenthal, Rob e Richard Flacks. *Playing for Change*. Boulder: Paradigm Publishers, 2012. *O livro mais completo até agora sobre a música e os movimentos.*

Ross, Kristin. *May '68 and its Afterlives*. Chicago: University of Chicago Press, 2002.

Rupp, Leila J. e Verta Taylor. *Survival in the Doldrums*. Nova York: Oxford University Press, 1987.

Sarat, Austin e Stuart A. Scheingold (orgs.). *Cause Lawyering*. Oxford: Oxford University Press, 1998.

Scott, James C. *Weapons of the Weak*. New Haven: Yale University Press, 1985.

*____. *Domination and the Arts of Resistance*. New Haven: Yale University Press, 1990. *Nesse e em outros trabalhos, Scott tem catalogado muitas formas de resistência de pessoas que não podem organizar abertamente um protesto sem perderem suas vidas.*

Seidman, Gay W. *Beyond the Boycott*. Nova York: Russell Sage Foundation, 2007.

Sharp, Gene. *From Dictatorship to Democracy*. Nova York: New Press, 2012.

Silver, Beverly J. *Forces of Labor.* Cambridge: Cambridge University Press, 2003.

*Snow, David A., E. Burke Rochford Jr., Steven K. Worden e Robert D. Benford. "Frame alignment processes, micromobilization, and movement participation". *American Sociological Review*, n.51, 1986, p.464-83. *O artigo que transformou os enquadramentos num conceito central para a compreensão das dimensões culturais dos movimentos sociais.*

Snow, David A., Louis A. Zurcher Jr. e Sheldon Ekland-Olson. "Social networks and social movements". *American Sociological Review*, n.45, 1980, p.787-801.

Sobieraj, Sarah. *Soundbitten.* Nova York: New York University Press, 2011.

Staggenborg, Suzanne, Donna Eder e Lori Sudderth. "Women's culture and social change". *Berkeley Journal of Sociology*, n.38, 1993, p.31-56.

*Tarrow, Sidney. *Power in Movement.* Cambridge: Cambridge University Press, 1998. *Uma bela introdução aos movimentos sociais de uma perspectiva estrutural. Se conseguirem encontrá-la, leiam esta concisa segunda edição em vez da terceira, recentemente publicada.*

*____. *The Language of Contention.* Cambridge: Cambridge University Press, 2013. *As palavras são importantes.*

Taylor, Charles. *Sources of the Self.* Cambridge: Harvard University Press, 1989.

*Taylor, Verta. *Rock-a-by Baby: Feminism, Self-Help, and Postpartum Depression.* Nova York: Routledge, 1996. *Como mulheres se mobilizaram para enfrentar emoções que supostamente não sentiam.*

Taylor, Verta, Katrina Kimport, Nella Van Dyke e Ellen Ann Anderson. "Culture and mobilization: tactical repertoires, same-sex weddings, and the impact on gay activism". *American Sociological Review*, n.74, 2009, p.865-90.

Thörn, Håkan. *Anti-Apartheid and the Emergence of a Global Civil Society.* Nova York: Palgrave Macmillan, 2006.

Tilly, Charles. *The Contentious French.* Cambridge: Harvard University Press, 1986.

____. *Popular Contention in Great Britain.* Cambridge: Harvard Univerity Press, 1995.

____. *Social Movements, 1768-2004.* Boulder: Paradigm, 2004.

*____. *Contentious Performances.* Cambridge: Cambridge University Press, 2008. *Após décadas como estruturalista, esse sociólogo da história veio a reconhecer cada vez mais a importância da cultura no protesto, sobretudo neste seu último livro.*

*Touraine, Alain. *The Voice and the Eye.* Cambridge: Cambridge University Press, 1981. *Na década de 1980, Touraine era o maior intelectual do mundo na área de movimentos sociais; este livro estabelece a base de sua abordagem e ainda oferece muitos insights culturais.*

*Tucker, Kenneth H., Jr. *Workers of the World, Enjoy!* Filadélfia: Temple University Press, 2010. *Agradável história de movimentos que usaram e transformaram a arte no último século.*

Warren, Mark E. *Fire in the Heart.* Nova York: Oxford University Press, 2010. *Livro inicial da série "Oxford Studies in Culture and Politics".*

Watts, Edward J. *Riot in Alexandria.* Berkeley: University of California Press, 2010.

Whittier, Nancy. *Feminist Generations: The Persistence of the Radical Women's Movement.* Filadélfia: Temple University Press, 1995.

____. *The Politics of Child Sexual Abuse.* Nova York: Oxford University Press, 2011.

Wood, Elisabeth Jean. *Insurgent Collective Action and Civil War in El Salvador.* Cambridge: Cambridge University Press, 2003.

Young, Michael. *Bearing Witness Against Sin*. Chicago: University of Chicago Press, 2006.

Zolberg, Aristide R. "Moments of madness", in *How Many Exceptionalisms?* Filadélfia: Temple University Press, 2008.

Sites recomendados

wagingnonviolence.org

www.socialmovementstudy.net

www.opendemocracy.net

www.cbsm-asa.org

mobilizingideas.wordpress.com

councilforeuropeanstudies.org/research/research-networks/social-movements

www.interfacejournal.net

portside.org

politicsoutdoors.com

cosmos.eui.eu/home.aspx

Agradecimentos

Tenho dado aulas sobre movimentos sociais em cursos de graduação e pós-graduação desde 1987, e tenho aprendido muito mais com meus alunos do que eles comigo. Muitos deles, ou a maioria, já eram militantes antes de aparecerem na minha sala de aula, ou se incorporaram à militância durante ou após o curso. As causas vêm mudando, da aids e dos direitos de gays e lésbicas nos primeiros anos à justiça global e aos movimentos de estilo Occupy mais recentemente, mas desafios e dilemas semelhantes têm confrontado todos esses movimentos. Meus alunos do Centro de Pós-Graduação da Cuny (City University of New York) – ele próprio um espaço protegido que estimula o ativismo político – têm sido especialmente úteis em minha tentativa de entender o que acontece durante o engajamento político. Agradeço a todos, especialmente a Kevin Moran, Marisa Tramontano e Gabrieli Cappelletti, por sua ajuda na pesquisa. O workshop "Política e Protesto", realizado toda semana no Centro de Pós-Graduação, me proporcionou extensos comentários, e Liz Borland e seus alunos do College of New Jersey examinaram com muita generosidade o original e forneceram uma excelente avaliação. Naomi Gerstel, A.K. Thompson e Jonathan Smucker contribuíram com comentários importantes sobre rascunhos anteriores. Também sou grato ao Instituto Holandês de Estudos Avançados de Humanidades e Ciências Sociais de Wassenaar, que me proporcionou alimentação, hospedagem e um charmoso escritório, no qual escrevi o primeiro rascunho de *Protesto*.

Agradeço a Jack Hammond, Gabriel Locke e Nara Roberta Silva por seus comentários sobre os acréscimos à edição brasileira do livro.

Índice

Os números em **negrito** referem-se à primeira ocorrência relevante de um termo-chave.

ação afirmativa, 135
Adbusters, 19, 119
advogados, 162, 182
  da causa, **162**
afiliação, 21, 120-4, 125, 140-7, 186-8
  ver também identidade coletiva; redes
afro-americanos, 134-5, 140
aids, 117-8, 127, 129
alegria, 88
Alemanha, 40, 143
aliados, 32, 105-7, 115, 119-24, 167
Aliança Abalone, 143
Aliança de Gays e Lésbicas contra a
  Difamação, 123
ambientalismo, 50, 163, 209
ambiente construído, 66, 70, 83
ameaça, 130-3
amor, 86-8
apartheid, 113, 192
arenas, **28**-32, 35-6, 39, 95, 97, 109, 158, 173,
  181-2, 189-95, 215
  internacionais, 114
armas dos fracos, **37**
arranjos, 15, 59, 141, 145, 168-71
  ver também dilemas
asseclas, 73, 77-8, **79**-80
atos discursivos, **85**
autoridade, 37, 44, 123, 162-3

barreira da mídia, **184**
baterias morais, **19**, 80, 129, 133, 172
bem-estar econômico, 39
boicotes, 189-90, 193
Bouazizi, Mohamed, 172
Buda, 149
burocracia, 107-9, 158-9
Bush, George W., 80

canalhas, 78
capitalismo, 52-3, 54, 111-3, 153-5
carisma, **149**-51, 152, 159, 197

carreiras de ativistas, 109-10
celebridades, 186
China, 191, 200
choque, 88, 124
choque moral, **93**, 124-7, 131-3, 191
cidadania política, 38, 98
ciência, 208-9
classe, 142-3
  alta, 200
  média, 63, 111, 200
  trabalhadora, 142
Clinton, Bill, 112
coerção, 37, 42-5, 49-51, 98, 99, 112, 190-5, 199
cognição, 14, 26-7, 51, 61-91, 105, 128-9, 208-9
compaixão, 88, 90, **213**
compromissos afetivos, 57, 88, 212
comunicação, 100-4
comunidade, 20-1, 140-4
comunismo, 52-3
confiança, 57-60, 88, 90, 105-7, 123, 143, 145-50,
  169, 220
conflito, 164-7, 189-95
Congresso americano, 93, 204
consequências biográficas, **214**
contágio emocional, **138**
contramovimentos, **24**
conversão, **80**
convertidos, 78
corporações, 111-2
corpos, 56, 86-8, 89, 136
culpa, 88, 91
culpabilização, 48, 65, 77-81, 91, 127, 128-33,
  208, 213
cultura, 14, 25-31, 45-54, 61-91, 113-5, 145,
  156-8, 196, 209-12, 218-20
culturas organizacionais, **145**
Cuomo, Andrew, 20, 23
cúpulas econômicas, 153-6

dalits, 134-40, 143, 146, 149, 151, 212
democracia, 20-1, **38**-45, 159-61, 167, 170

Índice

democracia participativa, 19-23, 159-61
democratas (EUA), 19, 98, 112
demonstrações de VUNC, **196**
desafios, 49
desconfiança, 88, 90, 164-7
desespero, 124, 192
desigualdade, 23, 112-3
desobediência civil, 43, 163, **190**
desprezo, 77, 88-9, 94, 134, 210
dignidade, **212**-3
dilemas, 59, 81, 148, 151, 158, 165-7, 168-70, 189-95, 218
    dilema da articulação, 204
    dilema da cesta, **193**
    dilema da desobediência ou cordialidade, 23, 126, 127, 151-2, 166, 168, 177, 179, 190-3, 211
    dilema da expansão, 125, 142, 165
    dilema da identidade estigmatizada, **134**-5, 141, 142
    dilema da identidade, 134, 135, 141, 142
    dilema da inovação, 82, 126, 140, 158-9, 168, 175
    dilema da mídia, 104, 155, 166-7
    dilema da organização, **21**-2, 107, 108, 159, 190-1
    dilema da pirâmide, **22**, 159, 161
    dilema da segregação do público, 106, 194
    dilema das mãos sujas, 45, 59, 192
    dilema de Jano, **20**, 21, 86, 106, 146, 149, 152, 154, 160, 192
    dilema do "Estar Lá", **193**
    dilema dos aliados poderosos, 104, 154, 155, 186
    dilema dos irmãos de sangue, 143, 145
dinheiro, 28, 42-5, 50-1, 107-9, 111-3, 115, 187-8
direita cristã, **92**-7, 206
direitos, 97-100, 200-2
direitos políticos, 36, 38, 49, 61-4, 98-100, 200-2
discordâncias, 151-2, 164-7
disponibilidade biográfica, **121**-2
distúrbios, 153-6
ditadores, 172-81
doadores, 78
doadores internacionais, 188

ecologia, 76, 208
Egito, 172-82

emoções, 14-5, 19, **26**-7, 47-8, 55-60, 64-76, 88, 89-91, 96, 105-7, 110, 124-33, 136-47, 150, 160, 164, 168-9, 191, 205, 206-13
    comuns, **145**
    morais, 88, 90-1; *ver também* compaixão; culpa; indignação; orgulho; ultraje; vergonha
    recíprocas, **145**-6
    reflexas, 88, 89; *ver também* alegria; desprezo; medo; raiva; repulsa
    ver também amor; baterias morais; choque; choque moral; compromissos afetivos; confiança; desconfiança; desespero; dignidade; disposições; escândalo; estigma; frustração; impulsos; lealdade; luxúria; ódio; processos de sentir-pensar; sentimentos
emoções compartilhadas *ver* emoções
emoções morais *ver* emoções
emoções recíprocas *ver* emoções
emoções reflexas *ver* emoções
empreendedores morais, **49**-52, 110, 119-20
emprego, 61
enquadramentos, 26, 73-4, 119
Equador, 195
escândalo, 194
espaços livres, **85**-6, 94, 101, 106
especialistas, 162-3
espectadores, 74, 186-7, 197
estado de espírito/disposição, 69, 88, 89-90, 120-7, 136-9, 165, 173-4, 206-7
estigma, 116, 132, 134-5, 141, 142
estratégia, 15, 24, 168-71, 187, 198
    ver também dilemas
estruturas políticas, **28**, 38-42, 49-53
estupro, 63, 74
Europa, 76, 114, 143, 200, 202, 207, 222

facções, 164-7, 171
Facebook, 102, 172
fatos, 73, 76
fazer história, **138**, 215-6
feminismo, 61-4, 76, 77, 86
festivais, 137, 139
flancos radicais, **166**-7
fotografia, 27, 66, 78, 102
França, 39-40
fronteiras, 82
frustração, 41, 62, 117

Gandhi, Mohandas, 148, 214
gênero, 61-6, 116-8, 140, 155
globalização, **113**
governos, 38-41, 50-2, 83, 102, 103, 112, 128-33, 144, 172-81, 189-95, 197-8
Grã-Bretanha, 35-6, 200-2, 209
grafites, 69
Grécia, 43, 79
Greenpeace, 50, 163
grupos, **44**, 45, 84-6, 136-47, 159-67, 168
grupos de interesse, 42-5

hackers/hacktivismo, **163**
heróis, 73, 77-8, **79**
hierarquia, 159-61
Hitler, Adolf, 66, 68, 219
homofobia, 95, 127
horizontalismo, 154-61, 165
horizontes estruturais, **40**

identidade coletiva, 73, 74, 134-5, **140**-4, 208
identidades de movimento, **140**
ideologia, 40, 48, 63, 73, 76, 98-104, 122-3, 129, 140-4, 164-5, 186
impulsos, 88, 89, 210
Índia, 134-6
indignação, 9, 11, 15, 49, 63, 79, 88, 110, 128, 191, 209
Indignados, 13, 207
indivíduos, 13-6, 54, 55-60, 77-81, 86-8, 108-11, 118, 120, 147-51, 162-3, 183-8, 218-20
infraestrutura, 50, **92**-115
inovação, 82, 126, 140, 156-9, 170
  dilema da *ver* dilemas
inspiração, 206-7
intelectuais, 76, 186
internet, 101-2, 185
Irmandade Muçulmana, 174-5
Israel, 144, 185

janelas de oportunidade, 40
Jesus Cristo, 92-4
jornalistas, 65-8, 166-7, 183-5, 195
juízes, 78, 182
julgamentos simbólicos, **181**
juventude, 23, 62, 93, 118, 119, 122, 144, 165, 187, 188, 216

King, Martin Luther, Jr., 136

lealdade, 88, 144-7
leis, 30-1, 73, 97-100, 108, 162-3, 176-85
Lênin, Vladimir Ilitch, 83
liberdade, 38, 98-9, 160, 213
líderes, 22, 118, 134-6, 139, 140-52, 156, 159-61, 166, 168-71, 190-1
  decisivos, **147**-8
  simbólicos, **148**-9
linguagem, 64-72, 85, 140-4, 194, 195
livros, 67-9
luxúria, 116-7

Mandela, Nelson, 192
manifestações, 35-6, 84-6, 153, 172-6, 184, 211
Maomé, 149
mártires, 78, **80**, 149
marxismo, 46, 52-3
Mayawati, 139, 151
mecanismos causais, **55**
medo, 44, 59-60, 77-9, 88, 89, 127, 131, 133
Mélenchon, Jean-Luc, 68
memória coletiva, **81**-4
mitos, 82-4
mobilização, 40-60, 61-4, 93-5, 99-104, 105-7, 116-33
modernização, 54
momentos de loucura, **32**
moral, 19-20, 27, 41-2, 48-52, 58-9, 77-80, 88, 90-1, 93-6, 103, 118, 124-33, 157, 191, 194-9, 212-3
Morsi, Mohamed, 174-5
movimento alterglobalização *ver* movimento por justiça global
movimento Anonymous, 70, 194
movimento antiaborto, 24, 64, 92-7, 99, 121, 122, 132, 192
movimento antitabaco, 210
movimento feminista, 17, 61-4, 65-8, 74-5, 85-6, 90, 140, 207, 211
movimento pelos direitos dos animais, 67, 194-5, 200-2, 208, 209
movimento por justiça global, 153-6, 160, 161, 162
movimento trabalhista, 97-8, 132, 180
movimento "Wilkes e Liberdade", 35-6, 40-1, 49, 54, 56-9, 97, 193
movimentos de direitos civis, **99**
movimentos de protesto islâmicos, 175, 187
movimentos LGBTQ, 116-8
movimentos pela cidadania, **97**-100
movimentos pós-cidadania, **99**-100, 203

Índice

movimentos sociais, 19-25, 35-42, 45-60,
61-4, 103-4, 105-9, 116-8, 134-6, 144-56, 172-6,
200-17
  definidos, 15, 23-5
  ver também movimento Anonymous;
    movimento antiaborto; movimento
    antitabaco; movimento feminista;
    movimento pelos direitos dos
    animais; movimento por justiça
    global; movimentos pela cidadania;
    novos movimentos sociais; Occupy
    Wall Street
Mubarak, Hosni, 172-99
mudança social, 162, 205, 217
multidões, 37, 136-9, 145-6, 191
música, 69

nacionalismo, 141, 142-3, 212
Nafta, 153
não violência, 43, 148, 157
narrativas, 46, 73, 75-6, 138-41, 215-7
  históricas, **83**-4
Nixon, Richard, 112
nomear, **65**
novos movimentos sociais, **53**

Obama, Barack, 20, 175, 180
Occupy Wall Street, 19-23, 30-2, 51, 66-7, 76,
112, 119-21, 127, 130, 144, 153-6, 181, 205-7
ódio, 27, 88, 90, 106
ondas de protesto, **207**
Ongis (organizações não governamentais
  internacionais), 197
opinião pública, 183-5
oportunidade política, **39**-40, 50-4
organizações do movimento social, **49**-50
orgulho, 60, 88, 89-91, 117, 134-6, 143, 152, 212

palestinos, 141
participação, 38-9, 97-100, 159-61, 162
partidos políticos, 24
pegar carona, **48**
pensamento negativo, **131**
performance, 69-72
personagens, 73, **77**-81, 128-31, 197-9
persuasão, 42-5, 195-9
pessoas de fora, 50, 150
polícia, 26, 29-31, 66, 96, 100, 113, 116-8, 153-6,
176-81
políticos, 98, 155, 183-5, 203-4, 216

pontos de escolha, **59**-60
populismo, 183
portadores de significado, 64-76, 87, 128
prefiguração, **159**-60
prisões, 66, 138, 163, 179, 181
processos de sentir-pensar, **89**-91
profissionais, 109-11, 162-3
protestos econômicos, 132
protestos em Seattle (1999), 153-6, 165, 179
provérbios, 73
psicologia, **29**-31, 46-9, 54-60, 95, 157
públicos, 37, 42, 43, 64, 77, 181, 183-4, 186-7,
194, 195-9, 203

raiva, 49, 51, 63, 88, 89, 117, 138, 191, 210-1
Reagan, Ronald, 111, 117
recrutamento, 116-33
recrutamento em bloco, **121**
recursos, **28**-31, 49-51
redes:
  informais, 105-6, 110
  e significado, 120-4
redes sociais, 103, **105**
registros ocultos, **37**
regras, 30, 73, 107, 108, 159-61
repertório, **58**-60, 156-9
republicanos (EUA), 19, 93, 112
resistência, 37
retórica, 42-3, 64, 77-80, 128-9, 160, 203-4
reuniões, 20-1, 84-6, 105, 136-9, 159-61
revelação, **194**
revolução, 43, 172-4, **175**-6
rituais, 28, 71, **84**-6, 173
rotinas, 156-9

santos, 78
sátira, 81
sentimentos *ver* emoções
sexismo, 62-3, 65-6
sindicatos, 43, 190-1
Síria, 198
sistema de vigilância, **126**
sistemas de crença, 146
slogans, 73-6
sociedade do movimento social, **110**
sofrimento, 82, 125
Stálin, Josef, 83
Stonewall, distúrbios de, 117-8, 119
subculturas, 70, 87, **106**
subordinados, 37

Tahrir, praça no Cairo, 32, 173, 180, 205
Taksim, praça em Istambul, 13
táticas, 14, 15, 25-6, 36, 58-60, 86, 127, 153, 154, 156-9, 162, 165-7, 168-9, 189-90, 192-4
tecnocracia, **53**-4
teologia, 94
teologia da libertação, 94
teoria da escolha racional, 46, **47**, 48
teoria da mobilização de recursos, 46, **49**-51, 57
teoria da privação relativa, **48**
teoria das multidões, **46**-7, 132
teoria do processo político, 46, **50**
teorias culturais, 46
teorias do enquadramento, 46
teorias do protesto *ver teorias específicas*
teorias do ressentimento, 46
teorias estruturais, 46, **49**-54
teorias históricas, 46, **52**-4
teorias psicológicas, 46-9
Thatcher, Margaret, 111
tories, 112
traidores, 78

tribunais, 39-40, 70, 93, 118, 162-3, 181-2, 193, 204
troca de arenas, **193**-4
Trótski, Leon, 83
turismo militante, **143**-4
Twitter, 102, 185

ultraje, 15, 40, 89-91, 106, 118, 124-30, 213
União Soviética, 83
Uttar Pradesh, 139, 151

Vaticano, 114, 163
vergonha, 60, 88, 89-91, 134, 209-12
verticalismo, 22
vilões, 73, 77-8, **79**-81, 128-30
violência, 43, 74, 138, 148-9, 152, 154, 157, 176-81, 216-7
vítimas, 73, 77, **78**-81, 128-30

Walmart, 181
WikiLeaks, 194

zapatistas, 153

A marca FSC é a garantia de que a madeira utilizada na fabricação
do papel deste livro provém de florestas de origem controlada
e que foram gerenciadas de maneira ambientalmente correta,
socialmente justa e economicamente viável.

Este livro foi composto por Mari Taboada em Dante Pro 11,5/16
e impresso em papel offwhite 80g/m² e cartão triplex 250g/m²
por Geográfica Editora em abril de 2016.